三亚学院应用法学研究所
法治前沿高端文库

企业合规理论与实务指引

杨　明　主编
王超强　叶旺春　黄　蓓　副主编

法律出版社
LAW PRESS · CHINA
北京

图书在版编目(CIP)数据

企业合规理论与实务指引 / 杨明主编 ; 王超强, 叶旺春, 黄蓓副主编. -- 北京 : 法律出版社, 2022
ISBN 978-7-5197-7315-1

Ⅰ. ①企… Ⅱ. ①杨… ②王… ③叶… ④黄… Ⅲ. ①企业法-研究-中国 Ⅳ. ①D922.291.914

中国版本图书馆 CIP 数据核字(2022)第 219135 号

企业合规理论与实务指引
QIYE HEGUI LILUN YU SHIWU ZHIYIN

杨 明 主 编
王超强 叶旺春 黄 蓓 副主编

策划编辑 董 昱
责任编辑 董 昱
装帧设计 汪奇峰 贾丹丹

出版发行 法律出版社
编辑统筹 法规出版分社
责任校对 李景美
责任印制 耿润瑜
经　　销 新华书店

开本 710 毫米×1000 毫米 1/16
印张 17.75 **字数** 296 千
版本 2022 年 12 月第 1 版
印次 2022 年 12 月第 1 次印刷
印刷 唐山玺诚印务有限公司

地址:北京市丰台区莲花池西里 7 号(100073)
网址:www.lawpress.com.cn
投稿邮箱:info@lawpress.com.cn
举报盗版邮箱:jbwq@lawpress.com.cn
销售电话:010-83938349
客服电话:010-83938350
咨询电话:010-63939796

书号:ISBN 978-7-5197-7315-1
定价:78.00 元

凡购买本社图书,如有印装错误,我社负责退换。电话:010-83938349

"合规"论

陆　丹*

近年来,合规成为政府和企事业各类机构的重要的工作价值取向和热门话题。合规,顾名思义,符合规则、规范;完整地说,是机构组织的公务行为符合机构或组织自身的规范、制度。前提是,各类机构组织的制度规范必须符合国家法律法规;其隐含的另一个前提是,企业制度还要接轨国际通行的商务规则。合规观念也认同现代化进程中其他许多观念或设置,其兴起属西经东引。

一、有效的制度优先

制度构建固然需要系统性、全面性,但在实践中,制度总是倾向于有效性的原则优先。制度的有效性既基于组织系统目标的对标准确性,也基于组织对所处环境或所交往关系他律的尊重,还基于组织内部人性在当时当地现代文明条件下能够达至的状态(比如弗洛伊德的"自我"的水平)。

有效而可持续的制度构建必要照顾好多极需要(各自诉求的最大化实现)。往往,很多机构、组织的制度构建在这些方面都有所欠缺,或者有所偏颇。合规的核心是实现两个平衡:

其一,对多极关切的平衡。不能达至多极诉求的制度,与不能"平衡多极关切"的制度一样,都不会是有效的制度。在多数时候,多数机构和组织的制度设计、制度构建与制度实践,都在此不明就里,难以在多极间进行平衡。从宏观到中观再到微观都是如此。总结文明历史经验的教训与解剖当下组织成败案例,与制度构建"平衡原则"相背离而失败者,比比皆是。所以,合规本质上并不是合乎任意确立的制度,合规是合乎依据平衡多极关切原则制定的制度。

---

* 三亚学院教授、博士。

其二,对防范风险与推动发展的平衡。这是极为难平衡实现的目标。失败的制度总是轻风吹过的一地"鸡毛",而成功制度造就的成功总如罗马"造城"。组织中要求制定合规制度的人,往往因为吃了不合规的亏,或者担心不合规将引发的种种风险(有时是灭顶之灾)。因此,合规的重点落在防范风险。

合规作为组织建设的一项新工作,于法治建设过程中(还在路上)的国家,如果是伦理具有传统价值取向优势的社会,天然会继续爬高道德高地。这个趋势,让合规制定者能够想象力丰富、继而可能"为所欲为",同时可能会让被合规的组织机体(部门、个人)噤若寒蝉。

这种尴尬局面造成的一种后果便是:合规制度防范的可能是管理上的小风险,而组织整体经营不善与发展不力的大风险可能同时已被推高。

二、制度的设计与实践

制度的设计与实践有一些共同的"规则性":事简单而制度繁杂是忌讳。事是业务、机构、队伍、办法;结构复杂而制度不能覆盖者也是忌讳。结构是组织架构、组织形态、组织系统、组织分工、组织关系;不同的业务各自逻辑清晰,但制度却叠墙架屋,就容易造成人为资源浪费和系统运行混乱;可能影响业务的制度构建,应该由业务和合规部门共同确认;对业务风险的防范与防范合规制度拖累业务,是同等重要的合规制度。

三、平衡制度的核心条件

能够平衡好业务(经济)发展与防范好机构组织风险,其制度构建的决策者条件是:能够影响制度构建的人,不出自一己私利,而要有组织大局的担当(包括约束自己的价值冲动)。就此而言,私营部门的机会概率可能会多一些。毕竟,人们相信这类组织所有的成本和风险都是企业(组织及"大局")"自己"的。

如果仅从其组织内部这个角度出发,是有道理的;加上如果从市场经济的经济效率有益于社会经济角度出发,也是有道理的——毕竟,市场经济及私营部门是改革开放后可自觉推动机构内部合规的一种新成果。但是,这些是有限的,原因如下:

其一,就其内部合规制度构建的自私性排除,并不能一概而论。私营部门同样面临组织的"经营诱惑"——只顾眼前或过于忽略当下、只顾产品而忽略创造产品、只顾客户或忽略客户。凡此种种顾此失彼的现象,都在说明,私营部门制度建构存在至少因为“业绩为王”的考核聘用制度而潜藏着体制性缺陷。而这些缺陷难免会造成制度构建重要节点上的人容易自私而影响制度的有效性:要么拔高人性当下能够达至的水平构建合规(比如“大公无私”),要么使合规的制度尽可能排除掉自己的成本、风险——这就违背了合规制度构建多极关切的平衡原则。

其二,私营部门“适应”交易合规,但与其国家及社会现代化推动的社会治理体系合规,并不是一回事。公务机构因为存在明确的义务(包括需要接受监督)而有致力于合规的冲动,其在合规构建中的利他性特征突出(具体“窗口部门”的自私性——比如更愿意方便自己窗口而不是公务服务的对象这类除外),而其可能的自利性则是公共领域如何“进步”的永恒议题,并不适合合规这个更小的话语约束。这里主要强调实现防范风险与推动发展平衡原则所必要“公正正直”的个人人格和组织人格的要求。这对宏观到中观再到微观领域的合规构建,概莫能外。

组织治理、管理中合规工作的始作俑者、制度的具体制定者对合规本能有巨大积极性——这不出韦伯关于科层制特征所料,但似乎与熊彼得的“企业家创新”的冲动(“破坏性”)不尽相同。事实上,一切的推动发展,是向外拓展,这是难的,资源是需要重新竞争的;而合规建设,是内部收敛,这是易的,向内约束的权力是被授予和可沿袭的。所以在各类型和各层级组织的金字塔顶端,都对合规有偏好(包括创新性的企业家冲动):既可以理所当然加强对人的控制,又有理所当然的理由控制成本。在现代化进程的国家,推动合规并非难事。合规容易与传统道德合体,更容易与金字塔结构“联姻”。

四、合规与系统目标的可持续实现

归根结底,合规制度和所有的制度建立,只有一个原则,即必须围绕系统目标的可持续实现。除此无他。

在中国本轮合规制度构建与实践中,笔者曾经预测,经济或道德要求超前的制度、逾越人性阶段性水平和逾越组织能力的制度,比滞后和低标准的制度有更多机会和更大概率出场。其后的事实已证实如此。

逾越人性在文明进程特定阶段能够达至水平的制度构建;或者,超越特定社会经济、技术、道德发展阶段性水平的制度构建；或者，超过机构组织能力的制度构建等，在中国传统惯性和传统话语优先的条件下，在本轮合规制度构建中出现的概率会更大，同时，体制（地方性和门类性）的相关冲动当下会更多。

说远一点，人类进入文明，理性便是人脱离动物性的标识；人类进入现代，理性便是人脱离宗教禁锢（或其他传统世界的束缚）的宣誓，经济理性、科技理性，则是其现代化进步阶段性的一个个标配，虽然这些标配不都合乎人的主体性成长大趋势（有的还是一个个"铁笼"），但它们却是人的主体性继续发扬光大里程碑中的一个个垫脚石。

这是警惕，如果合规抑制了经济的发展与人的主体性光大，此规便是风险。这是本轮合规制度需要严加防范的制度风险。

总之，说的和想的不一致，说了做不到，成文而不能实践的合规制度，与超前及逾越条件的合规制度、严苛的合规制度、失灵的合规制度都一样，势必对组织内外所有利益相关方造成伤害。这类状况一旦联袂而出，正如历史反复演绎过的，预示下行。

实际上，在所有因为合规制度失灵而造成的众多伤害中，合规制度设计与执行方，则会是最大和最终的受伤害方，不奇怪，这是合规制度的反噬。

这样说了，不知道合规制度构建关键节点上的人们，会不会明白。

目　录

上　编

企业合规刑事篇

下 编
企业合规民事篇

上编

企业合规刑事篇

涉案企业合规刑事程序的实践困境检视与立法完善路径研究

上海市普陀区人民检察院课题组*

一、企业合规刑事立法的理论与实践基础

(一)理论基础

1. 涉案企业合规的概念界定

理论上,广义的企业合规是一个宽泛的概念,涉案企业的刑事合规则是前者的一部分。对于二者的区别联系,学界有不同的观点。有的学者认为企业合规源于美国,但是与美国有着本质的区别,这不只是形式上的区别,还是一种基础上的区别。一是我国的企业合规对象中小微企业占比很大,而美国基于制度的发展,更多地针对大型企业,甚至跨境管辖。二是美国企业合规通常是“放过企业不放过个人”,而我国是既放过企业又放过个人。[①] 即包含对企业关键人物的宽缓处理。同时,有观点认为刑事实体法主张的合规主要是事前合规,即企业通过合规防范刑事风险,特别是对员工实施的犯罪以合规为由主张抗辩,与之不同,刑事程序法主张的合规主要是事后合规,即通过刑事激励措施督促企业作出合规承诺并积极整改,促进企业合规守法经营。笔者认为,“涉案企业合规”是企业合规在司法机关介入企业治理的产物,是指涉罪企业通过强化自我预防犯罪意愿、承诺制订并实施有效合规计划,经过有效监督评估,由司法机关依法予以从宽处理,以促

---

* 课题组组长:王强,上海市普陀区人民检察院党组成员、副检察长;课题组成员:谢丽萍、吴晓军、张楚昊、王雅薇。

① 陈瑞华:《论企业合规的中国化问题》,载《法律科学》2020 年第 3 期。

进企业合规守法经营,预防再次犯罪的制度。

2. 政府介入企业内部治理的正当性及限度

目前,国外的企业合规制度可以分为检察官自由裁量与司法审查两种模式,并以企业建立合规机制作为适用的前提,以企业完善合规计划作为协议的重要内容,还容纳了企业在重建合规体系方面接受全程监控的机制。尽管在正当性上存在较大争议,但暂缓起诉协议制度符合"各方利益兼得"的基本原理,可以发挥替代刑事处罚的报应和威慑功能,并使检察机关参与到公司合规治理中来,促进了企业的合法合规经营。[①] 政府通过企业合规的方式介入企业内部的治理,是国家公权力的表现,也是进行单位犯罪预防和控制的必要手段,能够更好地促进"六稳""六保"的实现。但是过度地干预企业内部正常运转,必将造成企业经营困难,不利于企业存活,因此对于公权力的干预要有一定的限度。检察机关参与企业合规工作应秉持"检察主导、各方参与、客观中立、强化监督"的原则,依法发挥法律监督职能,不能脱离或者超越法定的检察职能,不应替代企业内部法律顾问工作,不宜主动介入企业合规第三方监督评估具体工作,对企业合规监督考察事项一般不与涉案企业发生直接关系。

3. 中国特色企业合规中"企业与个人从宽"的正当性分析

在全球经济化的大背景下,不同国家和地区之间的贸易往来更加频繁,跨国公司和企业应运而生。国外企业进入中国的同时,也带来了国外的企业合规制度,最初国内的律所仅为这些跨国企业提供合规服务。与此同时,中国的企业也开始走出国门登上国际舞台,进行投资、经营或者上市,因此对于企业遵守相关规定,规避现实的法律风险,已经成为企业在世界行走的"敲门砖"和"通行证"。正是这样才逐步促成了企业合规机制在我国的发展,并逐渐被视为公司治理的重要方式。

企业合规对于促进企业治理和社会治理,促进经济高质量发展和更高水平对外开放,对于全面推进依法治国,都具有重要价值。[②] 对于合规计划的确立,直接全盘引进国外的制度显然行不通,必须从国情出发,从实际出发,针对我国企业的具体情况,寻求一种新的合规方式。对比国外的合规计划已经形成的成熟模式,我们的合规工作还处于初期探索阶段,检察机关在试点工作中总结自己的合规经

① 陈瑞华:《企业合规视野下的暂缓起诉协议制度》,载《比较法研究》2020 年第 1 期。

② 朱孝清:《企业合规中的若干疑难问题》,载《法治研究》2021 年第 5 期。

验，从试点工作向纵深发展。因此，在推行刑事合规机制时，不仅要督促其建立一套形式化的合规管理体系，更要注重推动企业“展开实质性的合规整改”，也就是针对既有的违法违规情况，针对特有的合规风险，改造企业的商业模式、经营模式，对其公司治理结构和治理方式进行“脱胎换骨”式的改造，由此才能防止企业重蹈覆辙，再次走上犯罪的道路。企业只有形成合规经营的习惯和文化，在开展每一项新业务之前都进行风险评估，尤其是刑事法律风险评估，并进行“去犯罪化”处理，才能给企业戴上“安全帽”，让企业经营踏上健康的轨道，才能建成百年老店。[①] 企业合规既是外在压力和内生动力共同驱动的结果，也是“源于现代社会企业犯罪日益严重的刑事政策应对”。[②]

最高人民检察院提出对涉及企业的刑事案件，依法能不捕的不捕、能不诉的不诉、能不判实刑的提出适用缓刑建议，同时探索督促涉案企业合规管理，促进“严管”制度化，不让“厚爱”被滥用。企业合规计划引进对于企业来说不仅是完善企业自身治理机制和减少法律风险的重要方式，亦是在对企业从宽处罚的同时，增加企业合规义务，并强化企业犯罪预防，通过“严管”来实现“厚爱”。北京师范大学中国企业家犯罪预防研究中心发布的《2013 中国企业家犯罪报告》显示，在企业家涉案的罪名分布方面，总共涉及 77 个罪名，其中《刑法》分则第三章“破坏社会主义市场经济秩序罪”共涉及 40 个罪名，占罪名总数的 51.9%。[③] 检察机关不能仅履行打击犯罪的职能，还要有效利用对犯罪的打击在企业中进行警示和教育，以达到犯罪预防的目的。随着我国进入疫情防控常态化模式，我国经济在有效复苏过程中，检察机关更要助力复工复产，积极发挥自身职能，优化营商环境。但是，目前检察机关适用相对不起诉的比例仍然较低，而实践中大量犯罪主体多是小微企业，复杂的诉讼过程使企业的经营必然遭受影响，而这与检察机关助力经济发展的理念相悖。因此，检察机关在尽可能坚持刑事打击的同时探索企业合规并重，向企业制发合规检察建议，同时对企业个人进行相对不起诉，以保障涉案企业能够继续经营，且能接受教训又避免再犯。

---

① 参见陈瑞华：《论企业合规的中国化问题》，载《法律科学》2020 年第 3 期。

② 李本灿：《刑事合规制度的法理根基》，载《东方法学》2020 年第 5 期。

③ 《2013 中国企业家犯罪报告》，载正义网，http://news.jcrb.com/jxsw/201401/t20140105_1298885.html。

（二）实践基础

1. 经济犯罪案件数量占比攀升

从我国司法实践来看，严重暴力刑事犯罪占比呈递减趋势，经济犯罪则是相反，呈递增趋势。2015 年至 2019 年，全国检察机关受理审查起诉经济犯罪案件人数的平均升幅为 8.9%，平均约占总体刑事犯罪受理人数的 7.7%。[①] 经济犯罪成因复杂，单纯依靠刑事手段进行治理力量过于单薄，因此需要联合社会多方面来综合治理，联合打击，以便寻求更好的社会治理效果。企业合规计划的实施，能够有效帮助司法机关联合有关部门综合运用行政、司法、第三方等手段，促进企业依法依规运行发展，达到既惩罚犯罪又预防犯罪的目的。对于完善合规制度、形成治理合力具有积极意义。

2. 企业提升国内、国际竞争力的治理需求

在国内的立法体系中除明确规定了对于单位犯罪实施处罚外，并未将企业合规制度明文写入法律法规，未从法律上确定企业合规的法律地位。

从全球视野来看，合规是企业国际竞争力的重要组成部分，更是我国企业良好有序开展对外投资、进行贸易往来的制度基石。企业合规制度在刑事程序立法上的确立，能够更好地运用国际规则，服务我国企业能“走出去”“活下来”，为企业发展提供司法保障。

3. 涉案企业合规两期试点为立法提供实践基础

目前，最高人民检察院开展的企业合规第二期试点已接近尾声。[②] S 市在企业合规改革试点中，明确了在现有法律制度框架内，与依法适用认罪认罚从宽制度和检察建议相结合，与依法适用不起诉相结合，且不得擅自“造法”，做好“行刑衔接”。通过合规考察，对于涉案企业达到合规标准可以不追究刑事责任，但存在明显违规问题的，在依法作出不起诉决定的同时，可以根据刑诉法相关规定，提出对涉案企业给予行政处罚等检察意见，移送有关主管机关处理。

---

① 唐姗姗：《20 年来刑事犯罪变化背后的法治考量——1999 年至 2019 年刑事犯罪变化首次写进最高检工作报告》，载《检察日报》2020 年 5 月 27 日，第 4 版。

② 2020 年 3 月，最高人民检察院在全国启动“企业犯罪附条件不起诉改革试点”，在包括 S 市浦东、金山在内的全国 6 个基层检察院开展第一期试点。2021 年 4 月，最高人民检察院下发《关于开展企业合规改革试点工作方案》，决定扩大试点范围。2021 年 4 月，经市院企业合规检察试点工作指导小组审议，确定一、三分院及浦东、徐汇、静安、普陀、虹口、杨浦、宝山、闵行、嘉定、金山、松江、青浦、奉贤、崇明区院共 16 家为第二期试点单位。

明确企业合规改革试点的适用范围为公司、企业等市场主体在生产经营活动中涉及的经济犯罪、职务犯罪等案件，重点聚焦金融证券、知识产权、环境资源、个人数据保护等领域的企业犯罪案件。企业范围不受企业所有制性质的限制，案件类型一般优先考虑公司、企业等实施的单位犯罪案件，或者公司、企业等实施危害社会的行为，但依照法律规定只追究自然人刑事责任的案件，也可以是公司、企业实际控制人、经营管理人员、关键技术人员等实施的与生产经营活动密切相关的犯罪案件。经过检察机关开展社会调查，结合企业表现，形成社会调查评估报告，充分论证、评估对涉案企业进行合规建设的必要性和可行性，来决定是否对涉案企业启动合规监督考察，确保司法办案政治效果、法律效果、社会效果的有机统一。

根据九部委联合制发的《关于建立涉案企业合规第三方监督评估机制的指导意见(试行)》(本文以下简称《指导意见》)，重点聚焦金融证券、知识产权、环境资源、个人数据保护等领域的企业犯罪案件的特点，组建第三方机制管委会、建立联席会议、专业人才名录库、巡回检查小组等，开展第三方机制有关工作。此外积极探索建立第三方机制管委会工作规程、专业人员名录库组建和管理规范、第三方监督评估组织运行规则等制度规范，确保案件审查办理和第三方机制构建同步推进。

针对在办理案件中发现的涉案企业经营管理上存在的合规漏洞和风险提出企业合规检察建议，以督促涉案企业建立合规管理体系，或进行有针对性合规整改，以完善企业内控制度，提高依法规范经营和维护自身合法权益的意识和能力。企业合规检察建议的提出时间，可以根据案件具体情况和工作需要灵活掌握，不仅可以在作出不起诉决定或者提起公诉后提出，也可以在审查逮捕或者审查起诉过程中提出。被建议企业对企业合规检察建议的落实情况，作为检察机关作出从宽处理决定、提出行政处罚等检察意见、激励企业依法合规发展的重要依据。

二、涉案企业合规实践中存在问题检视

借鉴国外企业合规制度的积极意义不言而喻，但该项制度在实践中存在的问题也是不容忽视的。尤其是立法方面缺乏明确规定，因此更要从刑事程序方面来研究合规运行的合理性。

1. 企业合规范围不明确

企业合规的适用范围是企业合规制度体系建构的基础，是全面推进企业合规

制度法治化的关键。对于合规适用何种类型企业，是否应当区分民营企业和国有企业的适用范围国内暂无统一界定标准。从合规的对象范围上来看，国外主要针对的是大型企业，特别是跨国公司等，我国的治理模式决定了对大型国有企业合规制度建构较为完善，相比之下民营企业滋生腐败犯罪等总体量更大，而民营企业犯罪的案发并不意味着国有企业不存在这方面的犯罪风险。但在试点实践中针对的主要是民营企业，特别是中小微企业，目前的试点案例中还没有看到有规模以上企业。

从合规的主体范围来看，是以企业为犯罪主体的犯罪还是以企业为犯罪对象的犯罪，企业合规的适用范围是限定于单位范围，还是包括单位中的自然人犯罪也无统一定论。英美法系的替代责任原理或者严格责任是企业要对企业里的所有人员犯罪都要承担刑事责任，企业责任范围太宽泛所以要松绑，而我国单位犯罪必须要具备单位意志等条件，责任范围设定相比很窄。我国现阶段的企业合规制度同样是基于经济发展与营商环境的考量，目前司法实践中企业合规的对象大多为中小企业，没有建立现代化的企业制度，民营企业家对企业的生存至关重要，如果仅放过企业而处罚其负责人，企业仍然面临倒闭，通过企业合规保障经济发展、保护就业的目的仍然无法实现。

企业合规的案件范围是企业合规制度体系构建的核心，是全面推进企业合规制度规范化的基石。企业合规是否适用于刑法分则第三章规定的所有单位犯罪，还是应当对适用范围进行限定，仅适用于轻罪。企业合规改革试点适用于公司、企业等市场主体在生产经营活动中涉及的经济犯罪、职务犯罪等案件，既包括轻罪案件，也要包括重罪案件。这就对企业合规的主体要件和时空要件进行了限制。

2. 检察机关作用认识不统一

在美国，合规计划作为检察官对企业犯罪是否起诉以及量刑建议的重要考量因素，检察官自然是合规计划的主导角色，特别是检察官通过不起诉协议（NPA）和暂缓起诉协议（DPA），直接促使公司治理结构的改变，从根本上改变了检察官的角色。[①] 对于我国而言，检察司法和企业合规的定位关系问题，不同领域、不同视角看待企业合规的内涵是存在区别的。在企业视角下是防治，即对涉案前的风险防控；在行政机关视角下是管治，即对市场竞争秩序的管控，带有预防与处置的

---

① 李勇：《检察视角下中国刑事合规之构建》，载《国家检察官学院学报》2020 年第 4 期。

性质;在司法机关特别是检察机关视角下是矫治,即犯罪的惩治清除,企业管理漏洞的堵塞;但对企业犯罪的防控是共同的目标。

检察机关作为司法机关,在传统观念中还是法律监督机关,以监督为主。但在刑事合规中检察机关是主体地位还是中立监督暂无统一定论。根据最高人民检察院的指示,在试点实践中检察机关在其中主要履行监督职责,这也与检察机关的职能定位相匹配。同时还指出检察机关要进行适当的引领、考察、指导,最后以第三方监督评估机构作出的合规情况报告作为作出检察决定的重要依据。要在监督为主的同时,适当地发挥引导作用,这对于深化和丰富检察权,推进检察职能参与社会治理,促进国家治理体系现代化具有重大意义。

在域外一些国家,检察履职可以对企业实施巨额罚款或者吊销营业执照,而我国检察机关没有罚没权,吊销营业执照也属于行政处罚的范围,必须刑行衔接。

3. 合规计划及考察工作机制不完善

根据《指导意见》,对于检察机关评估认为涉案企业符合适用合规条件的,就由第三方组织对涉案企业的合规承诺进行调查、评估、考察。开展涉案企业合规工作的总原则和总理念是通过公开、透明实现公平、公正。因此,要设立第三方监督评估、回避等机制。

在合规工作中,企业的主要任务就是针对企业的违法犯罪行为,制定合规管理规范,履行合规承诺、健全合规制度。在合规考察过程中,检察机关的职责主要是:审查第三方组织书面报告和涉案企业的合规计划、定期书面报告等材料;经审查发现相关问题的,向第三方组织提出意见建议;受理涉案企业、个人及其辩护人、诉讼代理人等对第三方机制运行期间提出的申诉、控告等。企业合规的结果是体现“厚爱”,但过程必须是要“严管”的,即要求企业必须拿出开展合规的必要成本来落实整改,而建立第三方机制就是来评估企业是否整改到位的。“严管”与“厚爱”的平衡仍是司法实践中需注重的问题。

企业刑事合规的附条件不起诉在调查与沟通、协议的达成、监督与考察、评估与处理等阶段需要给予特别注意。附条件不起诉的条件通过检察机关与涉案企业的平等、充分沟通,最终以协议形式体现。刑事合规目的是帮助企业重建合规体系,作出附条件不起诉决定后,检察机关在考验期内应注重对企业履行协议的情况进行监督、考察。考验期结束,人民检察院应组织对企业履约情况进行评估。[1] 在合规的实施和监督评估问题上，合规第三方组织的角色具有双重性，既包括参与审核企业合规计划，提出修改的职能，也包括开展企业合规的监督评估。但是第三方组织不能既当"教练员"又当"裁判员"，需要处理好这两个角色的关系。

4. 合规考察结果运用标准不一致

由于地域制度与实践的差异，域外的合规计划多实行单罚制，仅适用或主要适用于企业犯罪，而我国的企业合规则采用双罚制，适用企业的同时也适用于个人。这种处罚方式，与传统企业合规的理念相冲突，也有违反罪刑法定原则之嫌。更为重要的是，对国内企业实施这种特别的企业合规优待，不仅会和我国政府鼓励到海外投资的企业按照国际标准进行合规建设的政策冲突，而且也不利于我国企业以平和的心态到海外参与国际市场的竞争。[2] 鉴于我国特殊的治理模式，应对国有企业和民营企业区分不同情况。国有企业的人企分离是完全可以实现的。但在民营企业领域不能一概而论，大量民营企业的直接责任人实际上和企业是直接联系的，追究直接责任人员的责任，实际上等于追究企业责任，脱离企业关键人员谈放过企业，其实是不适应中国国情的。从法律后果上看，我国对单位犯罪中单位的法律后果只有罚金刑，而英美法系的法人犯罪刑罚体系与种类繁多，其中比较明显的就如我国行政处罚中的吊销营业执照，但我国并无此类刑事处罚，对企业罚金的减免制度意义是不明显的。

《指导意见》指出，检察机关在对涉案企业考察过后，将合规考察结果作为批准逮捕或者不批准逮捕、起诉或者不起诉等决定的重要参考，同时也是对涉案企业相关违法行为作出量刑建议或者检察建议、检察意见的重要参考。出于司法成本和对被追诉人悔罪表现的考虑，刑事合规的不起诉或者附条件不起诉都以涉案企业的积极配合或认罪认罚为前提。认罪认罚制度为检察机关与企业的沟通、协商直至达成最后的缓诉协议，换取刑事法律的相应优待，提供了操作执行的具体方案。目前，部分试点单位存在将合规考察制度纳入认罪认罚从宽制度的趋势，但是，这两项制度的法律属性并不相同。其一，二者的价值目标不同，认罪认罚从宽制度的价值目标，是提高诉讼效率，而合规制度的价值目标，是督促企业合规整改、实现合法经营。其二，二者的实体结果不同。大多数适用认罪认罚从宽制度

---

① 杨帆：《企业合规中附条件不起诉立法研究》，载《中国刑事法杂志》2020 年第 3 期。

② 黎宏：《企业合规不起诉：误解及纠正》，载《中国法律评论》2021 年第 3 期。

的案件都会进入法庭审理程序而予以从轻处罚，而合规考察制度的本质是合规出罪，检察机关因涉案企业有效合规而作出不起诉决定。具体到刑事合规中，尚需构建企业犯罪适用认罪认罚从宽处理指引，并建立企业合规—认罪认罚—程序分流的关联。①

我国企业刑事合规计划面临的最大瓶颈是缺乏刑事法激励措施，现有相对不起诉制度难以起到激励作用，目前对企业犯罪适用附条件不起诉尚于法无据，因此，对于企业合规刑事程序，立法是当务之急。

三、企业合规刑事程序立法完善路径

要构建一个立体化的刑事合规程序路径，应当在借鉴国外刑事合规的基础上，结合我国单位犯罪的特点，建构我国企业犯罪的附条件不起诉制度，坚持法律面前人人平等原则，即大企业和小企业的平等适用、国有企业和民营企业的平等适用，以及犯罪预防原则，即考虑附条件不起诉能否达到预防犯罪的效果。重点考虑企业犯罪的性质和严重程度，企业以前是否有过违法犯罪记录，是否存在自首、立功、坦白、认罪认罚等量刑情节，起诉的附随后果，企业的管理制度与合规计划等。② 构建我国刑事合规制度，以弥补立法空白，最终达到预防企业犯罪的目的。

我国涉案企业合规不起诉的构建拥有制度基础和现实基础。认罪认罚制度与企业合规都提供了从宽的前提，为企业附条件不起诉找到了制度基础；未成年人犯罪附条件不起诉的实践经验为涉案企业刑事责任的配套调整提供思路；检察机关在试点中对企业犯罪不起诉的做法，为立法积累了经验。完成对企业合规刑事程序的具体内容、程序设计，从而在立法上为企业刑事合规提供程序保障。

1. 范畴层面：企业合规刑事程序的“范围”与“条件”

企业合规范围包括适用案件范围和适用对象范围两方面。适用案件范围应当严格限定于经济犯罪与职务犯罪。这里的经济犯罪要作限缩解释，即必须与企业的生产经营、市场主体的资格定位产生直接的关联，企业合规制度并非可以完全适用于刑法分则第三章所有罪名。

适用对象范围既包括国有企业，也包括民营企业；既包括大中型企业，也包括

---

① 杨帆：《企业合规中附条件不起诉立法研究》，载《中国刑事法杂志》2020年第3期。

② 欧阳本祺：《我国建立企业犯罪附条件不起诉制度的探讨》，载《中国刑事法杂志》2020年第3期。

小微企业;在试点实践中,小微企业犯罪案件在单位犯罪案件中占最重要比重,不应忽视;且对于小微企业开展合规并不需要花费过多司法资源。既包括上市企业,也包括非上市企业;既包括涉案企业,也包括与涉案企业密切关联的企业,如涉案企业的被害企业。企业实际控制人、直接责任人、法定代表人、经营管理人员、关键技术人员等处于企业重要岗位,对企业生产经营有直接影响的,基于企业利益而实施犯罪,犯罪行为与生产经营活动密切相关,且有证据能够证明达到单位犯罪事实的情况下,这类企业也应当成为企业合规适用的对象。当然,这种情况要从严把握,贯彻宽严相济的政策,既要对企业“严管”,也要做到“厚爱”。

《刑法》第 37 条规定:“对于犯罪情节轻微不需要判处刑罚的,可以免予刑事处罚……”《刑事诉讼法》第 177 条第 2 款规定:“对于犯罪情节轻微,依照刑法规定不需要判处刑罚或者免除刑罚的,人民检察院可以作出不起诉决定。”上述两个条款也是司法实践中检察机关相对不起诉决定书必引的两个条文。

笔者认为,我国的涉案企业合规不起诉必须同时具备以下条件:(1)结合企业犯罪的性质和犯罪的严重程度,以及司法实践中判断“情节轻微”的基本尺度,应当将刑罚限定为“可能判处三年以下有期徒刑”的案件,且不能是危害国家安全犯罪、恐怖活动犯罪。(2)企业犯罪必须是以生产经营活动为目标,民营企业责任人、实际控制人等实施了酒后驾驶的违法行为时,不应认定为生产经营活动,要严格区分个人行为和企业行为。(3)涉案企业认罪认罚,认罪悔罪,涉案企业自愿承诺建立或者完善企业合规制度,对企业存在的犯罪风险按照合规计划的要求进行全面改革,责任人或实际控制人自愿认罪、接受处罚。(4)涉案企业主动采取补救措施减轻犯罪后果造成的影响。如积极向被害人退赃、退赔并获得对方刑事谅解。(5)涉案企业在此之前是否有过违法犯罪记录:涉案企业应当没有曾因为同种罪名被刑事处罚过,或者曾因同种类行为受到行政处罚。(6)积极配合司法机关的调查、自愿接受司法机关的考察监督。(7)涉案企业能够正常生产经营。现有的司法资源决定了在合规案件办理上不可能做到对所有企业开展合规,对于具有较好发展潜力的企业,在满足前述条件的基础上应当开展,而对于濒临破产或经营陷入困境、生存难以为继的企业,则应当避免司法资源的浪费。但应注意,企业暂时性无法生产经营,但在可预期的期限内可以恢复生产经营,比如责任事故类行政案件企业可能被行政机关责令停业整改,或者事故导致企业重建,企业如果是具备合规基础的,不宜因暂时的困难而排除企业合规适用。

2. 主体层面:企业合规刑事程序"启动"与"审查"

涉案企业合规,是使用法治理念来治理和规范企业。检察机关惩罚犯罪和预防犯罪的职能,决定了其在企业刑事合规中应当充分发挥主导作用。检察机关应当充分运用量刑建议、检察建议、检察意见等监督手段,真正做到将法治理念融入企业治理,帮助企业建立完整的合规体系,防范企业经营风险,同时通过对涉案企业合规来达到教育其他企业依法依规生产经营的目的,帮助企业正常有序运转。

涉案企业合规不起诉的适用不是检察机关向涉案企业的让步,也不同于国外的辩诉交易,它是一个单向的法律适用活动。合规不起诉是检察机关在审查案件的过程中依法作出起诉或者不起诉的权力之一,是法定职权,而合规只是为这项不起诉决定加上了限定条件,这些条件需要检察机关进行审查,符合预期标准的,才可以适用不起诉。

检察机关对涉案企业实施合规考察制度,是"少捕、慎押、慎诉"理念的落实。企业合规不只是单纯进行证据审查和是否构罪审查,而是利用刑罚的职能来探索对社会发展利益最大化的模式,是检察机关立足于本职工作,利用司法手段的同时兼顾社会公共利益最大化的体现,并根据考察的结果作为是否起诉的考量。这不仅是检察理念的重大革新,对于涉案企业来说采取合规是出罪的最佳方式,这种模式更有利于法治社会的建立。

笔者认为,检察机关是涉案企业合规的启动主体,并在法律规定的范围内充分发挥主导作用,而审核合规有效性的主体则是检察官。检察官的职能决定了其是代表国家进行公诉活动和法律监督活动的,因此具有客观中立的立场;而且检察官才是决定诉或不诉的直接责任人,不起诉的决定是在审查起诉阶段就由检察官单独作出的,起诉裁量权掌握在检察官手中。同时法官难以跨越诉讼程序在诉前介入案件的审查和调查,也于法不符。这就使法官难以在诉前掌握涉案企业内部管理及合规情况,更不能决定是否对涉案企业进行起诉,也无法对企业合规考察进行评估。因此,对于涉案企业合规的有效性审查是由检察官来进行的。

3. 运行层面:企业合规中"合规计划"与"有效考察"

合规计划是由涉案企业在法律规定的范围内,结合其自身的经营管理模式、规章制度等,设立的一套风险防范机制。企业作为商业环境的参与者,司法机关作为营商环境的营造者,合规计划因自身的国际化优势,对于司法机关来说还可以节约司法成本,合理利用的话可以成为助力优质营商环境建设的法治工具,从而达到减轻、免除涉案企业责任甚至正当化的目的的机制,而这种机制不仅仅是制度层面的,它应该被切实地贯彻和执行,形成常规操作。

合规计划有效与否,在于其合规的内容,有效的合规计划成为对涉案企业审查的重点。合规计划的建构,涉及合规的整体性架构以及个别化措施。经验表明,那种“一揽子”的综合合规计划通常是无效的。确立企业合规标准需要考虑企业规模、企业领域、发展阶段等基本因素。而让企业合规行之有效的前提条件是,针对特定合规风险,量身打造专项合规计划,比如风险识别、内部调查、合规责任履行中的刑事风险尤其值得关注。

合规是有成本的,不同规模企业的有效合规标准应当有所不同。应当根据比例性原则鼓励企业量力而行,进行不同程度的合规。检察机关要确认有效的合规计划,需要与相对应的行政监管部门进行配合,针对诸如商业贿赂、违反税收征管、侵犯知识产权、违反网络安全管理、污染环境、扰乱金融管理秩序、违反产品质量等方面的违法犯罪行为,发布基于专门合规风险的有效合规计划。[①] 司法机关认定合规计划的有效性,进而为准确定罪量刑提供参考。

《指导意见》指出,合规计划应当主要围绕与企业涉嫌犯罪有密切联系的企业内部治理结构、规章制度、人员管理等方面,制定可行的合规管理规范,构建有效的合规组织体系,健全合规风险防范报告机制,弥补企业制度建设和监督管理漏洞,防止再次发生相同或者类似的违法犯罪。

笔者认为,对于涉案企业合规计划的审查,应当从可行性、有效性、全面性等方面入手,评估考察的对象是涉案企业合规计划及其执行情况,从立法的角度来说,没有必要在刑事诉讼法中对评估的具体内容和流程进行规定,可以借鉴已经试行的最高人民检察院会同国务院相关部委制定的指导意见。检察机关对涉案企业合规程序的评估要点主要包括:合规计划是否合理;合规计划是否得到有效实施;合规程序是否起到防范风险和预防犯罪的作用。

4. 结果层面:企业合规刑事程序中“听证”与“处遇”

在合规评估考察期结束之前,检察机关应当召开听证会。主要原因在于担心检察机关滥用裁量权,通过公开听证的方式对自由裁量权进行限制。从实践运行来看,检察机关近年来在不起诉案件中大力引入公开听证程序,除诉讼当事人参与听证外,还有人民监督员、人大代表、政协委员、律师等参与其中。为防止检察官权力过大,防止涉案企业合规的滥用,可以在立法上规定企业合规不起诉的案

---

① 陈瑞华:《刑事诉讼的合规激励模式》,载《中国法学》2020 年第 6 期。

件一律实行公开听证。至于听证的具体流程，可见最高人民检察院制定的《人民检察院检察听证室设置规范》《人民检察院审查案件听证工作规定》等相关文件的实施细则。

涉案企业合规的主要作用在于将涉案企业合规作为决定不起诉的裁量情节，制订行之有效的合规计划作为不起诉的考验条件。在合规考察期内，从涉案企业的实际情况出发，已经证明涉案企业实施的罪行较轻，且企业已经建立完整的风险防范体系，能够主动整改、解决管理和制度上的漏洞，防范违法犯罪危险的，可以在考验期满后由检察机关决定对涉案企业适用合规不起诉；没有实现合规计划目标的，由检察机关撤销附条件不起诉决定，提起公诉。

5. 修法层面：企业合规刑事程序条款设计建议

笔者认为，从节约立法资源的角度来看，不宜采取打乱全部条文顺序的方式，应最大限度保持刑事诉讼法律体系的稳定性。在现行《刑事诉讼法》第 177 条之后增加 3 项相关条款，建议对涉案企业合规不起诉的条款设计如下。

增加“第一百七十七条第四款　对于公司、企业等市场主体在生产经营活动中涉及的经济犯罪、职务犯罪等案件，可能判处三年有期徒刑以下刑罚，符合起诉条件，但具有下列情形的，人民检察院可以作出附条件不起诉的决定：（一）公司、企业自愿认罪认罚；（二）公司、企业能够正常生产经营，具有实施合规计划的意愿和能力。”

增加“第一百七十七条第五款　在作出附条件不起诉的决定前，人民检察院应当举行公开听证，听取侦查机关、被害人、第三方组织、其他相关人员的意见。”

增加“第一百七十七条第六款　被附条件不起诉的公司、企业，应当设定考验期，接受第三方组织的监督评估。在考验期内有下列情形之一的，人民检察院应当撤销附条件不起诉的决定，提起公诉：（一）实施新的犯罪或者发现决定附条件不起诉以前还有其他犯罪需要追诉的；（二）违反考察机关有关合规的监督管理规定，情节严重的。”同时明确“被附条件不起诉的公司、企业，在考验期内没有上述情形，经人民检察院评估认定其合规计划有效的，考验期满后应当作出不起诉的决定。”

刑事合规评价制度的域外考察与模式选择

梁春程*　陈　玲**　薛莉萍***

所谓刑事合规,从本质上而言,就是在刑法自身所具备的单位犯罪惩罚功能的基础上,进一步强化犯罪预防功能,从而实现内部和外部两个层面对单位犯罪处理的综合作用,这其中有来自国家公权力的,也有来自单位自身的。在内外部的共同作用下,刑事合规可以涉及各个行业与领域的方方面面。由此,充分利用刑事合规这一新的制裁手段来衔接刑法适用体系,以有效合规计划的制订和实施来实现单位的自我管理,将成为有效治理单位犯罪的重要途径。

一、刑事合规评价制度的源起与发展

“合规”这一概念最早源于美国,其也被称作“企业适法计划”或者合规计划。① 在早期,合规计划是美国的金融服务机构用来监管金融领域风险的一项措施,直至1991年,美国《联邦组织量刑指南》的制定颁布,标志着合规计划被纳入刑事司法领域。在这一背景下,美国对于刑事合规的司法实践被世界各国推而广之,继而成为先进的法治经验。自此,合规也不再仅仅是企业家们的共识,在美国先进的刑事合规法治经验以及《联合国反腐败公约》等诸多国际文件的助推下,全球化的趋势更是促使其从传统的企业合规不断向刑事合规发展升级。具体而言,从传统的企业合规到作为单位犯罪罪刑重要考察因素的刑事合规评价,主要经历了以下3个发展阶段:

---

* 华东政法大学博士后流动站。

** 上海社会科学院法学所。

*** 上海市黄浦区人民检察院。

① 周振杰:《比较法视野中的单位犯罪》,中国人民公安大学出版社2012年版,第21页。

（一）合规的萌芽与兴起：作为金融领域的风险监管举措

在合规计划建立的初期，正值20世纪30年代的经济大萧条阶段。在这一时期，美国的金融体系陷入极为混乱的境地。为了保障金融系统的稳定运行，美国政府决定加强对银行业的监管，而在这一过程中，合规监管是最为核心的一项内容。通过合规计划的建立，美国金融系统所呈现的制度性漏洞得以填补，并按照合规计划进一步履行了相应义务。而从合规监管的成效上来看，自美国经济大萧条阶段由政府采取合规计划方式监管金融领域风险开始，即20世纪30年代至70年代的数十年间，合规监管便被美国政府予以严格贯彻并执行，由此充分保障了美国整个银行业乃至金融体系的健康稳定运行。基于这一背景，合规作为美国金融领域的风险监管措施而被运用到实践中。由此，通过合规监管举措的施行，美国在贯彻执行金融风险监管理念、法规的过程中逐步形成了涉及金融领域风险监管的全面系统的合规制度体系。

（二）从企业合规到刑事合规：作为单位犯罪的规制与预防方案

20世纪60年代至90年代，在美国企业犯罪不断爆发的背景下，其在调查处理企业犯罪的过程中，逐步发展并完善了涉及企业合规的相关法律，其中，《反腐败法》奠定了以合规计划控制预防企业违法犯罪的重要基础。

此后，1991年的《联邦组织量刑指南》出台，对刑事合规引入美国司法领域产生了里程碑的意义，其将个人犯罪与单位犯罪的量刑加以区分，明确了要将合规计划纳入对单位犯罪量刑的考察因素，合规计划成为涉案企业罪刑的重要评价要素。根据该指南，一个有效的合规计划既是检察官决定是否起诉涉案企业的重要依据，也是法官对犯罪企业进行量刑的重要参考。① 如果涉案企业积极制订并有效实施了所制订的合规计划，体现在刑事诉讼的层面，则由联邦检察官通过达成暂缓起诉协议（DPA）或者不起诉协议（NPA）来进行处理。

而达成暂缓起诉协议或者不起诉协议的处理方式，是在合规计划之前便存在的既有路径，由1974年《快速审理法案》确立下来，是美国用来处理轻微罪行的一种新方法。② 经过诉讼模式的演变与发展，目前的暂缓起诉协议以及不起诉协议

---

① 陈瑞华：《美国〈反海外腐败法〉与刑事合规问题》，载《中国律师》2019年第2期。

② 陈瑞华：《美国暂缓起诉协议制度与刑事合规》，载《中国律师》2019年第4期。

大多适用于以公司、企业等单位为被告人的涉嫌欺诈、贪腐贿赂等犯罪的案件，一般不再适用于自然人犯罪。这意味着暂缓起诉协议以及不起诉协议已经演变成美国司法实践处理单位犯罪的基本路径，从本质上而言，其推动了美国司法处理单位犯罪刑法模式的转型，由事后追求对单位的刑事处罚转向对涉案单位遵守法律规章的督促。这种从立法的层面确立合规计划在企业诉讼与量刑上的积极意义的刑法模式，大大促进了合规计划与企业犯罪刑事司法活动之间的密切联系。①

在美国刑事司法的实践先导下，合规计划越来越受到重视，常常被作为预防、治理以及追诉企业犯罪的重要考虑因素。由于合规计划可以有效地预防或者发现企业涉嫌犯罪，且能让涉罪企业在被追诉时得到减免刑罚的激励，使合规计划被越来越多潜在的或已犯罪的企业所接受，②刑事合规逐步成为治理、预防单位犯罪的重要手段。由这一发展阶段可以看出，通过对刑法监管举措的不断回应，企业合规的规则与实践被逐步借鉴并融入刑事法理念，呈现出“刑事化”的趋势。③

（三）刑事合规的进一步发展：全球化趋势与刑事合规评价

在这一阶段，全球化的浪潮深刻影响着世界经济以及法律的发展，世界众多国家在特定的领域内纷纷建立自身的刑事合规制度。除美国司法部在《司法手册》《刑事部门事务中检察官的选择》备忘录等相关文件中明确了联邦起诉企业所要遵循的基本原则外，其还曾在 2002 年颁布的《萨班斯—奥克斯利公司治理法案》中明确规定了企业管理层的合规评价义务，以便及时发现企业存在的欺诈行为。④ 随后，英国于 2007 年颁布《公司过失杀人与公司杀人法案》，明确了陪审团在认定企业行为过程中，要充分考察企业对员工是否履行了相关注意义务并遵循相应的健康以及安全法案。⑤ 根据该法案可知，一旦企业积极履行了相应内部控

---

① 梁慧：《从海外视角看国有商业银行合规建设》，载《时代金融》2017 年第 33 期。

② 董启帆：《合规计划与单位犯罪刑事责任原理的更新》，2019 年上海社会科学院硕士学位论文，第 29 页。

③ 万方：《企业合规刑事化的发展及启示》，载《中国刑事法杂志》2019 年第 2 期。

④ 施君：《解读美国萨班斯法案 404 条款及其立法启示》，载《扬州大学学报（人文社会科学版）》2009 年第 3 期。

⑤ *The Parliament of U. K. Corporate Manslaughter and Corporate Homicide Act 2007*, section 82. (2007 - 07 - 26) [2020 - 07 - 13], https://www.legislation.gov.uk/ukpga/2007/19/contents.

制的义务,该事实即可成为抗辩事由。[①] 2016 年,法国的《萨宾第二法案》确立了企业强制合规的制度,该制度明确规定了合规的评价标准,具体包括:行为准则的制定、定期风险评估、建立培训系统等有关内容,并同时确立了与美国暂缓起诉以及不起诉相类似的制度,根据这些制度的内容,可以由检察机关与涉案企业达成协议,涉案企业需要及时缴纳协议金并在检察机关的持续监督下建立并实施有效的合规计划,而具体如何判断合规计划的有效性,则以《萨宾第二法案》规定的内容作为评价的标准。[②] 2017 年,美国司法部发布了《公司合规计划评价指引》;此后,在 2019 年,又出台了《公司合规计划评价》,从该文件的内容来看,其替代了 2017 年的《公司合规计划评价指引》,成为美国联邦检察官在作出起诉决定时评估企业合规计划是否有效的重要标准。[③]

由此可见,在这一阶段,企业合规的"刑事化"趋势进一步深化,不仅表现在全球化上,还进一步表现在具体的内容上。检察官在决定是否对涉案企业提起公诉时,不仅将合规计划作为重要的考量因素,还可以与企业达成暂缓起诉、不起诉的协议,并以持续性的合规监督作为保障。检察官对合规计划的审核、对企业内部控制体系的评价考察、通过任命合规官的方式实现对合规补救措施的持续监督等一系列的实践,体现了在刑事合规全球化的演进过程中,合规评价(合规考察监督)正逐步从刑事合规的概念中衍生出来,并逐渐纳入检察机关治理单位犯罪的重要职能中,成为实践中的有益借鉴。

二、刑事合规评价制度的域外考察

由上可知,国外刑事合规评价的发展演变比我国早得多,在一定程度上也比我国更加完善。据此,笔者拟通过比较分析英美法系与大陆法系两大法系中刑事合规评价制度的内容,以期为我国检察实践引入刑事合规提供有益的借鉴。

---

① 董文惠、杨凌智:《论我国企业犯罪治理模式之应然转变——以刑事合规为视角》,载《南昌航空大学学报(社会科学版)》2019 年第 4 期。

② Parlement Français, LOI n°2016 - 1691 du 9 décembre 2016 relative à la transparence, à la lutte contre la corruption et à la modernisation de la vie économique, Article 17(Ⅱ)[EB/OL].(2016 - 12 - 08)[2020 - 07 - 13], https://www. legifrance. gouv. fr/affichLoiPubliee. do? idDocument = JORFDOLE000032319792&type = general&legislature = 14.

③ 陈瑞华:《有效合规计划的基本标准——美国司法部〈公司合规计划评价〉简介》,载《中国律师》2019 年第 9 期。

（一）美国：从激励走向强制

1. 上升至刑事法义务的合规

由前文可知，在美国建立刑事合规制度初期，企业是否建立合规机制仅作为一种激励因素，而并没有上升至刑事法义务。换言之，在这一时期，企业尚未进行合规管理这一事实本身并不构成犯罪，除非企业或者企业内员工因未进行合规管理而出现了刑法所禁止的犯罪行为。2002 年，《萨班斯—奥克斯利公司治理法案》出台，该法标志着企业合规被推向刑事法意义上的新高度，规定上市公司的首席执行官和首席财务官要确保公司为财务信息的正确披露提供有效的内部控制，否则最高可处以 20 年的监禁刑。① 这意味着该法案对企业高管实施合规计划开始具有强制性质。而根据其规定，该法案其实是为企业高管确定了企业合规的刑事义务；至 2010 年，《多德—弗兰克法》的颁布则进一步为企业本身制定了合规计划的刑事义务，即要求作为投资顾问的企业应当指定一名首席合规官，负责执行企业合规计划，以预防对《投资顾问法》的违反，如果企业没有指定首席合规官执行企业合规计划，则将面临相应的民事和刑事责任。② 自此，企业合规管理和合规计划在刑事司法体系中的作用日趋重要，企业的合规计划成为检察官不起诉或暂缓起诉的考量因素、法院在判决罚金刑数额和监督考验刑的考量因素。

2. 实体法意义上的刑事合规

美国将刑事合规作为量刑裁量因素和监督考验条件规定于《联邦量刑指南》中。在该指南的“组织量刑”一章中，组织存在有效的合规计划和道德计划，被规定为可以减轻组织刑罚的因素之一。如果组织通过有效的合规和道德计划进行自我管理，以减少并最终消除犯罪行为，则可以享受《联邦量刑指南》提供的激励措施。换言之，如果组织要被定罪和量刑，则其先前致力于预防和发现犯罪的努力行为，会对其刑罚和监督考验期限产生直接的影响。“组织量刑”一章明确了刑

---

① Sarbanes - Oxley Act of 2002, Pub. L. No. 107 - 204, § 302 (a) (4), 116 Stat. 745 - 777 (2002).

② Tiffany M. Joslyn, *Criminal Provisions in the Dodd - Frank Wall Street Reform and Consumer Act*, (Dec. 10, 2010), https://fedsoc. org/commentary/publications/criminal - provisions - in - the - dodd - frank - wall - street - reform - consumer - protection - act.

事合规的监督考验刑(probation)[①],如果在量刑时,该组织员工人数在50人以上或根据法律规定应当设立有效的合规和道德计划,但该组织没有这样的计划,则法院应判决一定期限的监督考验。[②] 在合规计划有效性的判断上,2017年《企业合规计划评估细则》给出了具体的标准,分别从公司的规模、行业、地理分布、监管格局、公司内部运营以及其他外部因素来考量。此后,该细则经历了2019年和2020年的两次修订。相比较而言,现行有效的2020年版本更加强调了对企业合规计划的持续检查、测试和更新,一旦发现不足之处,就应及时改正。

3. 程序法意义上的刑事合规

随着实体法层面涉及企业量刑的相关指南出台之后,1999年,美国司法部发布了《司法手册》,其中,第9章"联邦商业组织起诉原则"[③]详细规定了联邦检察官在对调查企业犯罪、对企业提起指控和与企业达成认罪或其他协议时所要考虑的因素。与"组织量刑"的理念相一致,"联邦商业组织起诉原则"也非常重视企业合规计划的作用,强调对犯罪行为发生时以及检察官作出是否指控的决定时公司合规计划充分性和有效性的判断,充分考虑公司实施有效合规计划或完善现有合规计划的补救性努力。[④] 根据这一原则,检察官主要从企业违法犯罪行为的普遍性、企业是否实施合规计划以及企业在违法犯罪行为发生之后采取的补救性措施(进一步完善现有合规计划)等3个方面考察企业的合规情况。[⑤] 如果检察官

---

① 英文词典通常将probation翻译为"缓刑",但美国刑法上的"probation"与我国的缓刑制度不完全相同。在美国刑法制度中,probation既是一种刑罚方法,又是一种替代监禁的行刑制度:作为刑罚方法的probation是这种非监禁制度在美国的最早形态,这种限制自由的监督考验状态即刑罚本身,更接近我国的管制刑;而作为替代监禁的行刑制度时则是现在美国许多州所采纳的"社区矫正",详见王翠竹、吴言军:《社区矫正模式下缓刑适用的思考》,载《人民法院报》2013年9月18日。因此,本文此处将其翻译为"监督考验刑"。也有学者将其翻译为"保护观察期",参见[日]川崎友巳:《合规管理制度的产生与发展》,李世阳译,载李本灿等编译:《合规与刑法:全球视野的考察》,中国政法大学出版社2018年版,第17页。

② U. S. S. G. §8D1. 1, United States Sentencing Commission Guidelines Manual (November 1, 2018).

③ 这一原则由当时在任的美国副总检察长霍尔德发布,所以又称为"霍尔德备忘录"。Memorandum from Eric Holder, Deputy Attorney Gen., Dep't of Justice, on Bringing Criminal Charges Against Corps. to Dep't Component Heads and U. S. Attorneys (June 16, 1999) [hereinafter Holder Memo], available at http://www.usdoj.gov/criminal/ fraud/docs/reports/1999/chargingcorps.html.

④ JM 9 – 28.000, https://www.justice.gov/jm/jm – 9 – 28000 – principles – federal – prosecution – business – organizations.

⑤ Christopher A. Wray & Robert K. Hur, *Corporate Criminal Prosecution in a Post – Enron World: The Thompson Memo in Theory and Practice*, 43 American Criminal Law Review, p. 1100(2006).

认定企业存在有效和充分的合规计划，则可以不对企业提出刑事指控。2003 年，该原则在修法中有所调整，提出了介于直接不起诉和定罪判决之间的“暂缓起诉协议”这一替代方案。通常情况下，暂缓起诉协议要求企业完善或执行内部合规计划，还可设立独立监管人，[①]通过暂缓协议，司法部可以对企业罚款以及强制企业接受监管，从而确保企业遵守暂缓协议的条款规定。

经由上文论述，可见，美国在刑事合规评价的发展方面呈现出成文化和扩大化的趋势。《联邦量刑指南》第 8 章的“组织量刑”创设了企业合规影响刑罚减免与监督考验刑的法律评价制度；《司法手册》第 9 章的“联邦商业组织起诉原则”以及《企业合规计划评估细则》则进一步赋予了企业刑事合规在程序法层面的意义，规定了暂缓起诉制度以及企业合规有效性的评价标准。《萨班斯—奥克斯利公司治理法案》和《多德—弗兰克法》两部法案则规定了尚未构建和实施合规计划的企业高管及企业的刑事责任，更是将企业合规的评价机制由激励性转向强制性。

（二）英国：作为特定犯罪的出罪事由

英国刑事合规评价制度在其具体的规则设计上走了一条完全不同于美国的道路，即从立法上直接将刑事合规规定为某些犯罪的出罪事由。传统上，英国法追究企业的刑事责任是非常困难的，检察官必须证明企业的直接意图人与相关犯罪行为之间存在同谋，并且这一证明规则还将直接意图人的范围限于企业高管。而事实上，检察官很难找到针对企业高管的足够的证据来起诉企业。

1. 严格责任犯罪的引入

为解决这一问题，英国 2010 年颁布《反贿赂法》，该法第 7 条引入了严格责任犯罪，[②]创制了商业组织贿赂犯罪的新罪名，即“商业组织未能阻止关联人行贿罪”，如果与商业组织有关联的人，为商业组织获取或维持商业交易或在进行商事交易过程中为商业组织获取或维持好处，而向他人行贿，则商业组织构成本罪，陪审团通过审决加以定罪，处以罚金。但如果商业组织能证明其已经建立了足够的

---

① Edward B. Diskant, *Comparative Corporate Criminal Liability: Exploring the Uniquely American Doctrine Through Comparative Criminal Procedure*, 118 Yale L. J. 126, 134 (2008).

② Jonah Anderson & Clare Connellan, *Does Your Compliance Program Address UK Exposure?*, White & Case Technology Newsflash, Feb. 6, 2019.

规程（合规）以防止与其有关的人员从事上述贿赂行为，则可以此为由进行抗辩。[①] 可见，第7条所规定之罪并不是实质意义上的贿赂犯罪，如果作为公司“指挥头脑”的公司代表行贿或受贿或鼓励或支持他人行贿或受贿，则直接以第7条之罪之外的第1条或第6条之罪控告公司更为恰当，本罪是一种客观的“未能阻止”类犯罪，它不要求商业组织主观上有明知、意图或鲁莽，合规是其无罪抗辩事由。这是一种全新的模式，较之美国《反海外腐败法》往前迈进了一大步，其目的在于激励雇主采取合规管理以确保其雇员不从事禁止活动，因此有学者认为，该法条的实际影响并不在于对公司的定罪，而在于让公司形成反贿赂内部合规治理计划。[②] 英国自创新这种以合规作为刑事犯罪出罪的抗辩事由的立法例以来，又在2017年《金融刑事法》中规定了组织未能阻止便利逃税（英国）罪和组织未能阻止便利逃税（外国）罪，但该组织已经制定实施合理的预防规程或期待组织实施此种预防规程不合理的，可以进行无罪抗辩。

2. 合规有效性的评价标准

所谓实施了“合理的预防规程”的判断标准是什么呢？根据2010年《反贿赂法》第9条以及2011年颁布的《商业组织预防贿赂犯罪指引》，英国明确了公司发现和预防贿赂的适当规程（合规计划）应当具体包括6个方面：（1）对公司面临的贿赂和腐败风险进行书面评估；（2）实施与上述评估风险成正比的政策和规程，主要涉及的关键风险领域包括与政府官员的往来、内部举报、交易对手风险、礼物和招待等；（3）高管层对预防贿赂和腐败作出承诺和努力；（4）对为公司工作或代表公司的人实施与上述评估风险成正比的尽职调查；（5）通过内部和外部沟通（包括培训）使其合规政策和规程得到实施和知晓；（6）监管、检查和完善相关制度和控制措施。[③]

2019年，英国司法部还更新了《公司合规评估指南》，强调只有合规人员被赋予实权时，其合规计划才有可能是真正有效的。其他决定性因素则包括合规计划的良好设计、真诚赋予其实施效力以及合规计划得到实际履行。2020年1月，英

---

① Bribery Act 2010, §7 (Failure of Commercial Organizations to Prevent Bribery), https://www.legislation.gov.uk/ukpga/2010/23/contents.

② 魏昌东等：《刑事法学国际理论前沿》，上海社会科学院出版社2018年版，第265页。

③ Ministry of Justice, *The Bribery Act* 2010 – *Guidance about Procedures which Relevant Commercial Organizations Can Put into Place to Prevent Persons Associated with Them from Bribing*, http://www.justice.gov.uk/downloads/legislation/bribery-act-2010-guidance.pdf.

国严重欺诈案件办公室[①]颁布了新的关于如何评估公司合规计划有效性的指导意见——《合规计划评估细则》，该细则规定，对于涉案的公司，应当查验公司在实施所涉嫌犯罪时、起诉决定作出时以及在某些情况下（例如，作为避免起诉的条件，公司引入和维持有效的合规计划）合规计划的有效性。虽然该指导意见仅是严重欺诈案件办公室的内部指南文件，但仍具有十分重要的指导和方向性意义。

（三）德国：在自然人层面赋予企业合规评价空间

在德国，现行刑法典[②]只适用于自然人，企业无法承担刑事责任。根据德国《秩序违反法》，企业实施严重危害社会的行为，要承担行政责任：企业代表人（有资格代表企业的具有管理职权的人）实施了刑事犯罪或行政违法行为，其结果造成公司对其责任义务的违反或公司因此而收益或准备为公司利益而实施，则公司应承担相应的责任。[③] 有学者将这一处理方式理解为准刑事罚金，[④]在此基础上追究相关自然人的刑事责任。

1. 保证人义务的设立

虽然企业无法承担刑事责任，但是德国刑法在自然人层面仍给予了企业合规法律评价的空间。比如，德国《刑法典》第 13 条规定了保证人义务，这些义务不仅指向对事务性危险的防御，也包括防止其雇员对第三人实施犯罪的义务。[⑤] 早在德国帝国法院时期，法院就已经承认了一般企业主责任，即企业主和各主管防止下级员工实施与企业相关的犯罪行为的保证人地位。[⑥] 其论据是，企业运营会创造更高的实施犯罪的风险，这种风险的控制应当由有经营自由的领导机构承担，此种风险不仅包括涉及企业业务的相关风险，也包括企业人事的危险。[⑦] 学者一般也认同企业主责任这一做法，认为其依据主要在于，企业员工在为企业工作时是处于企业主的指令权限下，并且企业领导机构拥有优势信息对员工具有组织上

---

① 英国严重欺诈案件办公室主任有权对相关贿赂犯罪提起诉讼。

② 2020 年 6 月，德国联邦政府出台了《企业刑法（草案）》，有望在 2023 年左右颁布实施。

③ Dr. Andreas Lohner & Dr. Nicolai Behr, *Corporate Liability in Germany*, Global Compliance News, https://globalcompliancenews. com/white - collar - crime/corporate - liability - in - germany/.

④ ［日］甲斐克则：《企业的合规文化 · 计划与刑事制裁》，谢佳君译，载李本灿等编译：《合规与刑法：全球视野的考察》，中国政法大学出版社 2018 年版，第 270 页。

⑤ Tiedemann, Wirtschaftsstrafrecht AT, Rn.

⑥ RGSt 24, 252 254 f. ; 33, 261 ff. ; 57, 148 151; 58, 130 132 ff. ; 75, 296.

⑦ BGHst 37, 106, 114.

的控制力。[①] 只有企业领导存在指令权限时,才能认定他们具有保证人的地位,需要履行保证人义务。[②] 基于这一理念,在司法判例中,企业内部审计员与法务部门主管因其岗位仅为企业利益而设立,而不是实现企业管理,因此,他们不承担保证人责任。[③] 但也有相关司法判例认定,即使合规专员对企业下级雇员没有指令权,他们也有义务阻止员工实施与企业有关的犯罪行为。[④]

2. 合规专员的刑事责任

关于合规专员的刑事责任问题,自 2009 年 7 月 17 日联邦法院第五审判厅作出裁决起,就成为经济刑法实务和理论界的讨论焦点。根据法院判例,合规专员承担《刑法典》第 13 条第 1 款所规定的保证人义务,即防止企业成员实施与企业活动有关的犯罪行为。[⑤] 企业合规专员会因为企业员工实施的犯罪行为承担刑事责任,如果合规专员至少怀疑存在此种犯罪行为但故意不予阻止。实践中,许多合规专员并不知晓企业内部发生的犯罪行为,因此检察官只能追究其违反监管义务的责任,这是一种行政犯行为,可以最高处以 100 万欧元罚金。[⑥] 虽然德国学界主流观点都认为,合规专员具有阻止企业员工犯罪的义务,在大部分情况下,该保证人义务来自管理层转托的监督者保证人义务,在个别情况下,也有可能是其负有的附属保护者保证人义务,但也有学者持不同意见,认为合规专员并不负有《刑法典》第 13 条的刑事保证人义务,即没有阻止企业员工与企业相关的犯罪行为的义务。[⑦]

(四)日本:合规计划作为量刑从轻减轻事由

日本刑法典条文中的"人"仅指自然人,并不包括企业。企业只有在刑法条文

---

① Schunemann, Unternehmenskriminalitat, S. 101ff.

② Tiedemann, Wirtschaftsstrafrecht, in FS – Nishihara, 1988, S. 496, 505f.

③ BGH JZ 2010, 1018, 1020.

④ Gerhard Dannecker, Strafrechtliche Verantwortungnach Delegation, in Rotsch Hrsg, Criminal Compliance Handbuch, Baden – Baden 2015, S. 167 – 202.

⑤ Hendrik Schneider & Peter Gottschaldt, Offense Grundsatzfragen der Strafrechtlichen Verantwortlich – keit von Compliance – Beauftragten in Unternehmen, ZIS 2011, S. 573.

⑥ Ann Sultan, Shula de Jersey, Daniel Travers, Robin Lööf, Ariane Fleuriot, Ario Dehghani, Maarten 't Sas & Georgianna Verhage, *Criminal Liability Risks for Compliance Officers: a Multi – Jurisdictional Perspective—PART* Ⅱ, August, 11, 2020, https://www.law.com/corpcounsel/2020/08/11/criminal – liability – risks – for – compliance – officers – a – multi – jurisdictional – perspective – part – ii/.

⑦ [德]托马斯·罗什:《反对合规负责人的保证人义务》,李本灿译,载李本灿等编译:《合规与刑法:全球视野的考察》,中国政法大学出版社 2018 年版,第 384 页。

中特别规定了针对企业的刑罚时才承担刑事责任。根据日本法律规定,企业承担刑事责任的条款通常都是"双重责任条款",即法人(包括企业)与为组织实际实施犯罪的自然人一起受到刑罚,有些条文会对法人规定比自然人更高的罚金。

1. 既有判例

目前,日本立法层面并没有刑事合规评价的相关规定,日本刑法典也并没有明确规定企业在犯罪实施之前存在合规计划可以作为减轻或消除企业刑事责任的因素,也没有将缺少合规计划作为犯罪来对待。可以说,日本合规计划的引入与企业的刑事责任问题是相分离的,但在一些判例中,仍然可以找到合规计划作为量刑中的从轻减轻事由的踪影。

(1)下水道串通投标案。[①] 在该案中,法院认定,被告企业构成垄断犯罪,但这些企业在犯罪行为被发现后认识到了事件的严重性并进行深刻反省,对组织机构和人事安排进行了调整或制定了遵守反垄断法指引手册对员工进行教育,以期彻底防止再犯,这属于酌定量刑情节。也就是说,法院将企业案发后的合规计划当作酌定量刑情节(再犯可能性)来考虑。东京高等裁判所关于下水道串通投标案的这一判决可以说是日本从刑事法角度对企业合规计划进行法律评价的第一例。

(2)水产品逃避关税案。[②] 在该案中,被告企业因虚假进口申报、逃避关税而被指控,法院因此判决其有罪,但指出该企业已经补缴所有税款,并全面协助司法机关调查,案发后又组建了合规委员会,强化对企业内部的监督,致力于防止再犯。东京地方裁判所同样将案发后企业的合规计划作为量刑酌定情节进行对待。

(3)鸡肉销售不正当竞争案。[③] 在该案中,被告企业因销售鸡肉时违反不正当竞争防止法而受到指控,法院指出,应当承担相应的行政和刑事责任,但企业"设置了合规办公室和采取了定期培训员工等再犯防止对策",应作为酌定量刑情节予以考量。

2. 理论探索

在判例之外,受美国刑事合规评价制度的影响及考虑到合规计划的性质和效果,日本学者也开始从理论层面,探索如何将合规计划作为评价对象引入刑事法领域。比如,川崎友巳指出,可以将合规计划作为评价的对象用以判断法人是否

---

① 东京高等裁判所平成 8 年 5 月 31 日,载《判例公报》(Hanrei Times)912 号,第 146 页。

② 东京地方裁判所平成 14 年 1 月 16 日(LEX/DB INTERNET28075341)。

③ 埼玉地方裁判所平成 14 年 12 月 4 日(LEX/DB INTERNET28085252)。

履行了自己应尽的注意义务，从而将合规计划与企业系统过失责任联系起来，因为日本将企业的刑事责任理解为对从业人员的选任、监督上的过失责任。① 但是，有学者对这一做法提出质疑，指出仅以是否实施了合规计划来判断是否可以免责是错误的，如果在形式上、外观上确立了合规计划，但员工却轻视该计划的情形下，也赋予免责的效果是不妥当的。② 对此，川崎友巳回应道，这样的情形只能说是形式上具备了合规计划，但合规计划实质上是无效的，此时企业当然不能免责，必须是有效实施了合规计划的企业才应当免责。③ 据此，还有的学者指出，实施有效的合规计划是企业高管等自然人的义务，不是企业自身的义务。④ 对此，川崎友巳回应道，前述观点混淆了民事责任和刑事责任的判断构造，个人的能力是判断企业是否存在刑事责任的前提，在确保有效性的前提下，将合规计划当作注意义务的内容，以是否存在合规计划来追究选任监督上的过失责任，这样的注意义务不可能从单个人身上推导出来。⑤

三、对本土化改造的启示

随着企业合规"刑事化"趋势的进一步深入，综合考察刑事合规评价的域外经验，在刑事司法领域引入刑事合规评价制度是未来企业犯罪治理的一种理性选择。在刑事合规评价的探索与实践中，无论是通过构建制度、制定法案的方式，还是借助判例来固定规则，大陆法系与英美法系对于刑事合规评价制度设计的初衷均在于监督企业建立并实施有效的合规计划，从而预防企业犯罪或者再次犯罪、及时止损。从这一层面而言，其与我国探索刑事合规评价制度在精神内核上是一致的，因此，具有借鉴意义。而在探讨如何对域外的刑事合规评价制度进行借鉴并加以本土化改造这一话题之前，还有必要厘清法理支撑的问题。

---

① ［日］川崎友巳：《作为企业注意义务的合规计划》，曾文科译，载李本灿等编译：《合规与刑法：全球视野的考察》，中国政法大学出版社 2018 年版，第 221 页。

② 参见［日］川浜昇：《独占禁止遵守程序的法律定位》，载《川又良也老师花甲纪念 · 商法 · 经济法的诸问题》，商事法务研究会 1994 年版，第 576 页。

③ ［日］川崎友巳：《作为企业注意义务的合规计划》，曾文科译，载李本灿等编译：《合规与刑法：全球视野的考察》，中国政法大学出版社 2018 年版，第 217 页。

④ ［日］神例康博：《法人处罚中过失责任法理的界限(1)》，载《松山大学论文集》2001 年 13 卷 2 号，第 11 页。

⑤ ［日］川崎友巳：《作为企业注意义务的合规计划》，曾文科译，载李本灿等编译：《合规与刑法：全球视野的考察》，中国政法大学出版社 2018 年版，第 217 页。

(一)法理支撑的探讨

1. 符合社会契约论的本质

就刑事合规评价制度的构建而言,其最为核心的一个环节便体现为,由检察机关按照一定标准充分考察单位的合规情况,并与涉罪单位达成"合作"协议的模式。这一模式从本质上而言,是检察机关在代表国家行使公权力的过程中让渡了部分的刑罚权,而这便涉及社会契约论的法理支撑。卢梭在其《社会契约论》一书中曾提及,人生而自由,却无往不在枷锁之中,国家是民众以订立契约的方式而建立起来的,因此,在这一国家中,人人均享有平等的权利并承担对应的义务。① 从一定程度上而言,这番论断准确地阐明了现代意义上的国家起源问题,也解释了个人在国家中享有权利并履行义务的正当性。

而在刑法的语境下,由于企业也是由人组成的,企业的一切活动均受理性支配,由此,企业被赋予了人格,属于法律拟制意义上的"人"。这意味着国家不仅可以对涉罪的公民个人行使刑罚权,在企业身上也有了正当性依据。国家刑罚权的行使从一定程度上而言体现为国家与个人之间权利义务行使的契约性。一方面,企业通过纳税方式将自己的部分合法经营所得义务转让给国家,国家则有义务保障其财产的安全;而另一方面,个人(包括企业在内)将私力救济权部分转让给国家的同时,国家便也产生了行使刑罚权、中立制裁的义务。具体至刑事合规评价,其核心也体现为检察机关与企业之间的契约。于企业而言,其作为法律拟制的"人"与国家签订合规契约,国家便有了对企业进行监督、管理、惩戒的权力。当企业积极有效履行所合意的合规义务时,意味着企业主动帮助或代替国家承担了一部分的监督管理义务,使国家对企业的社会治理责任相对减轻,此时根据"权责相一致"的原则,国家权力(包括刑罚权)则应相对限缩。换言之,如果企业主动配合建立合规体系,其刑事需罚性则随之相应降低,这符合社会契约的本质。

2. 契合刑罚目的论的法理

关于刑罚的目的,学界素来有报应主义与预防主义的争论。但在笔者看来,不仅限于单位犯罪,对于任何犯罪都有必要突出刑罚的预防功能,纯粹的报应主义刑罚观已然不再与当今的时代特征相适应。尤其在当今民营经济繁荣发展而企业犯罪相应增多的背景下,企业经营过程的系统性、复杂性决定了企业经营的

---

① 参见[法]卢梭:《社会契约论》,李平沤译,商务印书馆 2011 年版,第 63 - 74 页。

各个阶段、各个方面都可能存在现实的或者潜在的刑事犯罪风险。而纯粹的报应主义仅强调对犯罪的惩罚,这很可能导致被判刑的企业因为丧失了正常经营管理的条件而面临破产,继而影响企业内部职工的生计,甚至损害与该企业存在经济联系的第三方的利益。因此,仅仅强调事后的惩罚并不是处理单位犯罪的最佳选择;相反,突出预防功能才是现阶段刑罚的价值所在。

而刑罚的预防功能又可分为一般预防及特殊预防,实践中探索构建刑事合规评价制度,也应契合刑罚目的这两个层面的法理。贝卡里亚曾指出,刑罚的目的既非摧残一个感知者,也不是消除已经犯下的罪行……刑罚的真正目的在于阻止罪犯重新犯罪,并警戒他人不要重蹈覆辙。① 从一定程度上而言,一般预防强调对人身危险性的考察,对应至单位犯罪层面,则应充分考察单位合规情况、止损情况、经营状况等内容,继而综合判断企业的社会危险性以及再犯可能性。而特殊预防则强调刑罚的威慑作用,通过强制与威慑促使单位承担合规义务。在刑事合规评价领域,检察机关通过充分考察单位的合规要素,与其进行协商合意,继而做出对其(暂缓)起诉或者不起诉的评价。在这一过程当中,检察机关通过持续性的督促,帮助涉罪的或者存在刑事犯罪风险的单位有效建立并实施合规计划,及时止损,合规评价的最终目的则在于消解刑罚,其从实质上而言就是通过外部的压力机制促成企业自我治理,而自我规制的自觉实践离不开刑罚的外在强制,且刑罚的严厉程度与企业自我管理的动力呈正相关。②

(二)本土化改造的方向

由上可知,域外刑事合规的实践对于我国司法具有一定的借鉴意义,而且具有本土化改造的法理支撑。基于此,在刑事合规评价本土化改造的方向上,有必要关注以下几个方面:

1. 单位犯罪“暂缓起诉”成为夯实刑事合规评价制度的主要抓手

刑事合规之所以能够在美国的司法环境中发挥作用,其主要“抓手”与其说是实体上的减刑机制,不如说是在程序上的暂缓起诉制度。③ 在美国的司法实践中,

---

① 参见[意]切萨雷·贝卡里亚:《论犯罪与刑罚》,黄风译,商务印书馆 2017 年版,第 71 – 93 页。

② Ian A., John B., *Responsive Regulation – Transcending the Deregulation Debate*, Oxford University Press, 1992, p. 114 – 143.

③ 田宏杰:《刑事合规的反思》,载《北京大学学报(哲学社会科学版)》2020 年第 2 期。

对大量企业犯罪案件作了暂缓起诉处理,没有进入审判程序。[①] 从一定程度上而言,暂缓起诉制度就是由检察机关主导的案件分流平台,既可以起到一定程度的威慑作用,又可以促进公司内部结构改革,拓展发挥检察机关的监管功能,加强和改善公司内部治理,有针对性地预防和减少犯罪,还可以尽早消除追究企业刑事责任的负外部效应,促进社会效果和法律效果的协调统一。从这一角度出发,我国构建刑事合规评价制度,就必须充分重视暂缓起诉机制与刑事合规之间的联系,由于我国并没有暂缓起诉制度,现行立法只有附条件不起诉与相对不起诉这两种可能从中找到突破口的制度,对此,要从立法上对附条件不起诉或者相对不起诉制度进行扩容,夯实刑事合规评价制度的主要抓手。

2. 明确合规计划评价标准,合理体现报复刑和预防刑的理念平衡

合规计划充分有效的评价标准在于刑事合规评价制度能否实现其预期目标、合理平衡刑事合规优缺点。过于宽松的评价标准,可能会导致对犯罪的放纵,难以平衡报复刑和预防刑的现实需要,难以实现企业内控和改革的自律目标;而过于严格的评价标准,则会加重企业的负担,减弱刑事合规评价制度对企业的激励效果,甚至有过于干扰企业经营自主权之嫌。因此,域外刑事合规评价制度的构建十分重视对合规计划充分有效的评价标准,一般都有专门主管机关根据实践情况出台相应的指导性规范。我国在构建刑事合规评价制度时也应严格把握合规计划的评价标准,合理体现报复刑和预防刑的理念平衡。在标准的规范化和统一化的基础上,以不侵犯企业正常的经营自由为标准,适当留有个案评价的余地;在内部控制设施上,以比例性原则为根据,平衡监督、控制和惩处措施与员工个人隐私、人身权利保护之间的紧张关系;[②]要兼顾惩罚的公正性和威慑的充分性、企业的可持续发展性和事后补救计划的有效性,避免合规计划成为企业逃避责任的手段和实施过程中的异化和乱象。

3. 注重本地化改造过程中责任根基和理论背景的辨识

域外刑事合规评价制度取得了良好的司法和社会效果,有值得我国借鉴的地方,但也必须清晰地认识到域外刑事合规评价制度的产生与发展有着不同于我国的责任根基和理论背景。

以美国为例,其一,美国刑事合规评价制度的责任根基在于企业刑事责任归

---

① 李本灿:《企业计划的效度之维——逻辑与实证的双重展开》,载张仁善主编:《南京大学评论》,法律出版社 2014 年版,第 234 页。

② 李本灿:《刑事合规的制度边界》,载《法学论坛》2020 年第 4 期。

责的替代责任理论,如果企业员工或者代理人在其职权、授权范围内,出于为企业谋取利益的目的,从而实施了犯罪行为,则企业应对员工的犯罪行为承担刑事责任,[①]当然这并不影响对员工的刑事追责,而是额外追究企业的刑事责任。这种替代责任在一定程度上被认为是严格责任,是传统刑法立场与现代企业规制需求妥协的产物,存在处罚范围过于宽泛和处罚条件过于严苛的缺陷。[②] 因此,刑事合规评价制度作为实体法上的刑罚减免机制和程序法上的审前分流机制,具有对冲和纠偏的作用,为企业建立内部合规、配合司法机关发现和打击企业内部的自然人犯罪提供激励,从而有效预防和打击犯罪、减轻和消除犯罪惩处的负外部效应。但我国单位犯罪的认定模式并非替代责任,美国司法实践中存在许多需要企业为自然人的犯罪行为承担额外刑事责任的情形,在我国并不会被认定为是单位犯罪。虽然单位成员出于单位利益实施了犯罪行为,但如果单位不了解员工的此种犯罪行为,则该行为没有反映单位的犯罪意图,不能以单位犯罪论处,而只能对个人追究刑事责任。[③]

其二,美国刑事合规评价制度的理论背景是"立法定性,而司法定量"的立法模式。立法规定只包含犯罪行为的定性因素,即什么性质的行为构成犯罪,司法机关在具体个案实践中把握定量因素,由检察官决定什么程度的犯罪行为需要提起指控,所以美国刑法所确定的犯罪行为十分宽泛,需要刑事合规评价制度这一刑罚减免机制和审前分流机制予以对冲和纠偏,检察官的巨大裁量权也使这种纠偏具有合法性。但是,我国刑法采取的是"前置法定性与刑事法定量相统一"的立法模式,[④]《刑法》中直接规定了行为构成犯罪的罪量要素,留给法院的量刑和检察院的起诉裁量空间有限,刑事合规评价制度发挥作用的余地也就非常有限。

综上所述,在研究、借鉴和吸收域外刑事合规评价制度的创新理念和合理措施时,必须高度重视我国单位犯罪刑事归责的理论根基与国外替代责任的不同,我国"前置法定性与刑事法定量相统一"的立法模式与域外"立法定性,而司法定量"的立法模式之间的区别,有必要根据我国刑事法理论基础和我国司法发展现状,对刑事合规评价制度进行本土化改造,合理确定引入合规计划的刑事法路径。

---

① [美]菲利普·韦勒:《有效的合规计划与企业刑事诉讼》,万方译,载《财经法学》2018 年第 3 期。

② 周振杰:《企业刑事责任二元模式研究》,载《环球法律评论》2015 年第 6 期。

③ 肖中华:《论单位受贿罪与单位行贿罪的认定》,载《法治研究》2013 年第 5 期。

④ 田宏杰:《知识转型与教义坚守:行政刑法几个基本问题研究》,载《政法论坛》2018 年第 6 期。

论人工智能企业刑事合规风险防控构建

林泽群*　王贻萱**

习近平主席说:“新一代人工智能正在全球范围内蓬勃兴起,为经济社会发展注入新动能,正在深刻改变人们的生产生活方式。”受疫情等多种因素的影响,人工智能已经与人们的日常生活、各行各业的持续发展深度融合,其发展势头在全球范围内方兴未艾的情况下,亦成为中国实现“弯道超车”的重要机遇。人工智能企业能否良性发展关系着国家兴衰、民众日常和传统产业的升级。但人工智能企业的合规问题也日益突出。截至目前,已有几百名人工智能企业员工、管理者被依法移送司法机关依法查办。人工智能企业犯罪更是具有危害范围广、破坏力大、隐蔽性强的特点。曾几何时,互联网金融企业被寄予厚望,但由于其普遍不重视企业合规,企业的违法犯罪问题极为突出,导致互联网金融企业目前几乎全军覆没。未来的中国可以没有互联网金融企业,但一定不能没有人工智能企业,因此人工智能企业的合规治理意义重大、影响极深。本文试以人工智能企业的业务特征为逻辑起点,全面检索相关法律法规和司法判例,总结人工智能企业的刑事实践风险并提出应对策略。为使企业合规能真正在人工智能企业内落地生根,本文提出四位一体的合规建设方案,即树立并强化合规理念、构建合规制度机制、构建并优化合规人才队伍、建立并完善企业合规惩戒机制。

* 三亚学院法学院,本科在读。

** 三亚学院法学院,本科在读。

一、司法实践中的人工智能企业刑事风险

（一）人工智能企业的业务特征

1. 高端技术性

人工智能（Artificial Intelligence，AI）是21世纪初计算机与大数据、互联网等现代信息技术结合的新兴科学技术。人工智能的本质是一种动态变化的理论、方法和技术，是信息技术、数字技术发展的高级阶段①。当前社会处于数字化形态下，人工智能具有自主智能技术、群智开放性、人机协同、跨界融合的特点。这证明了人工智能企业是运用新型的高端技术和随时代进步的科学发展理论和方法而产生的新兴产业。

2. 跨国跨域性

人工智能是一个非常广泛的领域。人工智能技术涵盖很多大的学科，包括计算机视觉、自然语言理解与交流、认知科学、机器人学、机器学习等。人工智能产业链条涵盖了基础层、技术层、应用层等多个方面，其辐射范围之广，单一公司无法包揽人工智能产业的每个环节，深耕细分领域和协作整合多个产业间资源的形式成为人工智能领域的主要发展途径。同样，不同国家、不同地区的人工智能企业也各有其所长所短，封闭、排他性的“俱乐部”式的集团模式是注定走不通的。

因此，人工智能企业之间有着频繁且广泛的业务合作，也即人工智能企业的业务具有跨国跨域性。

3. 业务网络化

中国信息通信研究院2021年4月初发布的《人工智能核心技术产业白皮书》指出，人工智能已全面覆盖社会运行的基本要素。这就意味着人工智能企业所提供的技术或产品是面向全体社会成员的，是面向全国乃至全世界的。鉴于其服务对象的广泛性，人工智能企业的销售业务往往倾向于网络营销，而非实体零售。人工智能产品亦不同于传统工业品，人工智能产品除智能机器人、无人驾驶汽车等产品外基本都是虚拟产品，其维修、使用说明等售后服务都可基于网络远程操作完成。实体经营模式不适用于人工智能企业，人工智能企业的业务具有网络化的特征。

---

① 郑琼洁、王高凤：《人工智能技术应用与中国制造业企业生产率——兼对“生产率悖论”的再检验》，载《学习与实践》2021年第11期。

4. 对实体行业的依附性强

某一实体行业的热度决定着与其相对应的人工智能企业的融资热度。以新冠肺炎疫情为例，自新冠肺炎疫情暴发以来，大量资金、人才涌入医疗、计算机视觉、大数据等领域的人工智能企业，而为商业赋能的人工智能企业则发展缓慢。人工智能技术、产品的更新换代节奏快，人工智能企业之间竞争极度激烈。因此，只有占领先地位的人工智能企业才能存活并发展，同一行业的不同人工智能企业在投资热度上的差异是极其巨大的。实体行业的需求决定着人工智能企业所提供的技术或产品该不该研发和该怎样研发的问题。人工智能企业的业务具有对实体行业依附性强的特征。

5. 法律风险高

数据是人工智能的根基，算法是人工智能的灵魂①，许多人工智能企业会想方设法地去获取更多和更有信息质量的数据。人工智能时代，几乎每个人都面临着隐私在不知情的情况下，被获取、被泄露、被利用甚至乱用滥用的风险。我国对此颁布了《个人信息保护法》《数据安全法》。传统企业只需要考虑国内法律风险，但人工智能企业具有跨国跨域性，所以人工智能企业不仅需要考虑国内法律风险，还需要考虑国外法律风险。且人工智能企业之间频繁的人才流动也对商业秘密的保护造成了隐患，所以人工智能企业具有法律风险高的特征。

（二）人工智能企业的刑事实践风险

以对企业的影响程度为标准，可将企业的法律风险分为一般法律风险和主要法律风险。一般法律风险主要是指行政性法律风险，其法律后果主要包括责令改正、警告和罚款。行政风险虽繁杂多样，但其对企业的影响较小，本文便不再探究。主要法律风险则仅指刑事法律风险，触犯刑法风险，企业轻则声誉受到极大影响并从此一蹶不振；重则因此破产并导致大量员工失业。因此，刑事风险是最需预防、控制的法律风险。结合我国刑法的相关规定和人工智能企业的业务特征，理论上，人工智能企业共有十余种刑事法律风险。但在司法实践中，人工智能企业的刑事风险集中在侵犯公民个人信息罪、拒不履行信息网络安全管理义务罪、破坏计算机信息系统罪、侵犯著作权罪、非国家工作人员受贿罪、帮助信息网

---

① 梅立润：《人工智能到底存在什么风险：一种类型学的划分》，载《吉首大学学报（社会科学版）》2020 年第 2 期。

络犯罪活动罪这六大罪名。

1. 侵犯公民个人信息罪

我国《刑法》第253条之一规定了侵犯公民个人信息罪。该罪规制的是非法出售、非法提供和非法出售公民个人信息的行为。从企业合规的角度来看，对于侵犯公民个人信息罪，需要特别注意"公民个人信息"的范畴问题。侵犯公民个人信息罪的犯罪对象是"公民个人信息"。因此，侵犯公民个人信息罪在网络数据安全领域为企业设定的刑事义务，仅围绕着包含"公民个人信息"的数据①。2021年的《个人信息保护法》第4条第1款规定："个人信息是以电子或者其他方式记录的与已识别或者可识别的自然人有关的各种信息，不包括匿名化处理后的信息。"该法将公民个人信息的内涵界定为"身份识别性 + 特定情况信息"的双重特征。

实践中，人工智能企业极易触犯该罪，因为人工智能企业能够轻易地获取公民个人信息。人工智能企业常常通过在其运营的手机APP或电脑软件中设置霸王条款来获取公民个人信息。由于用户若不同意该霸王条款则无法使用手机APP或电脑软件所控制的智能产品，所以用户总是被迫同意该霸王条款。商业、金融业与整个社会存在巨大的交织网络，在长期的发展中积淀了海量的数据，如客户身份数据、资产负债情况数据、交易信息数据等。人工智能企业在与实体行业的深度合作中也获取了实体行业所掌握的数据。公民在使用互联网的过程中也会遗留下一定的个人信息，人工智能企业则经常利用网络爬虫技术来收集这些遗留信息。

2. 拒不履行信息网络安全管理义务罪

要构成本罪，首先要存在前置的行政违法行为，但与信息网络安全领域相关的法律、行政法规修改频繁，行政违法行为的范围也相应地变动不居。这就为人工智能企业带来了一定的动态风险。

以公共场所的人脸识别问题为例，此前并未有相关法律法规明确予以规制，但2021年的《个人信息保护法》第26条明确，若个人信息处理者确需在公共场所安装图像采集、个人身份识别设备，仅可出于维护公共安全所必需的目的，且应当设置显著的提示标识。同时，在未取得个人单独同意的情形下，所收集的个人图像、身份识别信息只能用于维护公共安全的目的，不得用于其他目的。因此在《个人信息保护法》生效后，人工智能企业未设置显著提示或非出于公共安全目的而

---

① 韩铁：《网络数据安全领域的企业刑事合规体系建构》，载《江西社会科学》2022年第5期。

在公共场所设置个人身份识别设备或者未经个人同意将所收集的个人信息用于非公共安全目的的其他目的的行为,将被视为行政违法行为。如果人工智能企业因此受到责令改正而依然拒不改正,则符合拒不履行信息网络安全管理义务罪的行政违法前置条件,相应的刑事风险亦紧随其后。实践中,许多人工智能企业因未能及时关注、获悉新增加的安全管理义务而触犯本罪。

3. 破坏计算机信息系统罪

本罪将以对计算机信息系统功能进行删除、修改、增加、干扰的方式导致计算机信息系统不能正常运行的行为纳入刑法的制裁范围。

司法实践中最为典型的情形是人工智能企业在暴力爬取公开数据时,不顾服务器的上限而设置过快的爬取频率,并最终导致服务器的崩溃、宕机。该行为是典型的破坏行为,目前已有许多法院对暴力爬取数据的行为予以破坏计算机信息系统罪处罚①。

近年来,由于爬虫技术的低廉与高效,该技术已成为人工智能企业收集数据的主要手段。但在实践中,数据公开者常常通过设置用户协议、反爬虫协议或反爬虫技术措施的方式来限制人工智能企业对数据的收集。值得注意的是,尽管人工智能企业常常突破反爬虫措施并违背数据公开者的意愿来强行收集这些数据,但该行为并不触犯侵犯公民个人信息罪。因为侵犯公民个人信息罪的保护法益是公民个人隐私权,显然公民自己自愿公开的数据并不涉及非法获取的问题,但人工智能企业在爬取网络上的公民个人信息时仍应严格遵守《个人信息保护法》第 6 条确立的最小范围原则,否则便有可能涉及拒不履行信息网络安全管理义务罪。

4. 侵犯著作权罪

侵犯著作权罪所规制的是未经著作权人许可或基于法律的特别规定而将著作权保护内容进行大量传播的行为。少量的传播行为仅涉及著作权侵权问题而不涉及刑事犯罪。实践中,人工智能企业常常利用网络爬虫技术爬取网络中受著作权保护的内容,但单纯的爬取行为并不触犯本罪,因为本罪规制的是爬取之后的传播行为,目前也没有发现对仅爬取著作权保护内容的行为以侵犯著作权罪进行处罚的案例。

现实中大量的人工智能企业以并未即期获利或未直接从中取得经济收入为

---

① 孙禹:《论网络爬虫的刑事合规》,载《法学杂志》2022 年第 1 期。

抗辩理由。如有的人工智能企业虽出于商业目的实施侵权行为,其初始阶段主要是以“赔本赚吆喝”的方式来吸引流量、促销,并没有实现即时营利,但就其行为的本质来看,属于为了远期营利,而以营利目的实施侵犯他人著作权的行为。这并不影响其行为被认定为“以营利为目的”。

5. 非国家工作人员受贿罪

实践中,非国家工作人员受贿罪的犯罪主体不是人工智能企业本身而是企业员工。但从企业合规的角度来看,该罪仍需得到足够的重视。近几年,有大量的人工智能企业员工被移送司法机关,这一现象看似于企业本身无碍,但却对涉事员工所属企业的声誉造成了极大的间接影响。

人工智能企业作为第四次产业革命的核心,大量的资本在短时间内涌入其中。这些资金贯穿投融资、设备采购、技术研发和公司运营等各个环节,加大了寻租空间①,腐败很容易在资金链上发生。且人工智能企业的经营形式较为虚拟化,寻租行为被发现的风险显著降低。如技术岗员工利用自己的权限来进行有偿删除差评、违规篡改数据等行为。这类新型寻租行为极为隐蔽,如果利益受损者不经过很细致的观察则难以发现这类不法行为并及时举报。人工智能企业具有资金和人员流动性大的特点,很多人工智能企业忽然兴起又忽然破产,部分员工凭借其技术和经验而频繁地跳槽。这就导致侦查机关对人工智能企业员工实施的受贿罪难以侦破、取证。为了良好行业形象的形成,人工智能企业有必要加强对员工的监督,并及时发现、及时移送犯有此罪的员工于司法机关。

6. 帮助信息网络犯罪活动罪

根据《刑法》第 191 条的规定,要处罚从事洗钱活动的行为人,如果人工智能企业在监管过程中失职失责,明知他人利用其平台、技术从事洗钱活动,还继续为其提供方便的,还可能受到帮助信息网络犯罪活动罪的规制。

随着由人工智能企业引领的“非接触经济”的迅速发展,违法人员将现金走私、购置高价值动产或不动产等线下洗钱方式转为利用比特币、第三方支付等线上洗钱方式。由于比特币等虚拟货币具有较易匿名、跨境不可追踪等特点,这类新型洗钱犯罪极难破获。为了起到“源头治理”的效果,国家亦加强了人工智能企业的监管责任。

---

① 王文华、魏祎远:《互联网平台企业反腐败、反洗钱合规机制构建初探——以 G20 为视角》,载《中国应用法学》2022 年第 1 期。

二、人工智能企业刑事风险防控构建

（一）树立和强化企业合规理念

企业合规可分为形式部分和实质部分两部分，形式部分是指具体的企业合规制度机制，实质部分则是指企业的合规理念。树立并强化企业合规理念有利于真正消除、抑制企业的"犯罪基因"，企业合规理念是企业有效合规之实质标准。

企业合规理念由高层领导的合规承诺、业务模式合规化、运营规范化、组织内部的合规沟通、有效的合规问责与改革五方面组成。

1. 人工智能企业的合规承诺

一个企业尽管制作了精美的书面合规计划，但如果企业高层为了追求利益而明确鼓励或默许员工从事不法行为，那么这种合规计划便会流于形式，起不到实质作用。因此，只有企业高层作出合规承诺并在整个组织结构中清楚阐明合规要求，才能确保合规承诺能被中层管理人员和全体员工有效执行，并进而形成企业的合规文化。人工智能企业的合规承诺不同于传统企业，人工智能企业的业务具有高端技术性，人工智能企业的违法犯罪问题也相应地较为复杂。因此，人工智能企业的合规承诺必须做到细致严密、有专业针对性、切实可操作。

实践中，许多人工智能企业的高层只作较为空泛的承诺，而中层和基层员工很难以抽象的、价值性的合规要求对企业的业务和自身的行为作伦理上或法律上的判断。这种空泛的承诺在事前不能有效地防控人工智能企业的刑事风险；在事后亦经不起检察官的审查而无法为企业争取到检察院合规不起诉的决定。

2. 人工智能企业的业务模式合规化

业务模式合规化是指增强对企业的目标设定和考核制度的合规性考量。人工智能企业之间的激烈竞争和企业本身对数据的强烈渴求导致人工智能企业倾向于设置绩效考核和激励机制来督促员工对数据资源的探寻与发掘。在这种"唯业绩论""追求利益最大化"的高压气氛下，企业本身难免会因狂热地追求利益而走上违法犯罪道路，员工也会为了完成任务而不择手段，甚至员工之间也会发生恶性违法事件，导致企业的形象也因此而受损。

要使人工智能企业的业务模式合规化，就必须先明确人工智能企业的业务模式合规要素。效率是人工智能企业的生命，因此单纯地强调道德性合规要素于人工智能企业没有意义。人工智能企业的合规要素必须兼顾道德与效率、守法与效率这两大关系。具体而言，人工智能企业的业务模式应当强调员工之间的合作而非员工之间的竞争；应当注重引导员工对其工作的批判性思考而非一味地服从命令；应当以兼顾统筹的方式来提高效率而非以违法悖德的方式来提高效率。

3. 人工智能企业的运营规范化

人工智能企业运营规范化的基本要求是去除“战场文化”对人工智能企业运营的影响。激烈的竞争环境使人工智能企业相信“商场如战场”的理念。

在战场文化下，为了实现利益，任何手段都是正当的、被允许的。因此组织的越轨行为得到了文化上的支持；同时，各个主体之间的关系也发生了异化。因此，在企业要求一致对外时，成员在面对企业和其他成员的违法犯罪行为时无法产生举报冲动，因为这被视为对团队与战友的双重背叛。企业也像对待敌人一样地对待监管部门，而对待敌人的方法，一是收买；二是弄虚作假；三是公然对抗①。

4. 人工智能企业组织内部的合规沟通

人工智能企业的业务主要是技术性业务，而对于技术性业务，最有发言权的是基层员工。基层员工对企业运营中发生的合规问题的及时上报能够促使管理层有效纠正企业的运营模式和方向。

然而在实际中，基层员工的“吹哨人”角色是被长期忽视的，这一方面是由于基层员工的人微言轻，另一方面则是由于组织系统内部的合规沟通渠道不畅。鉴于人工智能企业的结构本身就趋于扁平化和管理层大多出身技术岗的特点，基层员工应当享有向任何一级管理层直接上报问题的权限。企业内部的合规部门也不应被设计成“传话筒”的角色，而是应该被设计成“沟通渠道维护者”的角色。高层和中层管理者应主动向其下级询问合规问题的发生与否。

5. 人工智能企业的有效的合规问责与改革

人工智能企业的无效合规问责与改革有两大类，一类是推卸责任，另一类则是积极和解、消极改革。由于人工智能企业的规模一般较庞大，组织系统也较为复杂，因此，在实践中，在发生合规问题后，人工智能企业往往倾向于利用其复杂的组织系统来将企业的责任推卸给某一环节或某一部门的员工。在推卸责任无效时，人工智能企业便会选择积极和解付款，但由于人工智能企业专注于技术的开发而不重视企业制度构建，因此人工智能企业常常选择消极改革并照常运营。

为使人工智能企业能够做到有效合规问责与改革，可以从两方面入手。一方

① 张远煌、秦开炎：《合规文化：企业有效合规之实质标准》，载《江西社会科学》2022 年第 5 期。

面,可在事前建立企业内部的责任连带制,即加强企业各层级和各部门之间的联系。另一方面,可引入检察院或第三方部门的监督机制来增强人工智能企业的改革动力。

(二)建立企业合规制度机制

企业合规制度机制可分为事前合规机制和事后合规机制。事前合规机制是企业在没有发生违法犯罪的情况下,根据常态化的合规风险评估结果,为防范企业的潜在合规风险,开展合规管理体系建设的一种方式。而事后合规机制则是一种“危机应对模式”。

1.事前合规机制的制度构造

(1)拟定合规章程。

合规章程是企业的商业行为准则,一个合格的合规章程至少应当包括合规理念、合规基本原则以及合规管理体系的基本框架。从所发挥的功能来看,合规章程既是企业内部建立合规管理体系的规范依据,也可以在危机爆发时发挥风险防控的作用,及时切割企业和管理人员的责任。

人工智能企业本质上是以数据的收集、储存与利用为核心的企业,所以人工智能企业的合规章程应以数据为中心议题进行构建。人工智能企业的合规章程应当从根本上规定数据收集、储存和利用的目的以及企业各级人员在数据使用上的权限分配。鉴于人工智能企业较为扁平化的管理结构,合规章程还应确立特色的“上下制衡原则”和“多渠道举报上报原则”。

(2)制定合规政策和员工手册。

合规政策和员工手册是企业进行自我监管的主要法律依据,这两份文件包含了几乎所有与企业业务有关的禁止性法律规范。员工手册是“面向外部”的实体规范,既是对企业员工、管理人员和子公司加以内部监管的依据,又是在危机发生后切割企业责任与上述内部人员责任的依据。合规政策是“面向外部”的实体规范,既是对客户、第三方和被并购企业进行合规管理的依据,又是切割企业责任与客户、第三方和被并购方责任的重要证据。

人工智能企业应着重制定与数据保护相关的合规政策和员工手册,但人工智能企业同时也是腐败犯罪的高发地,所以反腐败合规政策和员工手册的制定也应一并重视。由于人工智能企业出于技术研发的目的而经常收购子公司,因此人工智能企业应着重制定与规范众多子公司的员工手册。

(3)建立合规组织体系。

企业的合规组织应包括四个层级,一是董事会下设的合规管理委员会;二是首席合规官;三是企业合规部门;四是企业下属部门或分支机构的合规部门或合规专员。其中,合规管理委员会要由董事长、执行团队负责人担任成员,对合规管理负最高责任;首席合规官应具有较高的行政层级。

针对人工智能企业的业务高度技术性的特点,每一级合规组织都应有配套的技术顾问部门。人工智能企业的合规组织的基本原则除高层承诺原则、权威性原则、独立性原则、充分保障资源原则外还应包括上下制衡原则、多渠道举报上报原则。

(4)完善合规流程。

事前合规机制的主要功能是确保企业依法依规经营,预防企业的违法、违规和犯罪行为。为实现上述功能,企业就要建立合规管理的基本流程,使企业及时评估、识别、监控、处置可能发生的潜在风险和违规事件。

事前合规机制的合规流程包括定期的合规风险评估;专门的合规尽职调查;必要的合规培训;充分的合规信息沟通与传达;适当的合规文化建设五部分。其中,合规风险评估是合规流程的核心组成部分。

2. 事后合规机制的制度构造

(1)创造条件,满足合规前提要件。

主要针对国家而言的,即国家通过刑事政策上的调整,实体法上以企业的无罪抗辩事由,或者企业能减轻刑事责任为依据给予企业以充分的激励。国外很多国家已经建立起这种激励机制。在德国,虽然其刑事立法没有直接将刑事合规制度的建立作为减免企业刑事责任的依据,但从其实践的操作情况来看,企业是否建立了刑事合规计划在刑罚裁量中发挥着非常重要的作用。即企业如果提出其已经建立了合理的刑事合规计划并且得到了有效的执行,甚至是在事后针对相关犯罪承诺并积极建立刑事合规计划,都可以作为减轻其刑罚的依据。

而程序法上的出罪途径是又一重要的合规前提条件,在实践中,如果企业能够做到认罪认罚、主动配合调查、积极补救挽损和表现合规整改意愿,检察机关就可以作出不起诉决定。程序性激励机制在制度层面上表现为刑诉法所正式确立的附条件不起诉和认罪认罚从宽制度,而这也是新兴的协商性司法理念的重要体现,意味着对涉罪企业进行了去犯罪化处理,其本质是将企业本来已经构成犯罪的行为,因认罪协议的达成、行政处罚的履行和民事责任的承担,做出罪处理,有助于企业合规整改方案实施。

(2)制订和完善企业合规整改方案。

合规整改方案的制订分3步走。首先是查找犯罪原因,发现造成犯罪发生的制度漏洞、管理隐患和治理结构的缺陷;其次是针对上述漏洞、隐患和缺陷,进行有针对性的制度纠错和管理修复,切断犯罪发生的因果链条,避免同一犯罪的再次发生;最后是建立一种整体的、全面的和长远的预防犯罪机制,引入有针对性的专项合规管理体系①。

人工智能企业的生存与发展依赖于对数据的收集、储存和利用。而这种经营模式则天生便携带着"犯罪基因",在数据的收集阶段,人工智能企业存在不规范收集数据信息的制度漏洞;在数据的储存阶段则存在管理隐患;在数据的使用阶段,由于人工智能企业是高端技术型企业,其研发经费的缺口常常较大,所以公司高层在对数据的利用问题上常常铤而走险。人工智能企业公司业务部的人员常在用户数据收集协议上设计"霸王条款",针对该问题,可以建立数据收集协议审查制度。

具体而言,合规管理部的合规师可在技术人员的辅助下对数据收集协议进行常态性审查,去除"霸王条款",增订用户信息保护性条款。在对数据库的管理上,可由合规管理部门牵头,将数据信息分类分级,确立明确、细致、严格的数据使用权限划分,并由合规监督部门以区块链、智能合约等高技术来彻底贯彻落实。对数据使用的严格规范是最困难的,因为怎样使用数据是由高层来决策的,合规管理部和合规监督部常常难以对位高权重的高层进行有效限制,此时可以开拓外部举报渠道以倒逼高层规范使用数据。其为人工智能企业制订了一套针对性的合规整改方案。

(3)承诺并完成整改方案。

在检察机关决定对涉事企业进行去犯罪化处理时,涉事企业也应该相应地作出相应承诺,一份完整的企业整改承诺理应包括制订整改计划的内容、核验整改方案的标准、整改期限以及超期完成或完不成的惩戒后果。涉事企业必须明确承诺对那些涉事人员进行惩戒或辞退处理、退赔挽损的程度、整个整改工作的进度表、整改工作的负责人等一系列核心问题。如果涉事企业承诺的整改期限短于检察机关给出的合规考验期、惩戒后果较为严苛,那便能表明涉事企

---

① 陈瑞华:《企业有效合规整改的基本思路》,载《政法论坛》2022年第1期。

业的整改意愿和决心，这样就算最后还是难以免予起诉，在量刑阶段也能起到减轻刑罚的作用。

有承诺便要有行动，整改计划的完成是一个复杂的系统性工程。就宏观而言，可由合规管理部与合规监督部联合牵头，合规管理部负责提供计划、理论和办法；合规监督部负责运用理论、办法以保障计划的彻底落实，并发挥人工智能企业的高科技优势，使整改成果固定下来。实践证明，部门分工可显著提高整改效率，整改计划要想真正落实，领导带头与员工培训是重要抓手。可由合规管理部制定严格、细致的员工手册和针对领导层的特别手册，且可以发挥企业自身的技术优势，将有关手册电子化和智能化。另外，要使其员工培训制度化、常态化，整改方案会更容易落实。

(4)接受合规审查，提交免责事由或减轻处罚证据。

合规审查就是在涉事企业作出承诺并完成整改计划后，由检察机关委托的律师事务所、高校教授等专业的、中立无偏的第三方对涉事企业的整改计划、实际整改效果、补救挽损情况所作出的考察、评价。由于企业特点的不同，大中型企业和小型企业的合规审查方式是不同的。大中型企业的业务复杂、财力雄厚，所以适宜在合规整改期届满后由检察机关指派第三方机构进行合规审查，并支付审查完成的相关费用。而小型企业无力雇佣业务实力强花费高昂的第三方机构，但合规审查又必须保质保量，所以小型企业的合规审查可以采取“听证模式＋公益诉讼”来进行，可由检察机关组织专家听证会的形式来进行合规审查。由于人工智能企业的合规整改情况常常涉及技术用语，所以除传统的律师、会计师事务所外，还需聘请第三方技术部门来予以协助，对于专家听证会而言，需邀请人工智能专业性人才。

企业合规计划及其执行情况的一大重要作用就是作为企业的免责事由或减轻刑罚的依据。我国刑法向来坚持主客观相统一的归责原则。作为免责事由的合规计划及执行情况在实体法和程序法上均有意义。于实体法而言，无罪过则无罪责，企业可以凭合规计划及其实施情况来证明单位意志与个人意志的矛盾，实现单位责任与个人责任的切割，就算涉事企业难逃罪责，其亦可以基于刑事政策而主张减轻刑罚。于程序法而言，合规计划及其执行情况可以促使检察机关作出不起诉决定，然后涉事企业积极主动配合检察机关的调查以确定个人责任(见图1)。

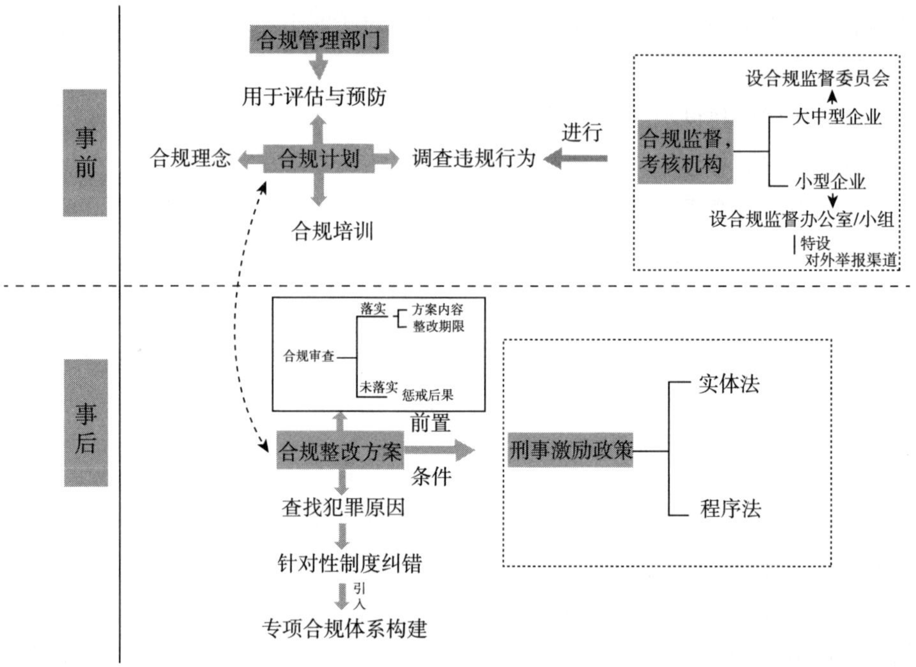

图1　企业合规制度机制模型

（三）构建并优化企业合规人才队伍

2021年3月18日，人力资源和社会保障部会同国家市场监督管理总局、国家统计局向社会正式发布18个新职业，其中"企业合规师"正式进入《中华人民共和国职业分类大典》，成为与律师、会计师、审计师等并驾齐驱的职业。这类人才的储备比较有限，为1万至2万，主要集中在北京、上海、广东、浙江和江苏。在企业中，大部分人才集中在一些大型的跨国公司和一些专门的服务性的法律机构里面，人才储备与企业需求极度不平衡，为此本文将从三个方面来说明如何建设和优化企业合规人才队伍。

1. 企业独立培养特色合规人才

企业结合自身发展需求，培养具有企业文化特色的合规人才，可利用"法律人才＋专业服务团队"的模式来进行培养，为企业的稳定和长久发展提供充足的助力。企业可从以下3种途径入手：（1）在合规人才的选聘环节，企业可以针对实际工作的需求，引入相应的法律人才，将不同的法律人才融入到企业不同的工作活动中，帮助企业及时发现问题并解决问题。（2）在企业合规人才的培训环节，企业可以根据不同部门的实际工作需求,为不同部门、不同岗位的工作人员安排不同的法律培训。(3)在企业合规建设人才的挽留层面,为了提升企业内部合规部门或者法律部门的建设水平和建设质量,企业必须将高素质法律人才的挽留机制建设重视起来,减少高素质人才的流失,为企业的建设和发展提供支持①。

2.企业引进高级合规人才

合规人才交叉学科多,含有法律、金融、会计等学科,属于复合型人才,培养难度大,且人才培养周期长,故此企业可引进高级合规人才。从人才流动来看,除中国内部的流动外,近些年来,合规的人才也从我国香港特别行政区、新加坡、美国等地回到中国内地,其中,上海的吸引力是最大的②。企业可以利用以下两种方法进行引进:(1)聘用高级合规人才入职该企业,对企业合规过程中的组织、组织环境、领导、规划、支持、运行、绩效评估、改进各要素方面的内容进行管理与建设;(2)聘请高级人才到企业针对合规管理需要,对企业的管理层或者一般员工进行有差别的合规管理培训。重点是针对企业需要的合规理念导入合规法律法规串讲、合规管理体系建设和运行等进行相对应的合规培训,为客户出具相应的《合规培训专项报告》③。

3.多方联合培养复合型合规人才

联合型培养机制的路径,在培养目标和培养类型上坚持企业合规师职业导向和应用型价值取向;在联合培养理念上以"协同创新"理念为引领,具体路径上以优化运行机制为抓手。提升动力机制,强化各方在联合培养上的主动性。畅通协调机制,搭建深度沟通交流平台,各方应具有战略眼光,从战略高度来审视双方合作中存在的隔膜,通过举行常态化交流会、研讨会、协调会及双向走访等方式搭建起开放式交流平台。健全保障机制,打造联合培养利益共同体。政府应通过政策制定来引导、鼓励协同培养,明确各方主体在法治人才联合培养上的地位及权、责、利关系等。通过联合培养机制帮助中国企业充分挖掘人才潜能、凝聚力,激发创新创造能力,帮助企业找到复合型合规人才。

(四)建立和完善违反企业合规的惩戒机制

目前,法律法规并未明确指明企业可以行使的惩戒行为,也未明确禁止企业

---

① 陈雷:《法律顾问参与企业合规的建设路径》,载《法制与社会》2021年第14期。

② 章佳:《企业合规师为企业出海保驾护航》,载《中国对外贸易》2022年第2期。

③ 刘春松:《律师角度的企业合规分析》,载《法制博览》2022年第9期。

不可为的惩戒措施,虽说“法无禁止皆可为”,但其前提是国家应当对企业惩戒制度做出框架性限制,对企业行使惩戒权的目的进行把控,对企业的惩戒制度的实体内容进行约束,让企业制定惩戒制度时有法可依,能够根据自身情况构建出合法合理的企业惩戒制度。

根据惩戒法定原则制定企业自身的惩戒机制,惩戒法定原则是指企业行使惩戒权要按照企业制定的惩戒制度进行。如《美国联邦量刑指南》第 8 章专门规定了法人的量刑规则,将是否建立了刑事合规计划作为量刑的重要考量因素。相反,如果公司怠于或者拒绝建立合规制度,那么最高可处 4 倍罚金。惩戒法定原则的“法”,指的是企业的惩戒机制。具体内容包括:一是明示化。企业的惩戒事由和惩戒手段必须事先在企业规章中明示,对于企业规章中没有规定的惩戒事由和手段,企业不得适用。二是禁止习惯法。企业不得以习惯作为惩戒的依据,应当严格遵守国家法律法规和企业惩戒制度。三是不溯及既往。在惩戒制度制定前,企业的行为不得以违反制定或更改后的规章制度被惩戒。

三、结语

综合本文分析,人工智能企业的法律风险具有高危性、动态性和复杂性的特点。人工智能企业的合规因企业自身业务、组织的特点而任务艰巨,具体的表现则是:内部合规监管者若缺乏技术知识,就难以对企业运营进行有效监督;管理者和员工的违法犯罪行为具有隐蔽性和欺骗性;人工智能企业的责任与员工责任之间错综复杂、难以分割。这就表明人工智能企业对合规人才的要求非常之高,人工智能企业需要的是既有深厚的法律、技术知识又兼具丰富的企业基层工作经验的合规人才。这不仅对中小型人工智能企业是一大难题,对大型人工智能企业也是如此。

人工智能企业的企业合规机制具有局限性。由于人工智能企业的合规问题异常艰巨,事前合规机制的有效运作仍不能完全防范犯罪、违法等行为,而只能尽可能地降低企业的法律风险,使企业维持“大而不倒”的状态。当事前机制失灵时,便只能寄希望于事后机制,但事后机制的本质是危机应对机制,其本身具有不确定性,许多涉事人工智能企业的最终结局仍旧是两道防线尽失而破产倒闭。因此人工智能企业的合规建设极为必要。实践表明,大型人工智能企业的违法问题虽然较多,但有效的企业合规却能保证其持续生存、发展。树立、强化合规理念是今后的人工智能企业合规治理的治本之道。

企业合规附条件不起诉研究

沈宝生*

近年来，随着民营企业家张文中等案的再审且被改判无罪或者减轻判决的出现，加强对民营企业的保护，已成为我国社会各界的共识，也成为我国一项新的法律政策。① 在经济全球化的背景下，我国综合国力日益提升，我国企业与其他国家互动也日益频繁，很多企业在全球化中迅速崛起，但同时也面临着空前未有的合规风险。随着国际上企业合规要求越来越严格，一些企业存在的欠缺风险防控能力、合规治理体系存在明显缺陷的问题被不断扩大，中国企业要想走出国门并提高国际竞争力，必然要强化企业合规建设，不断加强与巩固企业风险防控能力。为了确保提升国家的治理体系和治理能力，发挥检察机关参与社会治理的功能，我国检察机关开始进行检察改革的探索。最高人民检察院先后在全国部分检察院进行了两批试点改革，先后公布了两批企业合规典型案例，后又将检察机关对企业合规探索不起诉试点推广到全国，形成了一种很有特色的企业合规不起诉制度。本文先探讨企业附条件不起诉制度的理论基础，然后针对目前实践中试点案例和实践做法进行剖析，指出现有试点模式中出现的实践困境和现实难题，并提出构建我国企业合规附条件不起诉制度的方案和策略。

---

* 法学硕士，三亚学院法学院讲师。

① 参见《中共中央、国务院关于营造更好发展环境支持民营企业改革发展的意见》，载《中国市场监管报》2019年12月24日，第1版。

一、企业合规附条件不起诉的理论基础

（一）利益兼得理论

涉案企业附条件不起诉需符合“利益兼得原理”，合规附条件不起诉协议从实质上来看是检察机关与涉案企业在自愿选择的基础上签订的一份合同，双方都会考虑各自的利害关系，寻求各自利益的最大化，从而实现帕累托最优。检察机关与涉案企业签订的合规附条件不起诉协议，除了要符合两个利害关系主体的利益之外，还需要满足社会公共利益的需要。合规附条件不起诉制度可以实现法律效益和社会效益的统一，一方面，检察机关引导涉案企业建立现代合规管理体系，消除企业的犯罪基因，降低企业再次犯罪的可能性，有利于提升经济社会效益；另一方面，降低了司法系统的诉讼成本，提升了诉讼效益。

从检察机关的角度看，合规附条件不起诉制度可以节约诉讼成本，提高诉讼效益，使司法资源得到良好的配置。检察院将涉企犯罪案件起诉到法院，除了费时费力费钱，也并不一定能够将涉案企业定罪。因为一方面，企业犯罪通常都是专业性非常强的经济违法行为，发生在企业经营过程中，具有一定的隐蔽性，检察官不一定能收集到充分的定罪证据；另一方面，涉案企业通常具备一定的经济实力，会聘请全国范围内有名有实力的经验丰富的律师，这些具有专业素养的律师通常会对检察院指控涉案企业构成某种犯罪提出巨大的挑战，使法院对涉案企业定罪的难度加大。即使法院最终将涉案企业判决有罪，那么检察院肯定也会耗费大量的财力、物力、时间和精力等。况且如今检察院的资源也是非常有限的，案多人少持续了很长时间，检察院尤其是公诉检察官的工作出现超负荷状态。而检察院与企业签订合规附条件不起诉协议可以避免以上的困境，对企业犯罪案件的执法效率和力度都会显著增加。首先，合规附条件不起诉协议是建立在涉案企业承认检察院指控的犯罪行为的基础上的，企业要配合检察院的调查，披露犯罪行为和犯罪嫌疑人，建立合规计划，接受合规监管，这就使检察院节省了大量物力、人力和财力，节省了调查和起诉成本，也减少了检察院调取证据和提起公诉的障碍。其次，合规附条件不起诉协议的签订意味着检察院获得了相对有利的结果，无论是在合规考察期之内督促企业进行合规整改、接受合规监督，还是在合规考核期结束后接受评估和审查，检察院都取得了非常大的主动性，对涉案企业履行合规义务方面起到了监督、审查的作用。最后，即使涉案企业没有建立有效的合规管理体系，没有达到合规标准，检察院还可以直接使用通过签订附条件不起诉协议

时调查收集的证据和企业相关涉案人员的供述，对涉案企业提起公诉，涉案企业几乎无法逃脱被定罪的宿命。这样，检察院借助企业合规附条件不起诉机制从烦琐的调查和起诉工作中解放出来，可以同时去办理其他刑事案件，从而提高了执法的效率和力度。①

合规附条件不起诉制度在客观上还具有审前分流的功能，将案件在审前阶段处理完毕，一方面可以避免检察院因为指控企业涉嫌某种犯罪而陷于长久的耗时耗力耗财的审理程序中，另一方面也避免了检察院因为指控企业犯罪并被法院审判从而引发企业破产，使雇员、股东、客户等其他无辜者付出沉重代价，甚至出现经济滑坡、社会动荡等政治风险。

从涉案企业的角度出发，合规附条件不起诉制度可以使企业免予被起诉与判决有罪并接受刑罚，也避免了企业被剥夺从事某种营业资格的结果，最大限度地降低了对企业的不利影响。在企业合规附条件不起诉制度中，涉案企业配合检察院的工作，向检察院披露违法行为，积极开展合规整改工作，建立或完善合规管理机制，在通过检察院的审查评估后就可以获得不起诉的程序激励。企业合规附条件不起诉制度使企业免于陷入漫长的审理程序之中，避免了被定罪量刑的风险，甚至避免了破产倒闭的悲惨结局。正所谓“留得青山在，不怕没柴烧”，企业可以将更多的精力、财力和时间投入正常的生产经营活动中，从而得到更多的经济利益。而且不起诉的程序激励避免了企业被贴上犯罪的标签，受到的负面评价相对较小，对企业的业务、交易、招标投标甚至上市等负面影响也是相对比较小的。

合规对企业来说并不是徒劳无功的事情，客观上合规可能给企业带来更多的机会和利益。例如，山东省新泰市J建筑公司等串通投标系列案件中，6家涉案企业在进行合规整改并获得检察院作出的不起诉决定之后，先后中标20多项重大的民生工程，这些工程总造价达到20多亿元，取得非常可观的经济收益。② 又如，深圳X公司走私普通货物案，X公司在进行合规整改后，检察院对X公司和涉案人员均作出相对不起诉处理，X公司在开展合规整改后，实现了年营业收入25%、年进口额60%的逆势同比增长，并被评为“3A”信用企业和诚信合规示范企业。

---

① 陈瑞华：《企业合规视野下的暂缓起诉协议制度》，载《比较法研究》2020年第1期。

② 最高人民检察院：《最高检发布企业合规改革试点典型案例》，载最高人民检察院官网，https://www.spp.gov.cn/spp/xwfbh/wsfbh/202106/t20210603_520232.shtml。

X 企业不仅获得了经济收益，还获得了荣誉和品质方面的无形利益。[①] 企业合规对于企业的声誉和管理体系均具有积极和正向的影响，一方面，企业合规治理机制可以使企业避免因为雇员个人违法犯罪行为而导致企业陷入诉讼的尴尬处境，降低了企业被定罪惩罚的刑事风险；另一方面，企业合规治理机制增加了企业识别、防范和控制风险的能力，其在整个行业中的可信度也得到了提升，增加了企业的综合实力。

从社会公共利益的角度看，合规附条件不起诉制度有利于社会的稳定，有利于经济与社会的平稳运行和发展。对涉案企业进行起诉和定罪的风险比较大，尤其是起诉大型企业，牵涉公司的股东、员工、客户、养老金领取人等很多无辜的第三人的直接利益。普通的中小民营企业，在保障居民就业和经济社会平稳方面起到越来越重要的作用。对企业进行起诉、定罪必然对企业的经营活动产生重大的影响，甚至可能引起企业的破产和倒闭。如果大型企业倒闭的话，动辄几万或十几万员工一夜之间失去工作，严重影响社会的稳定与和谐。而合规附条件不起诉制度可以在结果上摆脱企业被起诉、被定罪的命运，企业正常的生产和经营活动基本不受影响或影响较小，企业员工的日常生活基本不受影响，更是避免了大量人员在短时间内失业并可能诱发经济滑坡、社会动荡的风险，从而维护了社会的整体利益。

（二）犯罪预防理论

风险是一种潜在的可能性，现代社会从某种程度上说属于风险社会。风险随着现代化进程的发展越来越多，经济全球化促使风险超越了国界，形成了全球性的风险社会。目前全世界范围内全球化与反全球化交织碰撞，充满了假想的风险以及人们主观上的不安全感，这些使全球范围的形势更加严峻。在风险社会中，人们对风险的感知更加灵敏。比如，我国交通事故出现的概率要远远大于恐怖主义犯罪出现的概率，如果以二者的总量来对比的话，交通事故造成的危害也远远高于恐怖主义犯罪造成的危害，但交通事故所造成的后果及给社会大众带来的恐惧程度要远低于恐怖主义给社会造成的后果及给大众带来的恐惧程度。“风险社会中的公民对于犯罪有着与事实形势不符的恐惧，这就致使其同时对于安全保障

---

① 最高人民检察院：《企业合规典型案例（第二批）》，载最高人民检察院官网，https://www.spp.gov.cn/spp/xwfbh/wsfbt/202112/t20211215_538815.shtml#2。

有了更高的诉求。”[①]社会大众特别容易将视线集中在那些影响较大且涉及人们自身的刑事犯罪案件上，并对事件给予密切关注和长时间的跟踪。隐藏在这种行为后面的是社会大众潜在的不安全感以及对社会稳定乃至秩序价值的需求。哪怕那些具有重大影响的事件实际上对安全性并没有什么直接的影响，其仍然会引发我们的不安全感。某种程度上可以说，那些发生概率较低且影响较大的案件已然对社会发生了无法衡量的损害，也对司法系统提出了更为严格的要求，如果处理的不恰当的话，很容易引起社会的不安乃至动荡。企业的经营活动通常涉及多方利益主体，企业的规模越大、员工越多，其对社会产生的影响也就越大，其进行的违法犯罪行为所引起的社会危害也就越大，尤其大型企业、企业集团、跨国公司等更是如此。在办理和处置企业涉嫌犯罪的案件，尤其是在处理大型企业涉嫌犯罪的案件时，稍不注意就可能引起一连串的社会性问题。在现代风险社会之下，国家通常赋予企业更多的社会责任和负担，其被要求具备良好的自我管控能力，相关法律对企业的安全保障义务设定了更高的要求。这些都意味着企业要具备更好的风险防控能力以及预防犯罪能力。与此同时，社会需要创制一种新的制度或者方式来促进企业预防犯罪的发生，维持社会大众内心对社会稳定和法律秩序的信赖。企业合规制度因为其在预防、识别和控制企业犯罪上的良好表现，成为避免或降低企业刑事风险的最优选择，也成为现代风险刑法的结果。[②]

企业合规制度可以有效识别、预防、评估、控制风险，发挥预防企业违法犯罪的重要作用和功能。企业合规是在一般预防理论之下，社会预防企业违法犯罪，减少企业刑事法律风险和刑罚“水波效应”的必然选择。某一涉案企业尤其是行业内领先或者有一定影响力企业的合规整改，很有可能对同一行业内相同类别企业的合法合规经营起到良好的示范效果，引导整个行业更好地尊重规则、遵守法律，形成企业合规的良好风尚，加强整个行业领域的风险防范能力。在我国，小微企业乃至中型企业多半属于家族式企业，其内部分工不够清晰、权力权限划分模糊，绝大多数权力都汇聚在实际控制人或负责人的手里。如果企业实际控制人或者负责人被拘留、逮捕并被定罪处刑，企业的生产经营活动很可能就陷入停滞，更不用说进行后续的合规整改活动。在日常的社会经济活动中，很多企业之间的联系比较密切，某家企业破产倒闭的话很容易牵连到其他多家无辜的有关联的企

---

① 李本灿：《刑事合规制度的法理根基》，载《东方法学》2020年第5期。

② [德]托马斯·罗什：《合规与刑法：问题、内涵与展望——对所谓的“刑事合规”理论的介绍》，李本灿译，载赵秉志主编：《刑法论丛》2016年第4卷，法律出版社2017年版，第365页。

业。这种辐射效应加剧了刑罚的“水波效应”，但反过来看的话，也预示着企业合规可以产生的合规辐射效应同样更为明显。对某一家企业适用合规附条件不起诉制度将会产生无比强大的合规激励和示范效应。某一家企业的合规机制可能会对与其有关联的投资方、子公司甚至客户公司等第三方产生辐射作用，客观上推进第三方重视并建立合规机制，乃至在整个行业进行企业合规建设，形成企业合规文化，增强整个行业对各种法律规则，尤其是刑事法律的认同感并自觉遵从，这样会增强全行业的包括预防犯罪能力在内的风险防范能力，降低全行业的违法犯罪率，实现全行业市场主体的规范化和有序化。

在刑事法领域，随着犯罪预防理论的出现，制裁方法开始从传统的事后惩罚性制裁向事前预防性制裁转变。合规附条件不起诉制度属于预防性制裁方式之一。在企业合规可以起到犯罪预防功能的前提下，较轻的处罚，包括实体法方面的出罪、减轻或免除刑罚，也包括程序法上的不起诉、附条件不起诉，就可以实现社会正义，抚慰社会大众的正义感。惩罚犯罪的目的之一就是对秩序的追求，假如其他替代性惩罚措施同样可以实现恢复被破坏的秩序的效果，那么惩罚犯罪的驱动力就会降低。如果企业的合规整改能够实现恢复秩序的效果，那么提起公诉、定罪处刑的价值就会降低。在一般犯罪预防的理论之下，如果企业的合规机制改革可以有效地填补受损害的社会公共利益，可以有效地引导企业更好地遵从法律规则，并能够达到预防企业违法犯罪的效果和实现社会公正、安抚社会大众的正义感，那么再对涉案企业提起公诉并定罪处刑就会变得没有实际意义。美国“安达信事件”足以说明，提起公诉、定罪处罚也会消耗大量的司法资源，花费大量的司法成本，况且刑罚带来的收益与所耗费的成本不一定成正比，甚至有引发更大社会风险的可能。

再从犯罪特别预防的角度看，特别预防理论认为刑罚的目的在于预防个别犯人再次犯罪，通过对犯罪人施加及时而严厉的刑事处罚，使其承受沉重的代价和损害，从而失去再次实施犯罪的动力。对于合规附条件不起诉制度，首先，涉案企业承认了检察院指控的犯罪事实，相当于自然人对犯罪行为的“供述”，具有“悔罪”的法律效果。其次，对于那些企图在经营活动中获得不当利益的企业来说，没收违法所得，并对其进行巨大数额的罚款本身就属于一种威慑，让其不敢轻易再犯。最后，检察机关与涉案企业签订的协议为企业设定了披露违法犯罪行为和相应人员、重整合规计划、接受合规监督考核等义务，可以消除企业再次犯罪的基因，弥补制度漏洞和缺陷，有效识别、预防今后可能发生的违法犯罪行为，从根本上降低了以后再次重新犯罪的可能性。假使涉案企业没有履行协议所确定的义务,检察机关仍然可以对涉案企业重新提起公诉,而且其可以适用在合规考察期内获取的证据和相关人员所作的陈述、供述上,这就使涉案企业被定罪几乎成为板上钉钉的事情。从美国实行暂缓起诉制度的经验来看,几乎没有企业在达成暂缓起诉协议后的考验期内仍然实施新的犯罪行为的情形。由此可见,哪怕检察机关最后作出不起诉的决定,涉案企业再次重新犯罪的可能性也会变得微乎其微。

二、域外企业合规附条件不起诉考察与评析

我国法域之外的企业合规附条件不起诉制度,也就是暂缓起诉协议制度(DPA)与不起诉协议制度(NPA),两者虽然在文字表达上有所差别,但在本质上是一样的。安然、世通、安达信事件相继曝出后,美国联邦司法部受到各方谴责,尤其是联邦检察官动不动就对涉案企业提起诉讼的做法遭受非议、饱受诟病。世通公司的破产更是成为美国有史以来最大的破产案件。安达信会计师事务所曾为世界五大会计师事务所之首,在全球的雇员达到 85000 人,在安然事件爆发后,因销毁安然公司的会计账簿,被美国法院判决妨碍司法罪,罚金 50 万美元。早在被检察官起诉之后,美国证交会就停止了其为上市公司审计的业务资格。这导致安达信会计师事务所业务流失,并带来大量失业,仅仅在美国就有 28000 人失业,对美国的经济和社会造成了非常严重的负面影响。这些惨重教训使美国联邦司法部开始寻求替代策略,检察机关开始与涉案企业签署 DPA 或 NPA,避免企业被起诉和定罪的命运。在 DPA 中,检察机关与涉案企业达成暂缓起诉协议,约定暂时不起诉,给企业一定的考验期,企业在考验期内履行配合调查、缴纳高额罚款、进行合规建设等义务,期限届满后检察机关就会对完成合规建设的企业不起诉或撤回起诉,对没有完成合规建设的企业才会起诉。这项制度后来被英国、加拿大、澳大利亚、新加坡等国家引进,在全球范围内产生深远的影响。美国的 DPA 和 NPA 实际上并没有本质上的差异。DPA 几乎可以包含 NPA 绝大部分的内容,只不过 NPA 不需要法院的司法审查,其正当性受到诟病,也因此没有被美国之外的其他国家所借鉴。近年来,DPA 开始在美国处理企业犯罪案件中占有主导地位,如在 2021 年前 7 个月签订的 18 项协议中有 15 项为 DPA,占全部协议(包括 DPA

和 NPA)的 83%。[①] 基于此,笔者主要就各国的 DPA 进行考察和评析。

(一)域外企业合规附条件不起诉考察

DPA 源于美国的审前转处协议制度。审前转处协议制度,起初只适用于自然人轻微犯罪。后来,检察官将审前转处程序引入企业犯罪案件的起诉中来,形成了美国企业合规中的审前转处程序,包括 DPA 和 NPA。1992 年纽约联邦地区检察机关在 Salomon Brothers 公司证券欺诈案中最先适用了不起诉协议制度。两年后,该检察机关在 Prudential Securities 公司虚报投资收益案件中,第一次适用了暂缓起诉协议制度。[②] 英国于 2014 年颁布了《犯罪与法院法》,该法案正式建立了暂缓起诉协议制度。法国于 2016 年颁布了《萨宾第二法案》,在世界范围内最先确立了强制合规制度。2018 年,新加坡、加拿大、澳大利亚均仿照英国建立了暂缓起诉协议制度。

从暂缓起诉协议的适用对象的角度看,美国的 DPA 和 NPA 在理论上几乎可以适用于全部公司涉嫌经济类的犯罪行为,在司法实践中多针对腐败类、贿赂类、洗钱类、商业欺诈类等公司涉嫌犯罪的案件,通常不适用于自然人涉嫌犯罪的案件,但似乎并没有完全排除自然人。美国的 DPA 的适用对象大多数为大型企业、上市公司、跨国集团等。在 2001 年到 2012 年,签署 DPA 的企业中,61% 属于上市公司或者分支机构,大约 20% 的企业属于美国 500 强或者世界 500 强企业。[③] 英国的暂缓起诉协议制度的适用对象仅限于各类企业,自然人不在适用对象之内,且其适用范围比较狭窄,只适用于特定的经济类犯罪或者金融犯罪。法国暂缓起诉协议制度也只适用于公司,且只限于特定的犯罪行为,同样排除了自然人。[④] 综上可知,DPA 的适用对象具有特定性。

从暂缓起诉协议制度权力制约的角度出发,为了防止检察机关滥用职权,由法院对适用暂缓起诉协议制度进行司法审查成为制约检察机关权力的重要方式,建立 PDA 的国家几乎都为 DPA 的适用建立了司法审查制度,以保障程序的合法与公正。美国的 NPA 不需要法院的司法审查,DPA 则应当经过法院的审查。只

---

① See Gibson Dunn,2021 Mid – Year Update on Corporate Non – Prosecution Agreements (NPAs) and Deferred Prosecution Agreements (DPAs).

② 参见叶良芳:《美国法人审前转处协议制度的发展》,载《中国刑事法杂志》2014 年第 3 期。

③ 参见李本灿:《认罪认罚从宽处理机制的完善:企业犯罪视角的展开》,载《法学评论》2018 年第 3 期。

④ 参见李本灿:《域外企业缓起诉制度比较研究》,载《中国刑事法杂志》2020 年第 3 期。

不过,法院对于DPA的审查通常是形式上的,并不对协议内容进行评价,也很少出现法院否定DPA的情况。近年来,美国对于DPA的司法审查开始从形式审查转向实质审查。比如,在汇丰银行暂缓起诉案件中,格里森(Gleeson)法官明确指出,法官对DPA有独立作出批准或拒绝的权力,这是法院监督权的当然之义,是司法公正的必然要求。该案标志着美国法院对DPA进行实质审查的开端。又如,在福克(Fokker)公司暂缓起诉案件中,里昂(Leon)法官否决了检察官与公司之间签订的暂缓起诉协议,这可以说是美国DPA历史上的"破天荒"。英国的《犯罪与法院法》在构建DPA时就规定了法院对DPA进行司法审查。英国由反严重欺诈办公室或者皇家检察署与涉案企业签订暂缓起诉协议,该协议只有经过法院的审查和批准才能产生法律效力,且协议的履行情况要受到法院的持续性监督。[①]此外,该协议的每个条款必须是在公正、合理、符合比例且必须符合社会公共利益的情况下才能得到法院的批准。可见,英国的法院对暂缓起诉协议要进行实质的司法审查,而不是停留在走过场的形式上。法国的暂缓起诉协议同样要经过法院的审查批准才能生效。法国的法院对暂缓起诉协议的审查集中在签署协议的必要性、程序的公正性、制裁手段的合法性与相称性等方面。法院只能同意或者拒绝检察机关与企业达成的协议,不能对协议的内容进行修改;法院也没有继续监督和评估企业是否恰当履行协议的职权。[②]

(二)域外企业合规附条件不起诉评析

企业犯罪的特殊性以及追诉涉嫌犯罪的企业所带来的灾难性后果使一些国家在立法层面建立了暂缓起诉协议制度。暂缓起诉协议制度在面对企业合规建设、追诉并将企业定罪处刑所带来的严重后果等问题方面具有与众不同的价值,某种程度上可以说,暂缓起诉协议制度是目前企业犯罪治理的最好方式。当然,域外各国暂缓起诉协议制度也面临一些问题的挑战,比如检察机关权力过大且处罚不均;对企业的财产刑过高,但对个人处罚偏低等。[③] 随着理论研究的深入和实践的发展,各国也在不断对暂缓起诉协议制度进行调整,他们在运行暂缓起诉协议制度过程中积累的经验和得到的教训对于处于企业合规暂缓起诉协议制度初创阶段的我国来说,都是非常珍贵的财富,值得我国借鉴。

---

① 参见陈瑞华:《企业合规制度的三个维度》,载《比较法研究》2019年第3期。

② 参见陈瑞华:《法国〈萨宾第二法案〉与刑事合规问题》,载《中国律师》2019年第5期。

③ 参见杨帆:《企业合规中附条件不起诉立法研究》,载《中国刑事法杂志》2020年第3期。

1. 适用范围的针对性

通过对美国、英国、法国等国家的暂缓起诉协议制度进行考察可知，多数国家对该制度的适用范围或适用对象进行了限制。该制度适用的罪名仅限于贿赂、洗钱、商业欺诈等特定的一些犯罪，而非适用于全部企业犯罪案件。该制度的适用对象绝大多数是企业，只有少部分适用于法定代表人、负责人、高级管理人员等自然人。从适用对象上看，DPA 的适用对象具有选择性，适用暂缓起诉协议制度的公司绝大多数为大型公司或集团，包括大型上市公司、跨国公司或集团。大型公司在维护国民经济平稳运行和促进社会就业方面发挥着重要的作用，如果大型公司破产的话，很容易引起大规模的失业，甚至可能引发社会动荡，严重阻碍经济发展，影响社会稳定。如何预防大型公司被起诉定罪处刑从而引起“水波效应”是国家治理企业犯罪案件的核心问题。正因为大型公司牵涉面广、影响人员多的特点，美国主要将大型公司作为暂缓起诉协议制度的适用对象。如果将暂缓起诉协议制度的适用对象限制在小微企业，该制度应有的效用将大打折扣。从适用范围上看，暂缓起诉协议制度主要适用于比较严重的经济类、金融类企业犯罪，也包括其他较为轻微的企业刑事案件。可见，暂缓起诉协议制度的适用范围、适用对象的弹性都是很大的，几乎可以包括全部企业经济类犯罪，尤其在大型公司涉嫌非常严重的犯罪的时候，更能体现其制度价值和特殊意义。综上，对于暂缓起诉协议制度的适用没有必要设定特殊的门槛，可以根据涉案企业所涉具体犯罪行为和具体情节进行最佳的选择。

2. 设立合规司法审查制度

通过对美国、英国、法国等主要国家的暂缓起诉协议制度进行考察可以发现，司法审查是适用暂缓起诉协议制度的标配。司法审查可以起到保障暂缓起诉协议程序的合法性、正当性，防止检察机关滥用裁量权的作用，司法审查对于该制度合法有效运行也具有不可忽视的重要作用。即便是对暂缓起诉协议实行形式审查的美国也开始向实质审查转向，更不用说英国、法国等本来就对其实行实质审查的国度。从某种程度上说，司法审查，尤其是实质性审查，是暂缓起诉协议制度未来发展的必然走向。司法审查对检察机关适用暂缓起诉协议制度的监督和制约，可以避免涉案企业被任意起诉或者被迫适用暂缓起诉协议制度的难堪境遇。司法的中立性要求法院不偏不倚，居中审判，由法院对暂缓起诉协议进行司法审查能够做到独立判断，能够理性地确证适用暂缓起诉协议制度是否公正、合理，是否符合比例原则以及有没有违背社会公共利益。总之，司法审查应该属于暂缓起诉协议制度的配套性制度,其可以使暂缓起诉协议制度保持理性和规范。

三、检察试点模式中企业合规不起诉的具体做法

通过分析现有检察机关公布的企业合规案例,以检察机关作出不起诉决定的时间先后为标准,分为两种模式,一种是检察建议模式,即检察机关先作出不起诉决定,后提出检察建议或者检察意见;另一种是附条件不起诉模式,通常先由检察机关提出检察建议,如果涉案企业在规定的考察期内建立了符合要求的合规管理体系,再由检察机关作出不起诉决定。

(一)检察建议模式

检察建议模式的具体表现为,对于涉嫌犯罪的企业,检察院首先要解决的是该企业是否可以适用不起诉决定。检察院通过公开听证会的方式征求人民监督员、企业监管部门等人员的看法,在综合案件事实、涉案企业的具体情况、其在当地的影响以及各方人员的建议等基础上,对该企业作出不起诉的决定。检察院作出不起诉决定后,再通过对该企业提出检察建议书或者与该企业签署合规监管协议的方式,要求该企业针对与涉嫌犯罪有关联的企业在治理结构、管理方式或者人员配备等方面进行合规整改,建立有效的企业合规管理体系。最后再通过回访等方式对涉案企业的整改情况进行审查和评估,如果不合格可能需要进一步合规整改或者使合规监管终结。此种模式中不起诉决定的作出比较靠前,其优点为检察院几乎不受办案期限的影响,因为检察院的审查起诉期限为一个月到一个半月,合规考验期时间通常要远远长于审查起诉期。况且检察建议作为检察监督的方式,具有灵活机动的特征,可以根据企业的具体合规整改情况进行调整,对于中小微企业比较实用。但该模式的缺陷在于检察建议不具有强制约束的效力,威慑力不足,如果涉案企业整改不到位,检察院可能面临尴尬境遇。

以山东省新泰市J建筑公司等串通投标系列案为例。新泰市J公司等6家建筑企业,被胁迫参与串通投标,致使涉黑骨干成员新城建筑公司的经理李某某所在的该公司中标了新泰市13个建设工程项目。在该串通投标案中,检察院先召开了公开听证会,然后对6家涉案建筑企业作出了不起诉决定,并提出对该6家企业进行行政处罚的检察意见,接着对6家企业提出合规整改的检察建议,最后以召开落实情况公开回复会的方式进行验收。该案将检察院不起诉决定、检察意见和检察建议等工作有机结合,使涉案企业通过合规整改而改过自新,守法经营,

而且可以降低该企业再次犯罪的可能性。检察建议作为检察机关参与社会治理的方式,缺少强制力的加持,威慑力有限,且回复会能发挥多大作用也有待考量,检察建议能让涉案企业达到什么程度的合规整改效果有待进一步评估,也容易使检察院陷入被动的境遇。

(二)附条件不起诉模式

附条件不起诉模式是借鉴西方国家暂缓起诉协议制度而建立的一种合规不起诉模式。我国刑事诉讼法中虽然规定了附条件不起诉制度,但只适用于未成年人,并不适用于企业犯罪案件。由于检察建议模式对涉案企业的强制力和约束力不够,在现行刑诉法框架下,检察机关在公诉制度中引入了合规机制,具有了"附条件不起诉"的形式。具体做法主要表现为以下两种形式:

1."第三方评估机制+不起诉决定"

具体表现为,对于涉嫌犯罪的企业,检察院先对涉案企业作出合规考察决定,再组织专业人士建立第三方评估监管组织,由第三方组织对涉案企业的合规计划及整改情况进行监督和评估。然后召开公开听证会,听取参会人员的意见。最后根据第三方组织的评估报告、听证会意见等情况作出不起诉决定。该种模式的特征为涉案企业的监管和评估有第三方监督评估组织的介入,检察院参考第三方组织的评估报告作出不起诉决定,本质上是一种附带条件的不起诉决定。该模式的优点为通过专业性的第三方监管组织的介入对涉案企业的合规整改进行监督并对涉案企业的合规整改情况进行验收,可以避免检察院既为裁判者又为监管者,将专业的事情交给专业的人去做。第三方组织的验收结果对不起诉决定的作出起着关键的作用,有利于企业的合规整改建设,促使企业自觉地进行合规整改工作。该模式的缺点为第三方监管主体的独立性以及如何确保监管的有效性问题。同时该种模式确定的合规整改考察期通常较短,涉案企业难以在有限的时间内建成符合要求的合规管理机制。最高检察院公布的6个第二批企业合规典型案例中,都有第三方监督评估组织的介入。第三方组织解决了检察院对涉案企业进行评估判断不够专业的问题,避免了检察院"运动员"与"裁判员"双重身份重合的尴尬,有利于提高合规整改的效益。先由第三方组织监督评估,再由检察院作出不起诉决定的模式能够使企业对合规整改工作具有强大的动力和促进力,如果企业对于合规整改工作不够认真,或者整改工作流于形式,则可能面对被检察院提起公诉的不利境地。

2.“检察建议＋不起诉决定”

如果没有第三方组织的介入，由检察院对涉案企业提出检察建议，要求涉案企业进行合规整改，再举行公开听证会对涉案企业的整改情况进行验收，或者由检察院自己进行验收，最后由检察院综合考虑合规整改情况、案件事实等内容，对涉案企业作出不起诉决定。这种做法本质上也是一种附带条件的不起诉。该种做法的优点在于增强了检察建议的强制效力，检察建议的灵活性特点也得以保留。该种做法的缺陷在于检察院要进行合规监督管理、合规验收评估、作出不起诉决定等多重工作，工作负担较重，加上检察机关并不一定具备相应的合规专业知识，其验收评估工作面临质疑。

检察建议模式对涉案企业的威慑力不够，在司法实践中的适用越来越少。“第三方机制＋不起诉”和“检察建议＋不起诉”两种做法实际上是检察机关对涉案企业附加了合规条件，要求企业在合规考察期内建立有效的合规管理机制，履行合规义务，经过评估主体验收合格后，涉案企业才能得到不起诉的程序奖励。这种做法与我国现行附条件不起诉制度的运行并无不同。由于现有法律的限制，当前规定在刑事诉讼法中针对未成年人的附条件不起诉制度并不能直接适用于涉嫌犯罪的企业中，只能以“企业合规＋不起诉”的方式呈现。企业合规的改革已经步入了“深水区”，由立法明文规定涉案企业附条件不起诉的内容是当前亟待解决的问题。

四、企业合规附条件不起诉的实践难题

（一）企业合规附条件不起诉的法律激励机制欠缺

我国目前的附条件不起诉制度仅适用于可能判处1年有期徒刑之下的轻微的未成年人犯罪案件，排斥成年人犯罪案件，也排斥未成年人犯罪案件中较重的犯罪案件，可以说适用范围非常有限。企业合规案件当然也不适用目前的附条件不起诉制度，因此，对于企业合规来说缺少程序法上的激励机制。虽然司法实践中检察机关在试点中将企业合规与附条件不起诉相结合，扩展了附条件不起诉的适用范围，也就是企业合规也可以适用附条件不起诉，但这种做法缺少刑事诉讼法的有力支持，容易使检察机关陷入越权违法的不利处境，最终影响企业合规不起诉实践的可持续运行。现行附条件不起诉制度不仅限制适用主体，而且对罪名和量刑幅度作了限定，这些限制对企业合规改革试点产生了一定的阻碍，它使合规附条件不起诉制度也不得不限于轻微的刑事案件。为了预防检察机关滥用起

诉或不起诉裁量权，我国刑诉法对各种不起诉施加了种种限制，所以企业合规并不能当然成为检察院作出附条件不起诉的法律依据。与美国暂缓起诉协议制度主要适用于大型企业不同，我国司法实践中主要针对中小微企业，与我国刑诉法将不起诉限制为犯罪情节轻微的案件有密切的关系。在刑事诉讼法没有把企业合规明确规定为检察院作出附条件不起诉决定的法定根据之前，检察机关并没有充足的制度空间去适用企业附条件不起诉制度。在附条件不起诉制度的司法实践中，检察机关通常对犯罪行为性质、行为严重程度、证据充分与否等进行考量，但对于犯罪主体对当地经济的影响，对员工、股东、中间商等无辜第三人社会生活的影响等难以进行有效考虑或者不够重视。

（二）检察机关与其他机关之间的协作衔接不足

检察机关适用附条件不起诉制度需要与其他机关之间有效衔接和协作，才能更好地发挥该制度的激励功能。如果检察机关与公安机关、行政机关之间程序衔接不够顺畅的话，可能导致检察机关无法适用附条件不起诉或者适用效果不好。

从检察院和公安机关的协作来看，检察院和公安机关的协作不足。第一，从公安机关立案侦查到检察院审查起诉存在一定的时间间隔，检察院无法在侦查期间就对企业适用合规附条件不起诉决定。第二，公安机关在办理刑事案件过程中，更容易采取较严厉的刑事强制性措施，如果不当使用强制措施，将会严重阻碍后期检察院对涉案企业适用附条件不起诉制度。一方面，对于涉案企业的财产，大多数侦查人员倾向于采取查封、扣押、冻结等强制性措施，甚至可能扩大至涉案嫌疑人的全部财产。查封等强制性措施很容易致使企业的资金链断裂，其后果就是使涉案企业面临倒闭的风险。比如，在北京比特时代科技有限公司申请湖南省长沙市望城区公安局刑事违法扣押国家赔偿案中，望城公安局违法扣押了北京比特时代科技有限公司用于经营的电脑主机、服务器、笔记本电脑、银行卡、现金及账簿等物品，导致该公司无法经营，实际上造成了该公司停产停业的严重后果。[①]又如，入选国家赔偿法颁布实施二十五周年典型案例的泸州天新电子科技公司、魏某某申请四川省泸州市人民检察院刑事违法追缴国家赔偿案，泸州市检察院除了扣押魏某某退交的20万元赃款，还违法扣押了泸州天新电子科技公司资金共计161.2万元，共计181.2万元全部以“罚没款”名义上缴至四川省泸州市财政

① 参见湖南省高级人民法院赔偿委员会国家赔偿决定书，(2017)湘委赔提1号。

局,错误扣押长达11年之久。[①] 侦查人员的上述不当行政行为给企业造成了毁灭性的打击。另一方面,大多数侦查人员倾向于对于企业家采取拘留、逮捕等剥夺人身自由的强制措施,适用取保候审这种并非剥夺人身自由的强制措施则较少,况且取保候审的适用条件并不包含企业合规计划。在涉企犯罪案件中,犯罪嫌疑人大多数为企业的法定代表人、实际控制人、高级管理人员等,直接关系着企业的日常经营,如果对他们采取不当且严厉的刑事强制措施很可能对企业造成严重不利影响。此外,我国家族式企业较多,企业管理层之间通常有密切的关系,对某一个管理人员拘留或逮捕的话,往往牵涉其他高管人员,可能造成管理层空缺,从而导致企业的管理陷入混乱,甚至可能造成企业破产或倒闭的境地。例如,在2010年太子奶集团濒临破产,集团创始人李某某因涉嫌非法吸收公众存款罪、挪用资金罪等被批捕,法定代表人李某、常务副总裁李某某1、财务总监李某1亦以同样的罪名被逮捕。李某某在被羁押15个月后无罪释放,他由于被剥夺人身自由等原因而无法主张自己的合法权益,只能眼睁睁地看着自己的合法产权任人摆布,此后太子奶集团面临破产,不得已进入破产重整程序。[②] 可以说,"过于严苛的强制性措施与不恰当的时间差,使检察机关错过了对企业进行必要保护、挽救和整改的最佳时机,开展合规不起诉的效果可能受到消极的影响"。[③]

从检察院与行政机关的协作来看,双方协作的力度不够。我国的检察院并没有行政处罚权,不能对涉嫌犯罪的企业进行高额罚款,对单位犯罪案件也没有立案侦查权,只能等公安机关侦查程序终结之后才能进行合规监管。对于那些被行政机关调查的企业违法案件,检察院也只能在行政机关移转到刑事诉讼之后才能介入案件。案件进入刑事程序之后,检察院也就难以获得行政机关的配合与支持。对于涉嫌犯罪的企业而言,行政机关具备各种各样的行政处罚权,对涉案企业的威慑较大,甚至可能决定企业的生死存亡。如果行政机关对涉案企业采取责令停产停业、吊销营业执照等资格型行政处罚,那么后面刑事诉讼审查起诉阶段,检察院将很难与涉案企业签订附条件不起诉协议。

---

① 国家赔偿法颁布实施二十五周年典型案例,载最高人民检察院官网,2020年12月29日,https://www.court.gov.cn/shenpan-xiangqing-281861.html。

② 参见李玉华:《我国企业合规的刑事诉讼激励》,载《比较法研究》2020年第1期。

③ 陈瑞华:《论企业合规的中国化问题》,载《法律科学(西北政法大学学报)》2020年第3期。

(三)企业合规附条件不起诉专项合规管理指引欠缺

由于企业在性质、规模大小、经营模式等方面存在很大的差别,如果欠缺专项合规管理指引,笼统套用同样的合规指引和计划的话,不但会造成资源的极大浪费,而且还会使已经建立的企业合规机制形同虚设。其一,从目前全国各地的合规改革试点来看,绝大多数检察机关仅仅提出笼统粗略的"有效合规计划"的概念,但对于何谓有效的合规计划语焉不详,更谈不上界定专项的合规指引。大而全且宽泛的合规计划被应用到不同的企业中,能否产生合规的实际效果让人怀疑。其二,欠缺专项合规管理指引会导致企业合规机制建设失去具体而明确的目标。不同涉案企业的刑事风险天差地别,在我国,民营企业家最容易触犯的犯罪当中,破坏市场经济秩序类犯罪占比 58.7%,融资类犯罪占企业家所有犯罪的比例达到 22.4%。[①] 虚开增值税专用发票罪、非法集资罪、非法吸收公众存款罪、污染环境罪等罪名比较常见。大而全且宽泛的企业合规计划对于涉嫌犯罪的企业来说其实并不具有实际意义,根本不能建立起有效的企业合规风险防控机制。况且企业合规建设必定要耗费高额的费用,合规机制的日常运行也需要持续性的经费支撑。如果只是构建大而全且宽泛的企业合规机制,而缺少专项合规管理指引的话,这样的合规机制多半是虚有其表的,时间久了,由于耗费很大,发挥的作用却极为有限,最终可能沦为摆设,无法起到降低企业刑事风险,增强企业预防犯罪能力的效用。

(四)企业合规考察期设定偏短

涉案企业附条件不起诉的考验期偏短使合规的实际效果难以发挥。从目前试点的检察院的合规考察期限的规定来看,考察期最低 1 个月,最高 2 年。比如江苏省张家港市检察院为 6 个月到 2 年[②],宁波市检察院为 6 个月到 12 个月[③],辽宁省检察院为 3 个月到 5 个月[④],深圳市宝安区检察院 1 个月到 6 个月,深圳市南山区检察院为 6 个月到 12 个月[⑤]。从该制度的发源地美国来看,美国司法部与涉

---

① 参见北京师范大学中国企业家犯罪预防研究中心课题组、张远煌:《2017 中国企业家刑事风险分析报告》,载《河南警察学院学报》2018 年第 4 期。

② 邓根保:《"六个一"积极探索企业合规建设》,载《检察日报》2021 年 8 月 11 日,第 11 版。

③ 参见陈珊珊:《刑事合规试点模式之检视与更新》,载《法学评论》2022 年第 1 期。

④ 《辽宁省推进企业合规考察制度试点工作》,载《潇湘晨报》2021 年 8 月 23 日。

⑤ 参见陈瑞华:《刑事诉讼的合规激励模式》,载《中国法学》2020 年第 6 期。

案企业签署暂缓起诉协议，进行合规整改，考察期大体为 6 个月到 60 个月，也就是最高可达到 5 年的时间。

与其相比，我国实践中规定的合规考察期偏短。合规考察期偏短的话，企业很难在短时间内建立起有效的合规机制，难以消除企业犯罪的内部基因。以最高检公布的典型案例——张家港某公司污染环境案以及张家港 S 公司、睢某某销售假冒注册商标的商品案为例，对于涉嫌犯罪的 L 公司，检察院为其设定的考察期仅仅 2 个月而已；对于 S 公司，检察院最初确定的合规整改考察期为 6 个月，后来缩短至 3 个月。2 个月或者 3 个月能够建立完备的合规计划和合规管理体系令人难以置信。

（五）第三方组织合规监管困难

2021 年 6 月，最高检联合司法部等九部门颁布了《关于建立涉案企业合规第三方监督评估机制的指导意见（试行）》（本文以下简称《指导意见》），该《指导意见》可以说是企业合规的顶层设计规范性文件，正式确立了涉案企业合规第三方监督评估机制。《指导意见》界定了涉案企业合规第三方监督评估机制（本文以下简称第三方机制）、创立了第三方监督评估机制管理委员会（本文以下简称第三方机制管委会）和第三方监督评估组织（本文以下简称第三方组织）。第三方组织对合规企业的考察结果作为检察院作出不起诉或起诉的重要参考。2022 年 4 月，《涉案企业合规建设、评估和审查办法（试行）》（本文以下简称《评估审查办法》）出台，对涉案企业合规建设、评估和审查进行了相对详细的规定。第三方机制的确立虽然明确了全国各地企业合规的监管模式，但仍存在以下问题：

第一，第三方组织的独立性难以保障，有腐败的风险。由第三方组织进行监管的情况下，如何保障第三方组织本身的独立性是必须面对的难题。第三方组织成员虽然由第三方机制管委会选任，但监管费用由涉案企业支付，可能会出现“拿人手短吃人嘴软”的情况。比如，深圳市宝安区检察院是首家适用独立监控人进行企业合规建设的，惠民机电公司是第一家适用独立监控人制度开展合规建设的企业。该公司聘请某具有合规经验的律所作为独立监控人，协助企业开展合规建设，考察期结束，宝安区检察机关在综合考虑独立监控人提交的考察报告和检察官实地调查情况的基础上，对惠民机电公司及其负责人李某作出不起诉决定。[①] 如果涉案企业暗地给予第三方组织“好处费”，第三方组织是坚守操守，严格履行合规监管义务，还是对企业合规整改采取放任的态度，掩盖涉案企业真实的合规整改情况。《指导意见》中，第三方机制管委会具有对第三方组织监督检查的权力，其监督检查的权力限于提出惩戒建议、举报违法行为、将违法之人列入黑名单。这些惩戒手段实际上对第三方组织的惩戒力度不够。

第二，涉案企业与第三方组织产生纠纷的解决途径不明，对第三方组织不当行为或违法行为惩戒不够。《指导意见》规定涉案企业如果与第三方组织产生争议，可以向第三方机制管委会或检察院反映，但两个主体如何处理却没有规定。现有规定第三方机制处理纠纷具有一定的制度局限性。检察院并不是第三方组织的主管机关，也不是选任机关，检察院的职责大多是对第三方组织提出意见或者建议，不能对其作出强制性决定，可以说对第三方组织的监督权限不够。虽然涉案企业可以向第三方机制管委会提出异议，但第三方机制管委会并没有调查部门，也没有惩戒部门，其职责包括建立专业人员名录库，对第三方组织成员的选任、培训、考核，对第三方组织成员提出惩戒建议或者举报或将其列入名录库“黑名单”。《评估审查办法》规定对第三方组织成员存在不当或涉嫌违法犯罪行为的，由第三方机制管委会与检察院会商并提出处理建议。对于第三方组织违反有关禁止性行为，足以影响评估结论真实性、有效性的，第三方机制管委会应重新组建第三方组织进行评估。现有第三方机制管委会的惩戒方法对第三方组织的威慑性还不充分，在解决纠纷时对外部力量的依赖较重。

五、我国建立企业合规附条件不起诉制度的设想

无论是在立法层面，还是在司法实践层面，我国都没有建立起真正的企业附条件不起诉制度，对该制度需要不断地进行理论研究和实践探索。我们应该在借鉴域外暂缓起诉协议制度的经验、吸取其教训的基础上，考虑我们国家的实际情况，结合全国各地企业合规试点改革实践，逐步构建具有我国特色的企业合规附条件不起诉制度，推进我国涉案企业的合规建设，加强企业防范风险的能力，推动国家治理体系和治理能力的现代化。

---

① 李英华、彭振、熊哲菱：《当好“老娘舅”让企业走得稳走得远——深圳市宝安区检察院积极推进企业合规试点工作一年间》，载《检察日报》2021 年 5 月 25 日。

(一)增强合规附条件不起诉的诉讼法激励

我国应当在刑事诉讼法中规定企业合规附条件不起诉制度,建立起强大的程序法激励机制。以法定的形式将附条件不起诉制度的适用范围扩展到单位包括企业犯罪领域,在企业合规附条件不起诉制度中,剔除“可能判处有期徒刑1年以下”的限定,解除仅仅适用于轻微刑事案件的束缚。从适用对象来看,我国的企业合规附条件不起诉制度,应当既适用于大型企业,也适用于中小微企业。

第一,从国外的经验来看,合规附条件不起诉制度适用于大型企业。因为大型企业甚至跨国公司通常具有完备的现代企业结构,即使将董事长、总经理等法定代表人或实际控制人进行定罪,对该企业的日常经营和运行并不会产生毁灭性的影响或打击,所以说,大型企业是适用合规附条件不起诉制度的最佳对象。

第二,合规附条件不起诉制度也适用于中小微企业。这是由我国的实际国情决定的,因为我国最早的企业合规改革试点都是从中小微企业开始的,积累了一定的实务经验;所谓“船小好调头”,我国中小微企业数量庞大,其内部组织和管理模式都相对容易变革,更容易应对合规方面的变革。除了中小微企业本身,对于小微企业,涉案企业的法定代表人、主要负责人、实际控制人等也可以适用。因为我国的小微企业通常属于家族式企业,有人戏称微型企业为“夫妻店”,如果仅仅对小微企业适用附条件不起诉而不对企业家适用的话,那么,一方面,很难形成内在的合规驱动力;另一方面,由于企业家往往是小微企业的灵魂,对企业家定罪通常会导致该企业面临破产或者倒闭的后果。

对于中小微企业,如果涉案企业犯罪情节轻微,社会危害性不大,主观恶性较小,有悔过表现、愿意进行合规建设、积极配合调查行为的,检察机关当然应该对其适用合规附条件不起诉制度。适用的前提是涉案企业自愿承诺进行合规建设,决不能对涉案企业强制适用。对于大型企业涉嫌经济类犯罪、贿赂类犯罪等,则应借鉴美国的经验,坚持“放过企业,严惩责任人员”的理念,因为大型企业波及面较广,“水波效应”明显,哪怕涉嫌的罪名比较严重,也不例外。当然,如果涉案企业犯罪行为涉嫌危害国家安全犯罪、恐怖活动犯罪等,应当禁止适用附条件不起诉制度,对这些性质恶劣的犯罪免除刑事激励措施,从严惩处,可以震慑潜在的犯罪分子,起到预防犯罪的效果。

(二)加强检察机关与其他机关的程序衔接

第一,应加强检察院与公安机关的程序衔接。首先,应确保检察院在涉嫌犯罪的企业中能够提前介入,尤其是规模较大或影响较大的涉企犯罪案件,这样可以使附条件不起诉协议签订的时机前移。公安机关侦查涉企犯罪案件时,如果初步判断涉案企业可能适用合规附条件不起诉,应及时告知检察院,双方合作积极促使涉案企业在侦查阶段认罪,达成初步的签订附条件不起诉协议的意向,为后续适用附条件不起诉制度打下良好的基础。检察院提前介入涉企犯罪案件,可以使检察院和涉案企业及时进行合规整改的合意,有利于更好地保障企业的相关利益。总之,公安机关与检察院应保持沟通和协作。其次,在涉企案件中,公安机关适用查封、扣押、冻结等严厉的强制性措施时应当持慎重的态度,不能"不管三七二十一",一律查扣,采取强制性措施应尽量减少对于涉案企业正常生产经营活动的破坏。对于涉案企业的法定代表人和高级管理人员等,在采取拘留等强制措施时也要持非常慎重的态度,尽量采取取保候审这样的限制人身自由的强制措施,如此可以减少对企业正常生产经营的不利影响。

第二,应加强检察院与行政机关的协作。检察院对于涉罪企业作出附条件不起诉之前,行政机关应及时为检察院提供相应的材料,方便检察院作出准确的判断。检察院和行政机关之间的协作主要是增加行政机关参与合规附条件不起诉制度中的各个环节。行政机关通常在其所在的领域具有一定的专业特性,可以在合规计划的制定、监管、评估等环节发挥重要的作用,降低涉罪企业再次违法犯罪的可能。此外,检察院由于不具有行政处罚权,为了更好地发挥刑罚替代功能,对于合规不起诉的案件,还可以移交行政机关,建议行政机关进行相应的处罚,保证对涉罪企业的监管和处罚到位。最高检发布的企业合规典型案例之张家港某公司污染环境案就是一个很好的例子,张家港检察院对L公司作出不起诉决定后,依法向苏州市生态环境部门提出给予该企业行政处罚的意见,之后,该行政部门对L公司作出行政处罚决定。该案体现了检察院在合规不起诉中的主导地位,促进了检察院与行政机关的有效衔接。

(三)建立共性与个性相结合的有效合规计划

"有效的合规计划是附条件不起诉的考验条件。"①有效合规计划的重要性可见一斑。综合考虑涉案企业性质、规模大小、违法情况、行业类别、地区特点等各种因素,建立基础性与专门性相结合的有效合规计划是必要且可行的。纵观建立

---

① 杨帆:《企业合规中附条件不起诉立法研究》,载《中国刑事法杂志》2020年第3期。

附条件不起诉制度或类似制度的国家,涉案企业有没有建立有效的合规计划是各国检察机关判断其是否恪守合规附条件不起诉协议的关键考量因素。由于我国大多数涉案企业都没有建立合规管理体系,所以检察机关有必要督促其建立基础性合规管理体系,实现从无到有的突破。同时,在此基础上,还应加入专门性合规管理体系的因素,从而可以有针对性地预防特定种类的犯罪。“在一定程度上,有效的合规更改就等于‘基础性合规要素’与‘专门性合规要素’的有机结合。”①

从共性角度看,合规计划应当具备基础性合规要素,通常包括合规章程、合规组织、合规程序。这些必备要素是评估合规计划是否有效的重要依据,在全国范围内通用。不论企业大小、行业种类、地区差别,企业制订的合规计划都必须具备这些基本要素。参考域外国家的合规基本要素与我国合规试点改革实践,有效合规计划应当至少包括以下四点:(1)合规章程;(2)合规部门应体现最高层承诺,至少应建立一个由董事长或总经理参与的合规领导小组,包括独立的合规官,该部门对有合规风险的业务具有否决权;(3)培训机制;(4)最低限度的合规举报机制。随着合规试点改革的深化,合规计划的基本要素可能会根据企业的实际情况进一步变动,从而形成适合我国国情的最佳模式。

从个性角度看,需要根据涉案企业的具体行业、规模、重点合规风险领域或环节等,制订专门性合规计划。大而全且宽泛的合规计划,只会损耗合规费用而不会带来实际效益。对于小微企业,这样的合规计划对其来说无疑是沉重的包袱。企业合规风险的重点领域包括市场交易、产品质量、财务税收、知识产权、安全环保、商业伙伴等领域,企业合规风险的重点环节则主要包括制度制定环节、经营决策环节、生产运营环节等。② 在确定企业合规计划前,应首先弄清企业的合规风险环节,然后根据企业的具体合规风险制订专门性、合理性的合规计划。即使是相同行业、规模大小也差不多的两个企业,其合规计划也不一定一模一样。合规计划与涉案企业自身情况紧密相连,在制订合规计划时,既要考虑具体的合规风险环节、合规风险领域,也要考虑企业的性质、行业、规模等多方面因素,因此,企业合规计划不可避免地具有多样性和个性化。涉案企业针对特定领域的合规风险,应公布专门合规政策和员工手册。比如,企业涉嫌污染环境犯罪,那么其应该公布环境保护合规政策和环境保护员工手册,如果企业涉嫌逃税、虚开增值税发票

---

① 陈瑞华:《企业有效合规整改的基本思路》,载《政法论坛》2022年第1期。

② 《中央企业合规管理指引(试行)》,国资发法规〔2018〕106号,第13条、第14条。

犯罪，那么企业就应该发布税收合规政策和税收员工手册，以此类推。

此外，在制订合规计划的过程中，应该有企业自身人员的参加，这样才更有利于保障企业的话语权，制订出符合企业自身实际情况，而不是"金玉其外、败絮其中"的合规计划，从而减少企业承担非必要的合规费用和成本。除了涉案企业自身，检察机关还可以鼓励行业协会、行政监管机关、第三方组织等主体加入，这样的多主体参与制订合规计划的模式才更有可能制订出既符合企业实际情况，又具有个性化、专业性的合规计划。

（四）延长企业合规附条件不起诉的考察期

对于中小微企业，通常只需要进行有针对性的合规计划，合规整改要求不能太高，因为合规本身需要一定的成本，如果对合规整改的标准或要求过高的话，中小微企业现有的公司资金可能难以满足相应的要求，不利于合规整改的进行。因此，对中小微企业设置合规附条件不起诉的考验期相对较短，要想使涉案企业在较短的时间内完成有效的合规整改，有针对性地消除经营模式或管理模式中的犯罪基因，完成去犯罪化改造，修复导致犯罪发生的制度缺陷，2～3 个月的时间有点偏少，现有刑诉法中附条件不起诉的最低期限 6 个月相对比较合理。但对于大型企业或企业集团，其内部治理结构通常都比较复杂，针对特定的犯罪行为，要想建立起有效地合规治理体系，达到预防犯罪消除犯罪基因的目的，显然需要更长的考察期。据统计，2000 年至 2011 年，美国 DPA 的平均履行期限为 28 个月。[①] 2021 年迄今，DPA 的履行期限最长为 36 个月，最短为 18 个月。[②] 综合考虑中小微企业和大型企业，笔者认为可以考虑将企业合规附条件不起诉的考察期设定为 6 个月至 3 年。

（五）完善第三方组织的监督评估机制

企业合规第三方监督评估机制的完善最重要的是要强化第三方机制的合规监管效能。具体表现在两个方面：

一方面，要加强第三方机制管委会的监管效能。首先，赋予第三方机制管委会警告、暂停第三方组织执业、将违法违规之人列入名录库"黑名单"等更多的惩

---

① 叶良芳：《美国法人审前转处协议制度的演进及其启示》，载《刑事法评论》2012 年第 2 期。

② See Gibson Dunn, 2021 Mid – Year Update on Corporate Non – Prosecution Agreements and Deferred Prosecution Agreements.

戒权，以强化其监管能力。其次，在第三方机制管委会设置单独部门，将惩戒权与调查权分离，加强其监管和惩戒的职能，优化各部门权力配备，形成良好的监管机制。最后，加强数字合规建设，比如创建数字化异议或控告平台，接收有关人员提起的异议或控告等案件。可以考虑在地市级第三方机制管委会官网或者检察院官网开发线上第三方机制异议功能，实现线上异议或控告，建成线上线下混合式异议处理体系。

另一方面，要加强检察院在企业合规监管中的法律监督职能。要注意发挥基层检察室的监督作用，保障第三方机制合法合理有序运行。派驻基层检察室是检察机关法律监督范围的有效延伸，有利于检察院法律监督职能的发挥。基层检察室扎根基层，具有灵活性和亲历性的特征，有利于更好地监督合规整改和第三方组织等。加强基层检察室与检察机关其他职能部门以及其他行政机关的衔接，更好地实现检察监督的职能。

（六）建立企业合规附条件不起诉的司法审查制度

如前所述，司法审查应该成为企业合规附条件不起诉制度的配套制度，推进企业合规附条件不起诉制度的理性化和制度化。在全球范围内建立合规附条件不起诉制度的国家几乎都为该制度设置了司法审查制度，以实现程序的合法性和公正性。由法院对附条件不起诉协议进行实质性审查是该制度面向未来的必然选择，至少是一种趋向。我国尽管没有法院进行司法审查的历史传统，但毕竟适用合规附条件不起诉制度的企业，尤其是大型企业，涉及的利益主体众多，包括但不限于股东、雇员、客户、供应商、销售商、子公司等，与社会公共利益的联系非常紧密，有必要对这项特殊的制度进行特殊对待，并以此为突破口，构建司法审查制度，强化司法监督，为以后我国全面构建司法审查制度进行试验和铺路，“发挥法院作为司法审查主体的监督制约作用”①，防范检察机关滥用起诉裁量权，形成完整的监督体系。

检察机关在作出企业附条件不起诉决定前，应该将合规附条件不起诉决定书、检察机关与涉案企业签订的合规附条件不起诉协议、企业涉嫌犯罪的事实等材料移交给法院内进行审查。法院的职责是审查合规附条件不起诉协议的签订

---

① 时延安：《单位刑事案件的附条件不起诉与企业治理理论探讨》，载《中国刑事法杂志》2020 年第 3 期。

是否自愿，是否遵守法定的程序，协议内容有没有危害到社会公共利益等。如果合规附条件不起诉协议具备自愿性与合法性，也不违反社会公共利益，那么法院就应该批准检察机关作出的附条件不起诉决定书，将决定书和协议书进行备案。除此之外，法院还应将合规附条件不起诉协议的内容在网上公开，并设置异议期，接受社会大众的外部监督。如果有人提出异议的话，法院还应审查异议是否有道理，有没有相应的证据和依据，然后再视情况作出最终的决定。如果法院认为合规附条件不起诉协议的内容有问题，应建议检察机关进行相应的修改，而不能取代检察机关直接予以修改。等到合规附条件不起诉的考察期届满，检察机关作出不起诉决定，该不起诉决定书应同时提交相应的法院，法院对该不起诉决定书只进行备案，不需要批准。如果合规考察期届满后，涉案企业的合规整改并没有通过检察机关的考核与评估，那么检察机关会对涉案企业提起公诉，仍然由之前审查过附条件不起诉协议的法院受理该案，这样可以提高诉讼效率。

六、结语

企业合规源于美国的司法实践，后为部分其他国家的法律制度所继受。自 20 世纪 90 年代以来，企业合规暂缓起诉协议制度发展迅猛，除了美国，英国、法国、加拿大、澳大利亚、新加坡等国家均建立起暂缓起诉协议制度。自从新冠肺炎疫情暴发之后，国家颁布了一系列规范性文件来保障经济的发展，从中央到地方的国家机关更加重视对企业的保护以及对社会经济的保障，司法实践中也出现了针对企业的“附条件不起诉”。就目前来说，我国的企业附条件不起诉并没有成为法律层面的制度，仅仅处于司法实践的探索阶段。虽然全国各地企业附条件不起诉的改革实践获得了很多有益的经验，但与此同时也面临很多问题和困境，有待理论界与实务界进一步研究和探索。改革已经进入“深水区”，如何推动企业附条件不起诉走向法治化与制度化，保障企业合规的有效性、正当性、合理性成为改革面临的重要课题。正所谓“经济基础决定上层建筑”，作为上层建筑的法律同样也是建立在物质基础之上的，随着我国经济的稳步发展，越来越多的企业走出国门，我国的企业合规建设一定会日趋完善，企业附条件不起诉制度也一定会被我国的刑事立法所认可。

我国企业刑事合规的法律构造与本土化路径

史芳萌*

企业刑事合规制度是推动企业形成高效、健康的经营模式,弱化刑事风险的重要制度,同时也是我国推进企业合规制度的重要方式。目前,我国企业刑事合规制度的构建仍处于试点探索的阶段,如何构建切合我国现实需求的合规制度,关键是在厘清英美等域外国家合规制度法律构造的基础上回应我国刑事合规制度在实体和程序的双运作难题。企业合规考察缺乏统一规则、"双不起诉"的不规范适用、企业刑事合规的相对不起诉存疑等问题正限制我国企业刑事合规制度的发展,故有必要以"相对不起诉"为制度基础激励企业布局内部合规治理,同时搭建刑事合规的二元路径和"认罪认罚—企业合规"的双重路径,以现实需求为依托,逐步构建贴合我国国情和法治建设的本土化路径。

社会发展和科技进步推动了我国企业走向高质量、高动能的发展路线,企业在面临市场竞争日趋激烈的同时也被卷入了以全球化为特征的新型风险。为回应新时代社会风险对企业发展的负面效应,减少企业在其中的刑事风险,企业刑事合规制度应运而生。其作为企业自我监管行为在刑事领域的适用,①以强化内部治理的形式减弱企业和其成员在生产运营中的刑事责任。

我国自 2020 年 3 月开始尝试企业合规相对不起诉的司法实践,尽管我国刑法并未明确界定企业刑事合规制度,但是对单位犯罪的规定为企业刑事合规制度的适用提供了操作空间。借鉴英美国家企业合规制度,我国传统的刑法教义学与域外的合规制度之间存在抵牾,此亦在司法实践过程中有所体现,如个人犯罪与

---

* 三亚学院教师、法律硕士。

① 参见林静:《刑事合规的模式及合规计划之证明》,载《法学家》2021 年第 3 期。

企业合规的关系、企业刑事合规的范围是否囊括小微企业、双不起诉的适用是否逾越出罪范畴等,故有必要在企业刑事合规法律构造的基础上厘清相对不起诉于其中的具体适用,在阐述当前制度运行存在问题的同时,以我国本土化建设为路径,阐释企业刑事合规的中国模式。

一、企业刑事合规的法律构造

(一)企业刑事合规的基础理论

1. 企业刑事合规制度的溯源

现代企业合规制度源自 20 世纪 60 年代的美国。美国企业合规的归责形式为代位责任,即无论是何种员工,只要是企业的成员,并且在其职权范围内为企业利益实施犯罪,最后的责任均可归受于企业。代位责任的存在并不能激励企业合规的展开,作为弥补合规激励功能的相对不起诉制度则发挥着引导企业走向合规化道路的重要功能。英国企业暂缓起诉制度源自 2014 年的《暂缓起诉协议实践准则》,[①]等同责任原则是其企业犯罪的主要归责方式。相较于美国的代位责任,等同责任则要求单位成员能够体现单位的意志,并且具有一定的身份地位,例如领导层。[②]

但无论是代位责任还是等同责任,其均囊括严格化的归责色彩。以美国法为样本,证据检验和公共利益衡量是最终适用相对不起诉制度的重要因素。证据检验要求起诉需要充足的证据支撑,然而企业行为的天然隐蔽性导致所获取的证据均无法达到起诉的要求;公共利益衡量则要求对企业的刑事追诉并不会导致强烈的负外部效应,即避免追诉导致社会信用的崩坏和经济体系的崩盘。

2. 企业刑事合规的整改、预防功能

企业刑事合规制度是在公法领域内减少企业和其成员在业务行为中的刑事风险,以实体和程序双向联合的内部治理机制为面向,构建的评价和预防刑事风险的对策总和。故其最重要的功能在于以强化企业内部合规的方式预防犯罪。在具体的制度构造中,检察机关会将企业是否切实建立抑或改善合规计划作为相对不起诉的根据,并要求企业接受相关部门的监管和评估,只有经过评估审查合

---

① 参见李本灿:《企业合规程序激励的中国模式》,载《法律科学(西北政法大学学报)》2022 年第 4 期。

② 参见李文伟:《法人刑事责任比较研究》,中国检察出版社 2006 年版,第 23 – 28 页。

格后企业才有脱罪的可能，这在一定程度上排除了企业可能存在的违法违规要素，以构建合理合规计划的形式降低再次犯罪的可能。同时，合规监管机制的存在亦为企业的创新性经营和趋向化发展提供新的可能，帮助企业过滤未来生产经营中的社会风险。

企业刑事合规制度的整改、预防功能体现在事前预防、事后整改两个方面。企业以完善的合规计划预防犯罪发生的可能，在履行注意义务的前提下切实降低企业可能面临的刑事风险，此为事前预防的可能；但在现实的社会发展中，企业一成不变的合规计划难以应对瞬息万变的社会环境，故事后整改显得尤为必要。立法应当给予企业一定的脱罪空间，无论是大型企业还是中小微企业，都应当存在一定的整改空间。即在企业愿意开展合规建设并接受考察监督的情境下，检察机关同意适用后搭建合规监管体系，并督促合规计划的开展。英美法系国家更倾向于将企业合规制度适用于大型企业犯罪案件，特别是在安达信事件之后更是将大型企业统统预纳入合规监管计划中，然而对于小型和非上市企业的刑事责任仍然追究。抛开英美国家企业合规机制的面向不谈，其制度构建的本身即是为了企业的生存和发展，并以提供监管机会的方式为企业生存发展布下可能，本质还是在于整改企业的内部治理，预防未来企业再次犯罪的发生。

（二）我国企业刑事合规的法律构造

相较于域外较为成熟的企业刑事合规制度，我国在吸收域外先进经验的同时亦需将其与我国社会发展的现实语境相结合。最高人民检察院在开展企业刑事合规不起诉制度中，不仅突破了英美国家仅限于大型企业犯罪的适用范围，将其辐射向中小微企业，同时具有向重罪案件尝试合规不起诉的冲动。

1. 企业刑事合规的片段性

我国刑法对单位犯罪有着明确的规定，只有法律明确规定为犯罪的才负刑事责任。[①] 该条规定包含两个方面的重要因素：其一，基于我国刑法主要是对自然人行为的规制，因此只有法律规定的特定罪名才可适用于单位犯罪，即刑法所有罪名在单位犯罪中并不具有普适性；其二，单位犯罪是单位自身的犯罪，有单位的意识存在，而并非完全基于自然人的犯罪形态。[②] 我国采用严格区分单位犯罪和自

---

① 参见《刑法》第30条："公司、企业、事业单位、机关、团体实施的危害社会的行为，法律规定为单位犯罪的，应当负刑事责任。"

② 参见张明楷：《刑法学》（第5版），法律出版社2016年版，第133－136页。

然人犯罪的刑法立法体例，对于单位责任承担的限制较为严格。

相较于英美国家而言，我国并没有严格区分自然人犯罪和单位犯罪，[①]除了强奸、谋杀等只能由自然人实施的恶劣犯罪外，其他所有的单位均可作为犯罪主体。[②] 我国刑法立法体例中，除了诸多只能由自然人实施的犯罪外，如贷款诈骗罪等均未被规定为单位犯罪。我国企业刑事合规机制具有极强的片段性，企业往往会基于法律规定的罪名而采取相应的合规计划进以规避刑事责任，但是对于未受规制的则往往淡化处理。

2. 我国刑事合规的单位归责模式

我国刑法立法对单位犯罪的归责采用"二元论"：单位受益且具有单位意志的体现。单位受益主要表现在单位犯罪的目的是为自身谋取利益，即单位最后受有利益，具有犯罪相关的利害关系；单位意志则要求单位犯罪须经单位的决策机构或者负责人决定，即将自然人的个人意志上升到单位意志，并体现为单位行为。

单位作为非自然人的法人主体，无法基于自由意志实施犯罪，其作为组织体需要单位相关人员的行为来体现单位行为。单位参与到了其成员所实施的犯罪当中，并对该犯罪行为具有一定的可苛责性，[③]故单位应当对其成员行为承担一定的责任。我国对单位犯罪采用"双罚制"的形式，即单位需要承担罚金刑，其中负主要责任的主管人员和其他责任人员则需要根据规定承担囊括罚金刑在内的各种刑罚。"双罚制"亦体现出我国单位归责的"二元"形态，即在自然人承担相应刑罚的基础之上，参与其中并受有利益的单位应当基于其成员犯罪所产生的单位意志承担相应的责任。故，单位若能够证明内部已有合规计划并且运行正常，即可以履行相应义务为由切断单位意志；抑或以单位并不受有利益、单位成员的行为与单位无关等方式阻断单位责任的承担。

3. 证据中心主义的语境

我国刑法立法中更多强调证据是否充足，并不像美国采用证据和公共利益的"二次检验"，我国往往采用证据充足情形下的构罪即诉，这不仅由于我国旧时过于强调报应刑的惩罚性功能，更源自我国一直将检察机关的不起诉率作为考核工作成果的重要指标。同时，我国立法对《刑事诉讼法》第 182 条规定"国家重大利

---

① 参见李本灿：《域外企业缓起诉制度比较研究》，载《中国刑事法杂志》2020 年第 3 期。

② 参见李本灿：《企业合规程序激励的中国模式》，载《法律科学（西北政法大学学报）》2022 年第 4 期。

③ 参见李本灿：《单位刑事责任论的反思与重构》，载《环球法律评论》2020 年第 4 期。

益”的界定较为狭窄,相较于美国对于公共利益的界定则显得较为严苛。重打击、重追诉是我国刑事检察工作的主要标准,在证据中心主义的语境下更是要充分考虑不起诉的相对性条件。

二、我国企业刑事合规建设的现实困境

企业刑事合规相对不起诉制度作为舶来品,并不能全然适用于我国的司法实践,我国特有的单位归责模式和有限的相对不起诉形式决定了域外企业合规制度适用的限度性。我国企业刑事合规制度的探索,还存在改革试点工作的方式单一、自然人犯罪与单位犯罪责任不清、未能充分发挥刑诉制度价值等问题,有必要进一步剖析我国企业刑事合规建设的现实困境,进行系统性的反思。

(一)企业合规考察缺乏统一规则

企业合规相对不起诉的法治试验目前仍无法盖棺定论,各地对合规的标准规则亦未统一。即在具体的案件中,检察机关很有可能过于注重经济等指标的考察,而忽视了犯罪本身的严重影响。在此影响下,很多地方的检察机关会为了适用企业合规相对不起诉制度而滥用法定从轻事由,减轻单位成员的刑罚,以企业合规监管的手段作出不起诉的决定。这不仅违背刑诉“惩治犯罪”“保障人权”的原则,更是背离社会主义核心价值观。①

企业合规考察缺乏统一规则的另一体现即为企业刑事合规的适用缺乏限度。究其原因在于,我国企业刑事合规的相对不起诉正在试验当中,各试验单位基于所处地域的发展情况和企业发展的衡平,会为了保护本地企业免受殃及而扩大企业合规相对不起诉的适用范围。② 虽然在试验之初,最高人民检察院将相对不起诉的适用界定在“自然人可能会被判处三年以下有期徒刑”的范围内,③但试验单位总会在试验中突破限制,进而在重罪中破例适用相对不起诉制度。

适用规则的不统一,不仅会造成区域之间适用发展的不平衡,更是会进一步偏离合规制度的基础逻辑,使其成为企业和其成员脱罪的“利器”。同时,过于宽泛地适用合规制度会造成合规激励机制的失效,使合规监管变为泡沫。特别是在竞争如此激烈的国际环境下,更是会脱离与域外国家的接轨,影响企业的存续。

---

① 参见林钰雄:《刑事诉讼法》,中国人民大学出版社 2005 年版,第 1 - 10 页。

② 参见熊亚文:《理性建构刑事合规的中国路径》,载《比较法研究》2022 年第 3 期。

③ 参见陈瑞华:《企业合规出罪的三种模式》,载《比较法研究》2021 年第 3 期。

（二）“双不起诉”制度的不规范适用

我国企业刑事合规制度的发展并未全盘汲取英美等域外国家的经验，英美国家企业合规的全阶段适用注定其“宽企业、严个人”，而我国却出现了“既宽企业，又宽个人”的不良现象。在具体的实践路径中，检察机关对单位作出不起诉的决定后，对单位成员适用认罪认罚等从宽处理后亦径直作出不起诉的决定。“双不起诉”现象出现的原因有很多，究其最主要的原因在于：

其一，并未细致区分单位犯罪和自然人犯罪，司法实践中较易将二者捆绑认定，即入罪和定刑均将二者同时适用。然而按照最高人民检察院在最初试点时对企业合规的相关规定可以看出，只有负责任的主管人员和其他直接责任人员可能会被判处三年以下有期徒刑的才会被适用企业刑事合规相对不起诉制度，但是在最终的量刑处罚时应对二者区分看待。① 即“单位成员可能会被判处三年以下有期徒刑”是确定单位犯罪的门槛，而并非以此量刑。由于立法和司法上的模糊，单位犯罪中对其成员的处罚往往轻于常规情境下自然人犯罪的处罚。同时，因对单位责任的追究往往较为困难，往往会追究单位犯罪中的个人责任，而少对单位立案。但此时，因受单位并未被追诉的影响，本应被起诉的单位成员亦会受“牵连”而在认罪认罚等制度下不被起诉。企业刑事合规相对不起诉制度的设立初衷并非为单位成员脱罪，其适用价值亦不应背离惩治犯罪的基本立场。

其二，从宽处理制度的内部冲突。诚如前述，企业合规相对不起诉制度往往与认罪认罚从宽制度一同适用，二者在基础的构建上具有同源性，但并不能说“认罪认罚从宽制度 = 企业刑事合规相对不起诉”。二制度在实际的运行中，仍然存在较大的适用分歧。有学者认为二者应当区别适用，不应将认罪认罚从宽制度作为合规不起诉的基础适用；②亦有学者认为，企业合规应依托认罪认罚从宽制度，二者理应具有共同适用的基础价值。学理上的分歧和实践中的模糊，共同铸造了现实情况下从宽处理制度的内部冲突。因此有必要在试点工作中厘清从宽制度的内部处理机制，完善企业合规相对不起诉的现实路径。

（三）企业刑事合规的正当性存疑

我国司法实践并未以“合规脱罪”等字眼界定企业刑事合规机制。即便是最

---

① 参见李本灿：《刑事合规制度的法理根基》，载《东方法学》2021 年第 5 期。

② 参见刘少军：《企业合规不起诉制度本土化的可能及限度》，载《法学杂志》2021 年第 1 期。

高人民检察院也是以“企业合规法律监督制度”开展试点工作，[①]由此可见司法对合规制度的审慎态度。企业刑事合规的后果并非仅包含相对不起诉，更是囊括不捕、从轻量刑建议等多种方式，但是在企业合规的激励效果上显然是不起诉制度更有效率价值，也更有完善企业发展的推动力。[②] 若是不以“相对不起诉”为噱头激励企业完善内部合规，又有哪家企业愿意花费大量的经济成本来完善内部合规治理。也正是由于企业合规相对不起诉的产生，学界对其存在仍然持有争议。有观点认为，企业刑事合规只能算作从宽处理的一种方式，除非是《刑法》第 13 条“但书”的规定，否则不能以此作为企业脱罪的依据。[③]

也有学者认为，基于企业对社会进步和经济发展的重要影响，不能以对自然人苛责的方式对待企业，应当采用柔性的方式弱化对存有完善合规计划企业的责任追究。“存有完善的合规计划”“已经以合规计划履行适当的注意义务”等可作为割裂单位责任的因素，使自然人犯罪和单位犯罪划分天然的界限，让企业合规成为抗辩单位犯罪的事由，进而维系社会的稳定。[④]

虽然最高人民检察院已率先开展试点工作，但是学界对该“相对不起诉”结果仍然存在争议。在未来企业合规制度的发展中，理应重视企业刑事合规脱罪的正当性，遏制试点单位在重罪案件开展合规相对不起诉的冲动。

三、企业刑事合规的本土化路径

我国至今尚未在法律层面实现真正具有现实意义和价值的企业刑事合规制度，刑法的单位犯罪规定与企业脱罪之间的脱节问题仍有待解决。毫无疑问，我国企业刑事合规制度的构建离不开对英美等域外国家相应制度的借鉴。但是我国在汲取外国先进经验的同时，亦应立足于我国的社会法治实践和传统的刑法教义学理论，走出极具中国特色的本土化路径。

（一）刑事合规制度应以“相对不起诉”为基础

诚如前述，激励企业完善合规计划的重要动力即为“相对不起诉”的适用，故

---

① 参见陈瑞华：《企业合规不起诉改革的八大争议问题》，载《中国法律评论》2021 年第 4 期。

② 参见王颖：《刑事一体化视野下企业合规的制度逻辑与实现路径》，载《比较法研究》2022 年第 3 期。

③ 参见王颖：《刑事一体化视野下企业合规的制度逻辑与实现路径》，载《比较法研究》2022 年第 3 期。

④ 参见陈瑞华：《企业合规不起诉改革的八大争议问题》，载《中国法律评论》2021 年第 4 期。

检察机关应积极以此为基础出发,为企业刑事合规制度的本土化提供发展机遇。

其一,明确合规不起诉的适用范围。我国企业刑事合规试点工作中,涉案企业大多为中小微企业,涉嫌的罪名大多为虚开增值税专用发票罪、重大责任事故罪等,即我国的试点工作主要是在轻微犯罪上,并不能对重罪适用相对不起诉制度。同时,也要避免自然人个人犯罪最后以企业合规不起诉的方式脱罪,这有违于罪责刑相一致原则。

其二,检察机关应作为主导机关推动企业合规。虽然最高人民检察院 2021 年在统筹试点工作的基础上,制定《关于建立涉案企业合规第三方监督评估机制的指导意见(试行)》(本文以下简称《合规指导意见》),明确引入第三方监督评估机制,借以有效惩治、预防企业违法犯罪。但并非第三方监督评估机构即可自由对涉案企业的合规承诺进行调查、评估和监督考察,检察机关仍然应当主导企业合规监管工作。①

其三,完善企业合规相对不起诉的监督流程。在引入第三方监督管理机构的情境下,更应进一步完善具体的合规监管流程,合理设定考察内容和考察期限,监管机构亦应当在监督考察之后出具相应的评估意见,作为检察机关是否作出不起诉决定的根据。本文认为,为进一步完善我国企业刑事合规机制,有必要在全国范围内建立合规培训机制和合规控制机制。合规培训即由检察机关牵头,对众多企业进行合规指导和培训,借以形成事前预防,亦可以网络视频课的形式激励企业构建内部合规治理机制;合规控制机制即激励企业与第三方监督管理机构达成合作,定期进行内部合规的自我审查,及早发现问题并解决问题。

(二)构建企业刑事合规的二元路径

单位责任的承担需要单位意志,而单位意志则需要与成员行为的关联。我国并未如同英美那般采用自然人犯罪和单位犯罪的不区分,亦无法采用域外的一元化规制路径,我国应在“双罚制”背景下积极构建单位责任和个人责任双联合的企业刑事合规路径。

在单位责任上,我国可在企业刑事合规特色化路径的探索中,激励企业的合规冲劲,以相对不起诉抑或从宽处理的方式促进企业推进合规计划,不仅有利于

---

① 我国企业合规监督并非仅检察机关主导这一种模式,还包括专业监管模式(第三方单独监管)和行政部门监管。行政部门监管由检察机关委托政府行政主管部门或者企业所在街道、乡镇政府担任考察机关。

节约司法资源,同时也能够推进我国企业发展。在个人责任上,激励个人履行企业合规计划,并以此作为相对不起诉的根据。本文认为,个人责任和单位责任的双联合规制是应和"双罚制"的重要方式。企业刑事合规的相对不起诉能够极大激励负责任的主管人员和其他直接责任人员履行相应义务,避免刑罚苛责。但是对于个人责任的承担应注意是否与单位犯罪相关联,若是单纯的个人犯罪,则不应由单位介入并开展合规监管,即不存在单位意志的犯罪,则不应适用相应的企业合规监管程序。

(三)构建"认罪认罚—企业合规"的适用情境

《合规指导意见》以规制涉案企业合规的第三方监督评估机构的建设,其中第4条明确规定适用第三方机制的条件,第1项即为"涉案企业、个人认罪认罚"。于此,认罪认罚制度已被认定为企业合规不起诉的基础条件。

企业刑事合规的结果为相对不起诉,而认罪认罚的结果可表现为撤案、不起诉、从轻等多个方面,显然认罪认罚从宽制度的适用更广且结果更多。并且,认罪认罚从宽制度适用于刑事诉讼的全阶段,而企业合规相对不起诉则仅限于审查起诉阶段。二者的制度功能不同,显然不可等同而语,企业刑事合规相对不起诉更是面向未来整改和预防的考量。因此在"认罪认罚—企业合规"的语境下,应联合二制度的基础共性,严格把握单位意志的存在,即认罪认罚的主体是否为单位,负责任的主管人员和其他直接责任人员是否认罪认罚,这也是我国刑法单位犯罪"双罚制"的规定。同时,在程序处理上架构"认罪认罚—企业合规—相对不起诉"的现实路径,切实认清二制度的现实需求和基础面向。即,企业认罪认罚并开展合规整改后经审查认定符合不起诉条件的,则适用相对不起诉;若是审查监督认为未达标准的,则仅适用认罪认罚制度。对于单位成员的个人犯罪则应仅限于认罪认罚从宽制度,禁止将其与单位过度捆绑逃避刑法规制。①

(四)厘清企业出罪和合规相对不起诉的界限

企业出罪和企业刑事合规相对不起诉并非同一法律概念,二者的基础理论和适用情景存在明显的差别,在实践中不能将企业刑事合规相对不起诉认定为企业出罪。企业出罪是指企业本身并未犯罪。诚如前述,若有因素切断单位意志或者

① 参见刘少军:《企业合规不起诉制度本土化的可能及限度》,载《法学杂志》2021年第1期。

单位成员不能代表单位而阻碍单位犯罪成立的，此时不能认定为单位犯罪，此即为出罪。而企业刑事合规相对不起诉的适用情景为企业已经成立犯罪，而此时检察机关有权决定是否以合规监管的方式给予脱罪的可能。[①]

脱罪、出罪、入罪三者的适用存在显然的差别，其中单位意志是界分三者的重要因素。无单位的组织体意识，单位的主管人员和其他直接责任人员的意志若无法上升为单位意志，则非单位犯罪，企业直接出罪。而企业刑事合规的相对不起诉可分为程序脱罪和实体脱罪。实体脱罪则以《刑法》第 13 条为根据，犯罪“情节显著轻微危害不大”的以微罪的形式实现脱罪；程序脱罪则为企业存在犯罪，但以合规整改的方式获得相对不起诉的机会，而后以接受合规监管的方式实现脱罪。入罪的前提条件为单位意志的组织体犯罪，并包含两个方面：犯罪过于严重无法适用企业合规监管计划和适用合规监管但是并未达到相应的要求。我国企业刑事合规的不起诉为相对不起诉，亦可称为暂缓起诉，并非绝对不起诉。因此，若是存在入罪的情形时，企业仍然应当承担单位犯罪的刑罚责任。

三者区分的厘清不仅仅是法律概念的划分，更是司法实践适用的分类，也是实体和程序双向结合适用的前提。脱罪所包含的实体脱罪和程序脱罪需要检察机关在制度具体适用中明确相关的步骤，即先在实体上认定是否犯罪，并且是否有“但书”脱罪的情形；在构成实体犯罪的基础上，再进一步明确能否适用企业刑事合规的监管计划，实现程序脱罪的可能。

四、结论

近年来，在实现国家治理体系和治理能力现代化发展以及建设社会主义法治化国家的宏伟蓝图下，企业刑事合规制度作为减弱企业和其成员在生产经营中刑事风险的重要制度正越来越受到重视。我国自 2020 年开展试点工作以来，企业刑事合规制度的构建取得了较大的进步，但作为一项复杂的系统性、动态性工程，无疑在使用上还存在诸多的问题和误区。大范围适用企业刑事合规相对不起诉制度不仅偏离制度设立的初衷和逻辑，更违背刑诉法的基本原则。同时，在我国试验过程中，企业合规监管缺乏统一的标准和规则，考察内容和考察期限均无系统的法律可以界定；“双不起诉”制度亦是与英美国家“宽企业、严个人”的逻辑背道而驰，虽有一定的正当性，但在实践中亦会使本应仅由自然人承担的犯罪却由

---

① 参见李本灿：《刑事合规制度的法理根基》，载《东方法学》2021 年第 5 期。

单位承担;企业刑事合规的正当性更是在学界备受质疑,如何构建科学合理的形式合规制度,如何实现企业刑事合规制度的正规化发展。需要以“相对不起诉”为基础激励企业合规,并构建区分单位责任和个人责任的二元路径以及以认罪认罚制度为企业合规制度的前提条件。同时,还需要厘清企业出罪和相对不起诉的界限。于此,才能在确保刑事合规制度切合我国现实环境的基础上,实现合规制度的本土化发展和机制运行的流畅。

民营企业民间融资风险及合规要点

宋杉杉*

习近平总书记在民营企业座谈会中提道：民营经济为中国经济贡献了“五六七八九”，即50%以上的税收、60%以上的国内生产总值、70%以上的技术创新、80%以上的城镇劳动力、90%以上的企业数量。虽然民营企业在经济发展上作出了巨大的贡献，但其在社会地位及资源获取方面仍然与国有企业有着较大的差距。在这些差距中，民营企业最大的困扰就是融资难。对于企业来说，资本高效的流转为企业的发展带来了机遇与活力，因此便捷的融资环境对企业意义非凡。但实践中银行等金融机构的条件较高，民营企业从中贷款的难度较大、资金数量较少。为了缓解资金压力，许多民营企业会选择民间融资的途径。但由于缺少对民间融资的事前监管，加之在刑法适用上的扩张，民间融资面临较大的刑事风险。民营企业在进行民间融资的过程中应防范刑事风险，进行相应的合规建设。

一、民间融资的存在基础

（一）民间融资的概念

按照是否受到政府部门的严格监管，可以把金融分为两类，一类为正规金融，其经营主体是国家认可的金融机构，其运行受到政府部门的严格监管①；另一类是非正规金融，其形式灵活，在政府部门的监管之外。民间融资通常被认为是非正规金融的下位概念，世界银行把尚未被纳入银行等相关监管机构管控体系之下

---

* 三亚学院法学院。

① 李有星、张传业：《民间融资的含义、类型及其法律特征》，载《山西青年管理干部学院学报》2011年第3期。

的金融活动称为民间金融。[①]

(二)民间融资的特点

1. 手续简便、方式多样

因为不需要政府管理部门的监管及审批,民间融资多以资金供需双方的协商为基础,手续简便、门槛低,且融资方式也更加多样。

2. 高利率、高风险

企业选择民间融资,往往是因为无法通过正规金融途径获得资金。民间融资愿意出借资金,也是为了谋取高于正规金融机构的利息回报。借款的高回报率以及手续的不受监管性也从侧面反映了民间融资活动中存在的高风险,资本具有追逐利益的本质,融资者向借款方许诺的高回报意味着投资的高风险,它实际的利率要远远高于正规金融的贷款利率。[②]

(三)民营企业融资的客观需求

正规融资很重视信用等级与财产担保,而民营企业中的中小企业较多,信用等级较低,且许多企业不能提供足额的担保财产,银行等正规金融机构出于风险防控的考虑,很多会拒绝这类民营企业的融资请求。据不完全统计,在银行业目前贷款中,民营企业的贷款只占到25%,这与民营企业在经济中的贡献及其在现实中的资金需求不相匹配。[③]

(四)民间资本的投资需求

随着经济的发展,民众的收入不断增加,用投资手段使资产保值、增值,成为民众的合理需求。受政策的限制及影响,大量的民间资金,投资渠道较少,而银行存款利率的降低,使民间资本需要寻找更加多样的投资渠道,民间融资刚好符合其投资需求。在当前,民间金融是正规金融的一个有效补充。[④]

---

① 陈蓉:《“三农”可持续发展的融资拓展:民间金融的法制化与监管框架的构建》,法律出版社2010年版。

② 高凛:《论我国民间融资的法律规制》,载《江南大学学报(人文社会科学版)》2013年第6期。

③ 参见郭树清:《千方百计构建银企命运共同体(支持民营企业在行动)》,载《人民日报》2018年11月9日,第2版。

④ 参见徐伟、郭为:《民间金融与省际经济增长》,载《上海经济研究》2004年第5期。

二、民营企业民间融资的刑事风险

(一)民间融资与非法集资

我国现有的刑法体系中非法集资罪并不是一个独立的罪名,其是融资类犯罪的一种统称,具体到我国刑法中其非法集资主要涉及吸收公众存款罪,集资诈骗罪,擅自发行股票、公司、企业债券罪,非法经营罪,组织和领导传销活动罪等。[①]非法集资类犯罪一般具有人员多、范围广的特点。因此其不但侵害到了金融管理秩序,一旦其崩盘,会涉及众多的投资参与者,从而引发集体上访等群体性事件,给社会稳定工作带来压力,因此我国对于非法集资类犯罪严厉打击。

民间融资中,资金的供需双方经常处于信息的不对等状态,且其隐蔽性、高利性、传播性、分散性等特征,使其刑事风险更加增强。因此民间融资一方面解决了民营企业的融资难题、为经济发展带来动力;另一方面也容易引发欺诈与犯罪,破坏金融管理秩序,影响社会安定。

(二)民营企业涉罪情况

随着民营企业的发展及数量的增加,其对资金的需求也越发迫切,而融资难的问题也越发凸显。由于民营企业较难通过银行等传统的融资渠道融资,许多民营企业转向民间借贷、众筹等多样性的民间融资途径进行融资。由于这些融资形式缺乏事前的监管以及具备隐蔽性、广泛性、高利性等特点,但发生大量资金不能归还时,经常会影响到经济的稳定。这种情况下,就很有可能以刑事责任来作为解决方式。据统计,在2014~2018年,民营企业涉及罪名最多的是非法吸收公众存款罪(达到27%)。[②]

《2016中国企业家刑事风险分析报告》显示在民营企业融资类犯罪中,非法吸收公众存款罪占比61.8%,《2017中国企业家刑事风险分析报告》显示在民营企业融资类犯罪中,非法吸收公众存款罪占比70.2%。《2019—2020企业家刑事风险分析报告》中指出,"非法吸收公众存款罪是企业家最易触犯的罪名,与民营企业家触犯该罪的数量较大有关,多发于民营企业的融资活动中"。

---

① 参见刘为波:《〈关于审理非法集资刑事案件具体应用法律若干问题的解释〉的理解与适用》,载《人民司法》2011年第5期。

② 张远煌:《企业家刑事风险分析报告(2014-2018)》,载《河南警察学院学报》2019年第4期。

从我国的司法实务现状来看，非法吸收公众存款罪在进行扩张，一定意义上其已经成为针对非法集资的“口袋罪”罪名。该罪名适用中的扩张，会加大民营企业民间融资的刑事风险，刑事责任往往涉及企业的生死存亡，过分地干预经济会影响到民营企业的活力。为了防范刑事风险，就必须了解实务中对该罪名的判定标准。

（三）高刑事风险的原因

1. 金融规范的保守性与融资便捷性需求的冲突

我国的金融管理体系相对保守，其更加注重金融的安全，社会的稳定；而民营企业的经营需要资金的快速流动，其需求融资的方便、快捷，民间资本也需要有更加多样的投资形态。体制的保守与经济的创新之间存在一定的矛盾冲突。刑法应当发挥其谦抑性，既要保护稳定的金融秩序，也不能过分地插手经济生活。刑法不应为寻求资本风险的最小化而将所有具有社会风险的金融创新形式纳入刑法规制范畴，抑制金融流通，更不应该将杜绝风险作为刑法规制的终极目标。①

2. 重事后惩罚、缺事前监管

民间融资一般是在金融管理制度的监管之外的，其结合经济的发展、社会的需求、金融的创新会出现多种新型形态。除民间借贷外，还有互联网金融、众筹、融资租赁、股权融资、委托理财等多种形态。对于这些新型的融资方式，欠缺明确的法律规定，民营企业家基于商业认知进行尝试，有可能要背负惨重的刑事后果。

3. 不明确的定罪标准

虽然法律上规定了非法吸收公众存款罪，但在实践适用中如何界定融资是合法还是“非法”缺少客观的标准。此外，由于我国更加注重金融秩序的安全的稳定，所以出现资金链断裂、可能影响金融秩序的情形时，更加容易对融资方适用非法吸收公众存款罪这一“口袋罪”。

三、高发罪名——非法吸收公众存款罪的适用解析

为了规范适用非法集资类犯罪，我国分别于 2010 年、2011 年、2014 年及 2019 年出台了 4 部相关的司法解释。根据司法解释，非法吸收公众存款罪是指“非法吸收公众存款或变相吸收公众存款”的行为，构成该罪应当具备以下特征：

---

① 劳东燕：《公共政策与风险社会的刑法》，载《中国社会科学》2007 年第 3 期。

(1)“非法性”,即未经有权管理部门批准或者借用合法经营的形式吸收资金;(2)公开性,包括以各种形式向公众传播其吸收资金的信息;(3)利诱性,即承诺在一定期限内以货币、实物、股权等方式还本付息或者给付回报;(4)公众性,向社会公众即社会不特定对象吸收资金。其中在适用中较难把握的是“非法性”“公开性”“公众性”。

(一)非法性

1. 对“法”的界定

从目前的司法解释来看,“非法”是二元的判断标准,其包括未经有权管理机关的批准,也包括借用合法经营的形式吸收资金。因此在判断需不需要经相关部门批准、是不是合法经营时,需要明确所谓“法”的范围。按照目前的解释,其原则上是指国家层面的金融管理法律,也可以参考部门规章。

2. 对“非法”的主观故意

根据刑法主客观相一致的基本原则,构成该罪应要求犯罪主体主观上具有过错,根据目前的司法态度其过错包括“明知”其行为违反法律的禁止性规定,也包括从其客观行为(比如受过相应行政处罚、采取规避侦查的措施、具有相关专业背景等)推定其“明知”。

(二)公开性

作为涉众型犯罪,为了向公众吸收资金,需要将其吸收资金的信息快速、广泛地传播,从而扩大其集资规模,对金融秩序及社会安定产生较大影响。缺少了对公众的传播行为,就很难达到向众多对象吸收资金的目的。根据司法解释,向公众传播信息包括两种模式:一种是采用信息、媒体、传单等多种途径,主动宣传的行为;另一种是明知信息在向公众传播而放任的行为。

(三)公众性

公众性是指集资行为面向社会公众,即向不特定的社会对象吸收资金。公众性特征是该罪与合法的民间借贷的关键区别,如果是向特定的对象借款,即使数额大、人数多,因为双方约定了特定的选择、信息经过了平等的交换,对融资背景有了较充分的了解,即使未能按时归还借款,一般也不能认定构成该罪。为了方便在具体案件适用中,准确界定何为“特定对象”,司法解释将其界定为“亲友”和

“单位内部人员”两类。为了防止变相地规避法律制裁,“两高一部”又进一步将以下两种行为界定为具有“公众性”:第一,在向亲友或者单位内部人员吸收资金的过程中,明知亲友或者单位内部人员向不特定对象吸收资金而予以放任的;第二,以吸收资金为目的,将社会人员吸收为单位内部人员,并向其吸收资金的。

四、民营企业的合规现状

(一)最高人民检察院的积极推进

2020 年 3 月,最高人民检察院启动企业合规改革第一期试点工作,在上海、广东、山东选取了 6 家基层检察院,对民营企业负责人涉经营类犯罪,依法能不捕的不捕、能不诉的不诉、能不判实刑的不判实刑企业合规监管试点工作。督促涉案企业做出合规承诺积极整改落实,减少和预防企业犯罪,实现司法办案政治效果、法律效果、社会效果的有机统一,为企业合规治理提供精准有效的检察助力。2021 年 3 月,企业合规写进了十三届全国人大四次会议《最高人民检察院工作报告》,这一举措再一次体现了检察机关以检察履职助力企业合规管理的政策导向,强化了社会各界对“企业合规激励机制”得以有效落实的信心。2021 年 4 月,最高人民检察院启动第二轮企业合规改革试点,试点范围扩大到北京、浙江等 10 个地区。

(二)民营企业的合规重点

国内民营企业所做的合规工作,大致可以分为三类:第一类是在美国上市的中国民企,这类民企的合规建设,一方面是为了遵守美国《反海外腐败法》(FCPA),另一方面是为了反舞弊。第二类就是大部分民营企业,其合规建设基本上只是为了内部反舞弊,包括调查企业员工的职务侵占、受贿、关联交易、利益冲突等。这些行为直接损害公司利益,不利于公司的长远发展,所以很多民营企业非常重视内部贪污腐败问题。第三类则是在企业涉嫌刑事犯罪时,为了减轻或免除刑事处罚,在检察机关的指导及监督下进行相应的刑事合规。民营企业基于减轻经营成本及法律意识淡薄等原因,在未发生相应刑事案件前,结合自身行为主动进行合规建设的较少,也很少针对融资风险进行专项合规。但反观民营企业涉及的罪名情况,非法集资类罪名却占有最高的比例,因此进行融资风险的合规建设具有现实意义。

五、民间融资刑事风险的合规防范要点

结合前面分析的非法吸收公众存款罪的构成要件及司法实践态度，可以从以下几个方面防范相应的刑事风险。

（一）了解法律，防范“非法性”

非法吸收公众存款罪的核心要素是“非法”，许多民间融资行为因脱离了有关部门的批准及监管而具有刑事风险。民营企业要充分地了解我国金融管理的相关法律法规及部门规章，进而判断其融资行为是否需要符合法律的强制性规定。

（二）规范信息传播，防范“公开性”

在宣传手段上要注意尽量避免采用媒体、传单、短信、网络等方式向不特定的主体传播吸收资金的信息。

（三）告知风险，防范“利诱性”

非法吸收公众存款行为一般都以“保本高利”来吸引公众出资，其不会告知相应的投资风险。因此进行合法的融资，应当向投资者履行风险告知义务与信息披露义务，即应将融资用途等重要信息进行披露，让投资者进行投资风险的预判，且不应故意隐瞒风险、夸大利润。

（四）控制范围，防范“公众性”

非法吸收公众存款罪具有犯罪对象的广泛性、不特定性，因此具有较大的社会危害性。因此尽量将融资对象控制在特定范围内；对单位员工进行融资的，尽量注意一下员工的数量及入职时间等，不能为了融资将不特定对象拉入员工范围。对亲友、单位员工明确告知，融资对象范围的特定性，禁止其向不特定对象进行二次融资。

（五）确保资金用途，刑事责任减免及出罪事由

2022 年 1 月 14 日最高人民法院发布了《关于充分发挥司法职能作用　助力中小微企业发展的指导意见》，指出“严格区分中小微企业正当融资与非法集资”“对于中小微企业非法吸收或者变相吸收公众存款，主要用于正常的生产经营活

动,能够及时清退所吸收资金的,可以免予刑事处罚;情节显著轻微、危害不大的,不作为犯罪处理”。因此,民营企业应当对其筹集的资金使用情况进行完整的记录,并采取严格的财务管理制度,保证资金使用在正常生产生活上。

企业反舞弊合规实务研究

毕学智*

企业反舞弊合规是企业合规不可或缺的组成部分。舞弊行为严重侵蚀着企业的利益,反舞弊合规在舞弊案件查处、防范员工利益冲突、营造廉洁氛围等方面发挥着重要作用。企业反舞弊工作实务性强、难度大,对从业人员要求高。本文从反舞弊合规的概念和功能出发,结合反舞弊调查工作实践,阐述了反舞弊办案的工作流程和部分反舞弊调查技巧。

近几年,企业合规的概念越来越热,相关业务也逐渐成为各律所的“必争之地”。在对企业开展合规过程中,反舞弊合规可视为其中一个重要分支,发现企业正在被舞弊行为侵害利益或存在严重的舞弊风险时,就要坚决消除掉。同时,反舞弊合规也可以作为企业合规的一个重要切口,客户企业对其接受程度会更高。当企业意识到自己正在被舞弊行为侵害利益时,会更有意愿开展相应的合规整改工作。

一、反舞弊合规的基本理念

(一)舞弊的概念

要做好企业反舞弊工作,首先要弄清楚什么是舞弊。根据《中国注册会计师审计准则第 1141 号——财务报表审计中对舞弊的考虑》的定义:舞弊是指被审计单位的管理层、治理层、员工或者第三方使用欺骗手段获取不当或非法利益的故意行为。由此可见,舞弊是具有故意性和欺骗性,以获取不正当利益为目的的违规行为,其主体不限于企业内部员工,也包括第三方、外部人员等。

---

* 上海靖予霖律师事务所企业内控与反舞弊调查部主任。

按照不同标准，舞弊可以分为不同的类型。美国注册舞弊审核师协会（ACFE）按性质将舞弊分成资产滥用、腐败和虚假财务报表三类。其中，资产滥用主要包括盗窃现金、假发票报账、工资单舞弊、伪造支票、侵占非现金资产等；腐败主要包括接受或支付回扣、参与利益冲突的交易、行贿受贿等；虚假财务报表主要包括虚增或虚减资产、负债、所有者权益、收入、费用和利润等。[①]

（二）反舞弊合规的定位

美国注册舞弊审核师协会发布的相关报告指出，舞弊欺诈所造成的损失占到公司年销售收入的5%左右。舞弊不仅给企业带来难以估量的直接经济损失，也会损害企业的公众形象，使客户、投资者、合作商、监管机构等对企业失去信心，反舞弊关乎企业的生死存亡，其紧迫性不言而喻。

企业不同，对反舞弊合规的定位也有所不同。国企的反舞弊是自上而下成体系的，上级纪检、监察部门对下级部门进行指导、监督甚至直接查办案件。而民企更多是自下而上的内生性需求，管理层会根据企业的实际需要成立相应的部门或者设置相关岗位，属于个性化定制，工作开展模式也各不相同。在民企内，反舞弊人员的身份为职业经理人，其目的是保障企业利益最大化，由于调查手段有限，没有强制力做依托，会更考验调查人员的业务能力。总体来看，企业反舞弊合规的定位是通过制度建设、文化宣传、查案办案等方式，降低舞弊损害，为企业挽回损失，营造廉洁氛围，防范舞弊发生。

（三）反舞弊合规的发展现状

企业舞弊问题自20世纪70年代以来受到广泛关注，并日益成为全球性焦点问题。国际上的反舞弊市场主要由四大会计师事务所占据，国内的部分会计师事务所也有相应的部门，随着近几年大量企业内部腐败案件的曝光，企业管理层越来越重视反舞弊合规工作。许多大、中型企业开始设置相应的部门、岗位，或聘请专业的第三方组织协助。但部分中、小型企业的反舞弊需求暂时未能得到满足。究其原因，一方面是由于成本过高，设置相应的部门或岗位会大量增加企业的人力成本，体量较小的企业无法承担；另一方面是由于人才较少，企业尚未形成相应的人才培养机制，会倾向于聘用有案件查办经验的人才，而此类人才整体数量

---

① 林斌、孙岩、陈莹：《中国企业反舞弊调查报告（2019）》，中国财政经济出版社2020年版，第3页。

有限。

截至目前，绝大多数知名企业都成立了自己专门的反舞弊部门，有的与审计部门合并成为审计监察部，有的独立于审计部门之外称为监察部或廉政部等。企业间在反舞弊合作共享方面，也形成了多个联盟组织，规模比较大的有中国企业反舞弊联盟和阳光诚信联盟，各自的会员规模已接近上千家，上市公司数量超过一半，联盟组织通过案件协作、经验分享、“黑名单”共享等方式，提高企业反舞弊能力，增加员工舞弊违规成本，营造廉洁的商业环境。

二、反舞弊合规的主要功能

（一）建设廉洁文化

在企业内建设良好的廉洁文化，是开展反舞弊工作一项重要的功能。主要依靠以下几种手段达到该目的：一是建立完善与企业相匹配的廉政管理制度，主要包括举报制度、反舞弊调查制度、特殊岗位人员申报制度、证人保护制度、供应商和招投标管理制度、员工问责制度等一套较完整的制度体系；二是进行反舞弊培训，包括每年度的全员培训考核，临时性的新人培训和特殊岗位人员培训，还包括对业务人员、财务人员、审计人员提高配合反舞弊能力的培训；三是廉政宣传，可以通过公众号或者网页宣传栏等方式进行日常的廉政宣传，特别是对企业内部舞弊案件及时宣讲，充分发挥警示作用。

（二）防范利益冲突

所谓利益冲突，是指员工在履职过程中，其职务所代表的公司利益、客户利益或投资者利益与其自身的个人利益之间存在冲突，可能损害公司、客户和投资者利益的情形。实践中主要存在以下几种情形：一是员工或其利害关系人与供应商存在关联关系，即企业供应商的实际控制人或股东为本公司员工或者与员工有利益关联的人，容易发生供货质量不达标、价格非公允等侵害企业利益的行为；二是企业员工违反竞业禁止要求，在与企业存在竞争或业务冲突的公司或机构兼职并领取报酬的行为，该行为容易导致企业商业秘密和保密信息被泄露。在反舞弊合规中，需要重视防范员工利益冲突制度的建设，在员工主动申报信息和做出承诺的基础上，再配以日常数据筛查和重点岗位监控，即可有效防范企业员工利益冲突情形的发生。

(三)完善企业ESG合规报告

ESG,即Environment、Social、Governance的简称,是指关注企业的环境、社会、治理三方面绩效,以此评估企业可持续性发展的投资理念。近年来,各国家和地区的交易机构均开始明确要求上市公司披露ESG报告,如何进行ESG信息披露逐渐成为企业关注的焦点问题。ESG合规也成为投资机构和公司主动追求的目标。过去人们往往会关注一家企业的财务报表,以此来评判其优劣以及预测其未来的发展。但我们会发现单纯通过财务数据来衡量一家企业是片面的,而且财务数据存在水分大、易造假的缺点。所以通过ESG报告来全方位评价企业的方式,越来越受到投资者和监管机构的重视。反舞弊合规作为公司治理的一项重要内容,也是ESG合规报告的一项必不可少的组成部分。反舞弊体系的搭建、舞弊案件的查办、廉洁文化的营造都能极大地完善企业的治理能力,从而提高企业ESG合规水平。

(四)深度调查投资项目

很多大型集团企业在项目投资过程中进行尽职调查,即对目标公司的资产和负债情况、经营和财务情况、法律关系以及目标企业所面临的机会与潜在的风险进行的一系列调查。但实践中很多投资项目过了尽职调查仍然会出现大量问题,其严重程度可导致投资血本无归,甚至牵涉刑事风险,因此,常规的尽职调查已经无法满足企业投资并购中排查实质风险的需求。凭借专业的调查能力,企业反舞弊部门能够肩负起对被投企业深度调查这一职能,主要调查内容包括以下几方面:一是在投资过程中对被投企业负责人、关键人员的信用及人格风险进行调查,对项目本身的真实性进行调查,防止项目被虚假夸大或项目本身就是骗局的情况发生;二是对企业内部参与投资的员工和第三方评价机构进行全程监督,防止存在内外勾结损害企业利益的行为;三是在投资完成后,针对被投企业开展常规的巡视巡查工作,针对被投企业高管和员工是否存在侵占、挪用企业财产等问题进行调查,同时协助其构建相应反舞弊机制。

(五)专项调查舞弊个案

针对举报线索进行个案专项反舞弊调查,是反舞弊合规最重要的一项功能。绝大多数企业成立该部门也是为了发挥其查办案件的功能。查办案件是开展其他工作的基础，比如，廉政宣传，一定是本公司自己内部查处的个案更有影响力。相对于制度建设、文化营造、日常监督等常规性工作来说，个案调查更考验反舞弊人员的业务能力，也更有影响力。所谓个案专项反舞弊调查，即对已有的涉及商业贿赂、职务侵占、侵犯商业秘密、关联交易等损害公司利益的具体线索进行调查，通过初查、谈话等过程固定证据、查明案件事实，最终将涉嫌违规的人员进行内部处理，将涉嫌违法的员工移送司法部门处理，“真金白银”地挽回企业经济损失，从而达到保障企业利益的目的。

三、反舞弊办案的基本流程

（一）线索发现

线索发现，是反舞弊办案流程的第一步。实践中，线索发现一般包括以下几个途径：一是审计发现，包括内审发现和外审发现。所谓内审发现，就是企业内设审计部门在日常审计中发现的异常，主要包括采购价格畸高，采购、招投标流程违规等异常交易情况。外审发现，即企业外聘的四大会计师事务所等审计机构对公司关注的某一特定领域进行专项审计后所移交的线索。二是举报发现，包括内部举报和外部举报。内部举报是企业内部知情员工主动检举揭发舞弊线索，举报精准性较强。外部举报则多见于供应商被索贿、排挤或利益受到威胁而引发的举报。三是管理层移交，管理层在日常管理中会有一定的接收反馈的渠道，同时在审核业务过程中也能发现不合理的事件或现象，当管理层发现舞弊线索时会进行交办处理。四是反舞弊部门主动发现，包括对重点部门和分支机构的定期巡视巡查，对企业内部数据的定期筛查，监控外部网络舆情等，并在此过程中发现舞弊线索。

（二）初查

初查，原指检察机关自侦部门在对职务犯罪立案前，对自己发现或受理的控告、举报等案件线索材料进行分析、鉴别，并对该线索进行秘密调查的活动，这一概念可类比适用于反舞弊领域。初查的核心在于信息的收集和研判，一般可以从以下三方面着手：一是对被调查对象的初查，要尽可能多地收集被调查对象的资料，弄清其是一个怎样的人，为后期的内部访谈打基础；二是对业务环节的初查，通过研究案件涉及领域的行业特点、业务情况及部门职能，判断业务风险及“寻租空间”的大小，预估案件走向；三是对案件突破口的初查，在初查过程中调查人员面临的信息可能是海量的，有业务数据、财务数据、流程审批数据等，要通过极强的敏锐性来寻找异常点，最终找到案件的突破口。

（三）内部访谈

内部谈话是反舞弊办案中十分重要的环节，是指反舞弊人员在前期调查的基础上，对涉嫌舞弊的员工或其他知情人员进行谈话，以查清案件事实。在内部访谈前，要做好充分的案件沟通，确保每一个参与谈话的人员了解案情并知晓访谈目的。在梳理前期初查材料的基础上，谈话人员应充分掌握证据材料，做好谈话安排，明确人员分工配合。同时根据案件所涉及的舞弊类型制作谈话提纲，提纲要尽可能全面且具有针对性。内部访谈类似于讯问，虽然不具有人身强制性，但其对抗性也相对较小，谈话空间相对较大，需要讲究方法和谋略。内部访谈的目的之一是从被访谈人处获取信息，填补前期初查中无法获取的信息缺口，目的之二是对涉嫌舞弊的员工进行说服教育，促使其承认错误，交代违法违规行为。

（四）形成调查报告

调查报告是对整个反舞弊办案过程的呈现，也是向上级领导和管理层进行汇报审批的一个主要形式。反舞弊调查报告一般由以下几部分构成：一是案件背景，舞弊线索是通过什么渠道发现的，概括说明调查期间做了哪些工作，简明扼要地把举报和调查情况阐述清楚。二是调查查明的主要事实，该部分是整个调查报告最为关键的部分，需要将调查发现的事实和相关证据充分、清楚地表述出来。如果舞弊行为涉及几部分不同的事实，可以分为多个部分，每部分的第一段做总述，后面分段落详述。三是调查结论和处理建议，在查明事实的基础上，此部分要对查明的事实做出结论，并对涉及舞弊的人员给出处理建议，以供领导层审批。调查结论的出具要审慎，人员处理建议也要有理有据。四是舞弊原因和管理建议，该部门是对整个调查报告的升华，需要认真查找舞弊发生原因，寻找企业制度、流程等方面的缺陷，提出切实可行的整改建议，并在后期督促落实，以达到治本的目的。

（五）结案处理

反舞弊办案流程的最后一步是结案处理，结案处理就是依据调查报告对相关人员做出最终处理。结案处理结果可以分为两种：一是移送司法机关处理，即对涉嫌犯罪的员工，在管理层权衡后决定追究其刑事责任的情况下，向司法机关提出控告，将案件推进至刑事程序。移送司法处理进程是不可逆的，只要成功启动就不可能随意中断，在公权力的介入下，案件会被进一步查清楚，涉案人员也会依法受到刑事处罚。二是企业内部处理，即对不符合移送司法条件的案件，或经管理层权衡后不宜移送司法处理的案件，则进行内部惩戒。惩戒方式包括但不限于责令退赔损失、开除、劝退、记大过、不发奖金、降职降薪、调整岗位、记入企业或联盟"黑名单"等。

四、反舞弊调查技巧

（一）线索价值识别技巧

识别线索的价值，是调查工作的第一步，准确判断线索价值，以及在此基础上确定调查方向，是反舞弊调查的首要技巧。可结合以下几方面判断：

1. 看业务类型

舞弊线索涉及的是什么行业领域，处于哪个业务环节，是判断线索价值的一个重要依据。首先要分析线索涉及的业务类型是否为高风险，因为不同行业各自的风险领域不一样，比如，房地产行业需重点关注工程和房产销售领域，互联网行业则需重点关注商务拓展、运营领域，而采购、销售等业务环节天然具有较高的舞弊风险。线索涉及高风险业务时，要格外重视。

2. 看涉案人员

实施舞弊行为的主体同样是我们关注的重点。涉案人员的任职情况及相应的职权大小，权力行使是否受到有效制约，以判断其"权力寻租"空间大小。同时要关注其是否在特定敏感岗位任职过长，如果是，则极可能发生舞弊行为。还可多方面打听一下涉案人员平时在工作和生活中的口碑如何，有无不良嗜好，消费是否反常等。

3. 看中间环节

所谓中间环节，就是业务过程的居间环节或桥梁，比较常见的中间环节形式有代理商、渠道商等。对线索中存在设置中间环节的情况一定要特别重视，要审查中间环节存在的必要性，比如，佣金、咨询费、顾问费的支出是否合理，业务是否真实存在，中间环节的引入流程是否符合规定等。业务过程中虚设中间环节套取利益则可能涉嫌职务侵占罪。

4. 看供求关系

看供求关系，即通过对企业在供求关系中的位置来判断价格和员工行为的合理性。比如,企业作为卖方,销售的产品或提供的服务供不应求,相应的价格就不会太低,且不需要大力推广,如果线索显示存在降价销售的行为,或者支出大量推广费用,则存在较大舞弊风险。同样的道理,如果企业作为买方,购买的产品或服务有大量供应商,则正常的采购价格应符合市场定价,如果线索显示采购价格过高或质量不合格,则要引起重视。

5. 看已有案例

近些年来,各行各业的反舞弊工作已经积累了丰富的经验,也产生了很多案例,基本可以涵盖所有类型舞弊易发生的环节。所以在判断一个线索是否有调查价值时,先研究一下相同行业或类似行业内有没有类似的舞弊行为已被查处,如能找到相近案例,则说明类似舞弊行为在行业内比较常见。通过深入研究已有案例的舞弊作案手法,可指导现有线索的调查方向。

(二)案件初查技巧

1. 文件审核技巧

(1)招投标文件审核。招投标是业务的源头,也是最容易产生舞弊的环节。招投标过程中极易出现围标、串标的情况,审核中要重点关注以下疑点:多份投标文件中出现的错误一致;不同投标文件有一模一样的照片、表格;不同投标人的投标文件是同一制作人或保存人;不同投标人使用了同一来源的投标保函;一家投标人的投标文件中出现了其他投标人的投标材料或公章等。

(2)证照资质审核。反舞弊调查中要重视对供应商证照资质的审核,虚假的证照资质极易导致产品、工程质量不达标,给企业造成损失。在调查过程中对证照资质真假有怀疑的,可根据证照的颁发机构咨询官方信息,也可向供应商、客户进行验证。重点关注以下几点:文件中有修改、P 图的痕迹,文件中存在错别字、漏字的情况,签发单位名称、印章、标志异常,资质材料内容过于简单等。

(3)合同文件审核。合同作为交易的基础性文件,大量舞弊行为是通过合同造假完成的,在反舞弊调查中要重视对合同文件的审核。在合同签订阶段要审核合同的必要性、合同内容的合法性、合同流程审批的合规性、合同条款用词的规范性等;在合同履行阶段要审核是否存在代履行、私自分包,合同履行内容是否符合约定,合同违约是否按规定索赔等;涉及合同变更要审核变更原因是否合理,变更内容是否为实质变更,变更过程是否经过双方协商讨论,合同变更条款是否真实完整等。①

2. 内部数据分析技巧

(1)人事数据分析。人事数据是指企业掌握的员工入职时提供或任职期间按要求申报的个人相关信息。包括员工的基本信息、工作经历、联系方式,也可能包括其近亲属、紧急联系人信息等。在有确切线索涉及特定员工时,对人事数据的分析要尽可能详细,并进行拓展,全面、生动刻画涉案员工形象。如果是常规检查,则可重点关注员工本人或关联人的姓名和联系方式,通过数据“碰撞”重点调查是否存在利益冲突。

(2)OA 流程数据分析。OA 流程数据是对整个业务流程的记录,包括业务涉及的事项、文件和所有审批节点,会有确切的时间显示。从业务维度分析,将涉及舞弊的业务流程数据全部调取后,可还原出当时的业务开展和审批情况,进一步确定涉案人员;从人员维度分析,对已经纳入调查视线的员工,调取其所有业务流程数据,进一步查找其他舞弊问题。比如,出差流程内的出差目的地与机票信息不符,业务招待流程内的招待事项与实际餐饮报销信息不符,均可成为案件的突破口。

(3)财务数据分析。舞弊行为一般会涉及资金流动,调查过程中要重视对财务数据的分析。拿到财务数据后,可以对同类部门进行相同时间段的横向比较,也可以对同一部门进行不同时间段的纵向比较,如果发现收入过少或支出过多等财务数据异常情况,则需重点关注。另外,要关注员工报销情况,如果员工存在虚开发票被税务机关通报的情况,可对涉及人员和业务进行扩展调查。

(4)招投标数据分析。招投标数据分析是指对招投标系统存在的数据异常予以分析判断。信息系统建设比较完善的企业会有一套独立的招投标系统,从招投标最初的公告、邀标、投标,到后期的评标、定标,都能以数据的形式全面体现在招投标系统中。比较常见的异常预警主要有投标企业 IP 地址雷同、投标企业重复率过高、入围资质审核不严格、不同投标单位标书混同等。

3. 互联网信息利用技巧

(1)利用搜索引擎。使用搜索引擎对对公开信息进行检索,在初查过程中常发挥着重要作用,大量基础信息的收集分析和拓展都要依靠搜索引擎。大多数人使用较多的是百度网页搜索功能,也可以使用百度的新闻、贴吧、视频、图片搜索

---

① 胡顺淙:《舞弊审计实务指南》,人民邮电出版社 2021 年版,第 104 - 126 页。

功能。要尽可能多地尝试不同的搜索关键词,包括地址、名字、电话等,多维度排列组合进行搜索。除了百度外,还可以尝试搜狗、微软必应、360 搜索、谷歌、雅虎等搜索引擎。

(2)利用社交网站。针对人员关系的分析,是反舞弊调查的一项重要内容,社交网站、工具是调查人员关系的有效途径。可以利用的社交网站、工具包括微信、支付宝、微博、知乎、豆瓣、百度贴吧、小红书、人人网、脉脉、猎聘、QQ 空间等。调查人员可结合目标人的姓名、昵称、手机号、邮箱号、QQ 号等信息在以上社交网站、工具上进行检索,并与其他关联人进行信息碰撞,寻找关联痕迹,或者伪装与涉案人员取得联系以获取信息。

(3)利用企业信息。舞弊线索涉及供应商、投标公司、客户公司时,对企业信息的调查尤为重要。相关的调查途径包括公司的对外网站、商业查询平台(启信宝、企查查、天眼查)、国家企业信用公示系统、裁判文书网等。比如,通过公司注册时间过短、无社保缴纳记录等信息可以识别出其可能为“空壳公司”,通过公司涉诉信息或风险信息可判断其资质状况等。

4. 其他调查技巧

(1)重视现场调查。现场调查包括企业内部现场调查和企业外部现场调查。企业内部现场调查可以用来确认已经获得的线索,也可以用来拓展线索范围,突击查获舞弊行为。比如,施工工程现场调查能发现物料使用不达标或产品不合格等问题,仓储现场调查可以发现盗窃物资或浪费物资等问题;企业外部现场调查包括公开走访调查和伪装暗访调查。公开走访一般是以企业名义前往相关单位拜访调查,需考虑是否以反舞弊调查人员身份直接与对方接触。伪装暗访是在不让对方知晓自己身份的情况下,对相关单位进行调查,了解情况。可以伪装成潜在客户的身份向对方获取信息,在怀疑对方无实际履行能力或内外勾结、采购价格畸高时,伪装暗访效果会比较明显。

(2)重视电话访问。电话访问相比于现场调查来说更容易伪装,成本更低,是一种十分常用的调查手段。可以通过电话访问获取大量信息,比如,核实供应商的资质是否真实、进行对比询价、咨询专业问题等。另外,电话访问还有一个特别重要的功能是客户回访。当业务涉及渠道商、代理商时,实践中大量存在内部人员销售冒充中介销售的情况,涉嫌职务侵占犯罪。此时进行大量的客户回访是揭露舞弊行为最有效的方法,因为大量客户中必然会有一部分人说实话,舞弊行为就无处遁形。

(3)重视发展内线。反舞弊调查一定不能“闭门造车”,缺乏对业务的深入了解很难准确识别舞弊行为。日常工作中,调查人员需要加强与业务部门人员的沟通联系,业务部门中有很多正直、热心的业务人员,他们对舞弊行为也很痛恨,调查人员可以通过适当的方式把这样的人发展为内线,但过程一定要注意保密,不能给对方造成压力。当然,发展内线一定要得到管理层的支持,最好还能争取到相应的物质奖励,提高业务人员举报舞弊行为的积极性。正所谓堡垒从内部攻破是最容易的,重视发展内线是反舞弊调查的一大“利器”。

(三)内部访谈技巧

1. 把握对象心理

(1)畏惧对抗心理。畏惧对抗心理是被访谈人害怕其舞弊行为被揭露受到惩罚而抗拒谈话,什么都不说或什么都对抗的状态。畏惧对抗是访谈中最为常见的一种心理状态。趋利避害是人的本能,面对舞弊行为可能被揭穿而接受惩罚的后果,大部分被访谈人都会因畏惧而对抗。针对这一心理,可以采取施压的访谈方法,通过施压破除其幻想,也可以采取说服教育的方法,通过为其分析利弊,使其正视现实、放弃对抗。①

(2)侥幸逃避心理。侥幸逃避是指实施了舞弊行为的被访谈人自认为可以逃避罪责的心理状态。造成侥幸心理的原因一般是被访谈人认为其行为手段隐蔽或攻守同盟牢固,其舞弊行为不会被发现或追究。存在这种心态的被访谈人表现多为不正面回答问题,尽力表明自己的清白,企图蒙混过关。针对侥幸逃避心理,访谈的基本方法是“使用证据法”,选择使用有力证据击穿其幻想,会起到良好效果。针对寄希望于攻守同盟或外界帮助的被访谈人,应精准打击其心理支撑。

(3)犹豫观望心理。在实践中,很少有被访谈人愿意主动交代自己的问题,面对访谈会采取犹豫观望的心态来应对。被访谈人会根据谈话人的谈话特点、技巧和证据情况,谨慎应对访谈。既担心对抗受到从重处罚,又担心交代的问题访谈人员并不掌握,害怕自己坦白后受到更严厉的处罚。应对犹豫观望心理,访谈人应想办法让对方意识到其舞弊行为已经全部暴露,另外适时宣讲政策,做出相应承诺,以打消其思想顾虑。②

---

① 王怀旭:《侦查讯问学》,中国人民公安大学出版社2004年版,第197-203页。

② 祝光红:《对不同性格、心理特点的职务犯罪嫌疑人的讯问方法》,载《中国检察官》2010年第4期。

2. 巧用访谈方法

(1)"红脸白脸"访谈法。"红脸白脸"是利用被访谈人的心理反差,以两个访谈人员分别扮演"红脸"和"白脸"的角色,或一个访谈人员同时扮演两个角色,使访谈过程更有节奏,访谈效果更好。在"红脸白脸"访谈法的使用过程中,"白脸"扮演强硬派,在讯问过程中态度强硬,咄咄逼人,给被访谈人以压迫感和恐惧感。"红脸"扮演的是温和派,态度亲和,给被访谈人以亲近感。通过对两个不同风格访谈方式的对比,被访谈人会更倾向于与态度温和的访谈人员交流,相互之间的心理距离会更近。

(2)激将访谈法。激将是使人感情冲动而按刺激信息发出人的意愿行事。俗话说:"请将不如激将。"激将可以用语言,也可以用行为,目的只有一个,就是利用被刺激人的自尊心理或逆反心理,挑起被刺激人的激动情绪,其目的是要让对方按照刺激发出方的意愿行事。访谈中的激将法,就是针对被访谈人思想浅薄、虚荣心强、易爆易怒的性格特征,采取"反弹琵琶"的方法刺激其心理,使其激动,从而失去理智而暴露出真情的一种访谈方法。运用激将法,绝不能让对方看出你的意图,否则就达不到激将的效果了。

(3)暗示访谈法。暗示是指在无对抗的条件下,用某种间接的方式对人的心理和行为产生影响,从而使人按照一定的方式去行动或接受一定的意见、思想。[①]访谈中的暗示法是指访谈人员采用非强制方法及非明确的语言提示,使被访谈人认为如实回答才是最佳选择的一种方法。暗示法可以通过语言的方式进行,还可以通过行为的方式进行。另外,讯问人员还可以利用出示某些与舞弊有关的物品来达到暗示的效果。

(4)合理化访谈法。合理化是指用一种自我能接受的理由来代替自己行为的真实动机或理由。通俗地说,当一个人做了有违社会道德规范或法律的事情时,会感到内疚和焦虑,而人们为了避免这种负面情绪的产生,就会寻找有利于自己的"理由",来为自己的言行辩解,求得心灵的安宁。访谈中也可以运用合理化法,访谈人员说出自己对被访谈人实施舞弊行为的原因或动机的推测,并对其加以美化,使之变得不太令人厌恶或是更容易让人接受,从而给被访谈人提供一个能够在道德上为自己开脱的理由,或尽量减小其罪责感,从而使其在消除或减轻内心自责感的情况下承认自己的舞弊行为。

---

① 赵桂芬:《供述心理与讯问对策解密》,中国人民公安大学出版社 2009 年版,第 194 - 196 页。

3. 规避访谈风险

（1）注意欺骗、威胁、引诱的界限。刑诉法规定不得以欺骗威胁引诱的方法收集证据，但反舞弊访谈需要一定的谈话策略，有些谋略天然带有一定欺骗、引诱的成分。因此访谈一定要把握好欺骗、威胁和引诱界限，防止冤假错案的发生。访谈实践中，应对引诱、欺骗方法的范围做出合理界定，使其与合法访谈策略区分开。其判断标准是，如果所采用的访谈方法会让一个没有实施过舞弊行为的人违心承认，那这种访谈方法就应果断摒弃。

（2）不得侵犯被访谈人的个人隐私。反舞弊访谈不同于审讯，没有国家公权力作保障，在访谈过程中如果侵犯个人隐私，就可能涉嫌违法。访谈过程中不能强制被访谈人提供个人手机、电脑，以及银行流水明细等信息。当然，如果被访谈人为了自证清白主动提供是没有问题的。企业在员工入职时可为其发放办公用的手机、电脑，并签署相应文件告知其设备仅用于办公且公司有权查看，那么即使员工将其用于个人事项，企业也有权查看设备内的数据。

（3）不得限制被访谈人的人身自由。反舞弊访谈是不具有强制力的，正常情况下只能在工作时间对员工进行访谈，如果员工执意要离开或者不接受访谈，访谈人员不能强行扣留、限制其人身自由，否则可能涉嫌非法拘禁。可以采取以下应对方法：一是企业制度明确规定员工有配合调查的义务，并对不配合访谈的员工处以一定的惩罚；二是提前获得涉案员工部门领导和上级领导的支持，必要时让领导出面做思想工作；三是在有明确证据的情况下，如果员工不配合访谈，可告诫其将直接报警交由警方处理，迫使其权衡利弊后配合访谈。

（四）案件处理技巧

1. 移送司法处理与内部处理的权衡

企业内部处理和移送司法处理的证据要求是完全不同的，只要有足够的证据证明有舞弊发生，就可以对涉案员工进行内部处理，处理流程只要经过管理层审批即可。但移送司法处理则需要满足一系列严格的法律和程序要求，相关证据必须证明有犯罪行为发生，后续处理流程也要严格遵守法律规定。企业反舞弊的目的一定是维护企业利益最大化，因此要权衡好如何处理最有利于企业发展。反舞弊人员一定要有职业经理人思维，不能单纯从微观角度考虑案件办理，更要从宏观角度考虑企业发展。案件处理要综合考虑以下几方面因素：一是企业员工被追究刑事责任是否会对企业造成重大不利，比如，某些强监管行业是否会因此受到监管处罚、上市期间企业是否影响企业上市，如果是的话就要慎重选择移送司法处理；二是未达到刑事立案标准的情况下，可考虑舞弊行为是否触犯了其他法律规定，能否适用行政处罚；三是如果通过调查已经初步发现舞弊涉嫌人员较多或金额较大，内部调查已无法满足取证要求，则可借助司法机关的力量进一步查清案件，为企业挽回经济损失。无论案件最终如何处理，在前期舞弊调查期间一定要尽最大努力查处，出手要稳、准、狠，才能为后期案件处理赢得更多主动权。

2. 控告技巧

（1）重视控告材料整理。员工舞弊行为已涉嫌触犯刑法的，在进行移送司法控告时一定要重视控告材料的整理。首先是证据的梳理，要根据所控告的罪名完整地收集相关证据材料，包括主体材料、业务材料、笔录材料等；其次是要撰写专业的报案书，内容包括抬头、报案人情况、被报案人情况、主要涉嫌犯罪事实、报案人诉求、落款、附件等；最后将报案书和相关证据材料编辑好目录装订成册，形成专业的卷宗。

（2）重视罪名与管辖的选择。在实际办理案件时，有时会遇到某种舞弊行为既可能涉嫌职务侵占罪，也可能涉嫌非国家工作人员受贿罪或者其他犯罪，在选择控告罪名和调查取证过程中要尽量考虑职务侵占罪。职务侵占罪一方面对口供的依赖程度较低，另一方面挽回的经济损失会返还企业。在管辖的选择上要考虑管辖地和管辖部门两方面，管辖地要考虑办理案件的便捷性，管辖部门则要考虑案件受理的难易程度，一般情况下经侦难于刑侦，当然还要考虑案件性质的办理难度。

（3）重视与办案单位的有效沟通。司法机关受案难度大，是企业反舞弊的一大痛点。究其原因，除了司法机关本身业务繁忙、证据条件要求高外，企业作为报案人无法与办案单位取得有效沟通也是重要原因之一。有些报案人对案件性质认识不足，对办案机关的受理要求、办案流程知之甚少，沟通起来效率极低，案件自然无法推进。有司法机关工作经历的反舞弊人员会有一定优势，基于之前的工作经验，其与办案部门的沟通思路、方式会更合拍，案件推动也相对更顺利。

3. 内部处理技巧

（1）重视“廉洁协议”的使用。在对舞弊案件进行内部处理时，时常会涉及合作方公司给企业员工好处，侵害企业利益的情况。针对舞弊员工的处理方式很多，但针对参与舞弊的对方公司却缺乏制约手段。可以考虑用“廉洁协议”对涉案合作方公司进行制约。“廉洁协议”是指在业务合作之初就以书面的形式约定各方的行为规范,如对方违反约定向企业员工输送利益或参与其他侵害企业利益的舞弊行为,企业有权根据协议约定向合作方追责,追责方式通常是索赔或扣除违约金等形式。

(2)重视污点记录的作用。由于企业不具有公权力,对内部员工的处理威慑力小,致使某些员工有恃无恐,大不了一走了之。企业反舞弊要发挥更大的震慑力,可以利用标注舞弊员工污点记录的方法。一种途径是企业内部标注,将涉及的舞弊行为及处罚记入员工的人事档案,并在接受背景调查时予以告知招录单位;另一种途径是录入企业联盟“黑名单”,使涉案员工在联盟所有企业的求职被禁止。重视员工污点记录的作用,有助于在内部处理过程中获得更大主动权,也有助于树立反舞弊部门的威信。

(3)重视案件复盘与整改。正所谓“亡羊补牢,未为迟也”。企业查办舞弊案件的最终目的是完善企业的治理机制,在企业内营造不敢腐、不能腐、不想腐的廉洁氛围。因此要重视对案件的整体复盘,查找舞弊案件的发案原因,对症下药,完善企业的相关制度。企业内部处理的案件要特别重视对廉政及管理建议的思考,提出的整改建议一定要贴合实际、切实可行。可尝试从制度、流程、业务、人员、供应商、审核监督等多角度来提出廉政管理建议,经领导层审批同意后,将落实责任分配到部门或个人。并在一定期限后对整改措施落实情况进行监督,最终达到最优办案效果。

企业合规的类型化及其刑事风险防控优化

王超强[*]　武　博[**]

一、引言

企业合规(Corporate Compliance)是现代企业发展的基本纲领,也是我国经济发展到一定阶段后对企业发展质量和企业发展治理现代化的转变关键。企业合规既是国际经济互相竞争、互相借鉴和互相依存的纽带和边界,也是企业在国内健康发展的前提。企业无论是参与国内经济竞争还是参与国际经济竞争,都离不开合规(Compliance)的价值要求,其是企业合作和团队合作都要遵守的基本规则。企业合规已经成为现代企业发展、生存、“走出去”的基本要求,也是企业内在精神和承担社会责任的基本要求。

习近平总书记在党的十九大报告中明确指出:“我国经济已由高速增长阶段转向高质量发展阶段,正处在转变发展方式、优化经济结构、转换增长动力的攻关期,建设现代化经济体系是跨越关口的迫切要求和我国发展的战略目标。必须坚持质量第一、效益优先,以供给侧结构性改革为主线,推动经济发展质量变革、效率变革、动力变革,提高全要素生产率,着力加快建设实体经济、科技创新、现代金融、人力资源协同发展的产业体系,着力构建市场机制有效、微观主体有活力、宏观调控有度的经济体制,不断增强我国经济创新力和竞争力。”

企业合规不仅事关企业自身的发展,也是关涉企业发展方式转型升级、优化企业发展结构、提升企业发展质量变革和构建现代企业制度机制的内核要素,更是关涉企业提升创新力量和提升自身竞争力量的企业文化价值支撑。

---

* 三亚学院法学院应用法学研究所所长,华东政法大学博士后研究人员。

** 法学硕士,上海市徐汇区人民法院法官。

二、企业合规的内涵和外延

（一）企业合规的内涵

1. 企业合规

企业合规在不同部门法领域有不同的内涵，或者说企业合规有狭义概念和广义概念。广义的企业合规，意指某种公司治理方式，主要是指企业为有效防范、识别、应对可能发生的合规风险所建立的一整套公司治理体系。狭义的企业合规，主要关注的是企业对刑事法的合规方向，强调的是企业对刑事风险的防控和处置，这也是国内在讨论企业合规时主要侧重的方面。有学者在其研究后认为，企业合规源于美国，并快速扩展至法国、英国、意大利、澳大利亚等国，现在蔓延到国内。事实上，企业合规的起源和发展，似乎确实如此。

2. 合规意旨

合规的内涵对企业合规而言非常重要，是企业合规的核心和关键。有学者认为，合规是企业用来确保公司人员“不违反适用的规则、条例或规范”所采用的一套流程。从这个认定来看，更侧重的是非刑事法，因为所谓“规则、条例或规范”在概念的内涵上多指民商法、国际法规和惯例。因此，在这种观点看来，合规通常是指通过法规之遵守，主动预防违规风险，即遭受民事制裁、行政处罚以及刑事处罚的风险。

3. 企业合规的范畴

企业合规的范畴，强调的是企业合规的规则范围，即包括民商法、行政法、刑事法、其他国内法、国际法、他国法（国际惯例）。

4. 合规带着被经济侵略的烙印

有学者认为，在阿尔斯通公司和巴黎银行因合规问题被美国司法当局处以巨额罚款的触动下，法国借鉴美国暂缓起诉协议（DPA），引入了公共利益司法协议。公益协议作为起诉替代方案仅适用于特定罪名，以符合“公共利益”作为实质适用标准。公益协议整合了公益罚金、合规计划和被害人赔偿三项制裁措施，检察官与涉事法人签署后由法院批准生效。该制度促使法国刑诉目的实现方式趋于多元、协商型司法进一步融入及法人归责原则转型，在限制他国司法域外适用和执行高额罚金等方面获得了成效。

5. 企业合规的本质

关于企业合规的本质是什么，这是个仁者见仁、智者见智的问题。在本文看来，企业合规的本质在于合规是投入和处罚，具有事前性、自主性、行政性、非刑事性或某种强制性。其一，企业合规是一种投入，这包括人、财、物等基本要素的投入。一个企业合规的发动、宣传、调研、培训和形成，都存在资源的消耗和转换。其二，企业合规要求企业要符合某些或某种法律的改造，在这个意义上，企业合规也是带有鲜明的处罚性质和特征。

6. 合规直接目的

（1）平等保护民营企业，促进企业合规经营。对于保护民营经济、激励企业依法合规经营、增强我国企业国际竞争力具有积极意义。

（2）挽救问题企业，发展国内企业，培育民族企业，接轨跨国企业。为此，中央从政策层面进行了规范和指导，及时提出"六保六稳"中央政策；最高司法机关也就此提出优化刑事司法政策，加强少捕慎诉司法政策，落实认罪认罚制度，从而加强和提升企业合规的积极性和责任效果。

（二）企业合规的外延（并非单纯的法律问题）

1. 国内层面：维护国内经济秩序，打击腐败经济犯罪，增强经济发展的刑事治理

（1）反垄断、反寡头、反腐败。

其一，以美国为例。正如学者所言，19 世纪末 20 世纪初，经历了第二次工业革命的美国一跃成为世界头号工业强国，在这一时期，美国不仅完成了农业文明向工业文明的转型，而且实现了自由资本主义向垄断资本主义的过渡。在经济取得空前繁荣的同时，美国社会也发生了一场深刻变革。由于美国政府实施自由放任的政策，过度依赖市场的自我调节，信奉无为而治，市场出现了"失灵"的状况：经济资源和社会财富迅速集中并垄断在少数寡头手中，经济发展呈现无序和失控状态。这使人们意识到市场不是万能的，对市场不加管束不仅会造成市场垄断，经济资源无法实现有效配置，还会威胁社会公正，加大社会贫富差距，比如，垄断寡头漠视职工权益，食品加工业无视消费者健康，企业贿赂立法机关等。在此背景下，美国政府意图通过积极的政府干预来克服市场的缺陷，具体表现为以国家监管的方式迫使企业约束其行为，以合乎法律规范。

其二，以法国为例。对法国国内法打击法人腐败犯罪不力的反思。法国历来对法人腐败犯罪打击力度疲软，其原因一方面在于腐败行为隐蔽性强而证明困难，特别是针对跨国企业的海外行为；另一方面在于法国法律对法人犯罪的制裁

力度不足。法国道达尔公司因商业贿赂被刑事处罚的案例较为典型,该公司因严重贿赂被判处接近国内法规定上限的罚金刑,却仅有 75 万欧元。这种制裁的乏力与企业从腐败行为中获得的利润以及美国当局因此类犯罪对企业处以创纪录的罚金金额形成了鲜明对比。因此,引入公益协议程序的目的亦是加强法国反腐败斗争的有效性。

(2)引入辩诉交易。

原本成文法国家没有辩诉交易制度,辩诉交易做法和习惯,主要来自各国各地区的传统习惯,但今后这些习惯都应当在法律规定的范围内存在和运行。企业合规制度的出现和实施,是某种辩诉交易的转化,辩诉交易带有一定的必然性和客观性。改良辩诉交易制度,既是改良,也是容忍,体现了谦抑刑法的客观价值,不以人的意志为转移。

2. 国际层面:寻求对他国合规诉讼制度域外管辖的应对或制衡

(1)基于国家安全的考虑。(2)有某种政治考量。(3)可以用来替代或折抵国外处罚,当然,前提是地方已经立法。(4)刻意打压他国高科技企业发展,摧毁他国经济。

3. 国家创收层面

(1)对外:"非常态"国家巨额创收,"抢劫式"掠夺财富。

以法国为例,有学者提出观点认为,法国公益协议的引入源于对国际上法国企业因合规阙如受到巨额制裁的反思。这项程序以刑事司法制度的面目出现,背后却有着深刻的政治和国家安全的考量,远非单纯的法律问题。2014 年发生了两起法国大型跨国企业被迫向美国司法部(DOJ)支付巨额罚金的标志性案件:2014 年 6 月,法国巴黎银行因违反美国"禁止在美国市场经营的公司与某些国家开展业务"的规定,被开出了美国同类事由史上最贵罚单——89.7 亿美元罚金;2014 年 12 月 22 日,法国阿尔斯通公司因被指贿赂外国官员违反美国的《反海外腐败法》(FCPA),经过四年半的调查,最终达成的协议中罚金高达 7.7229 亿美元,这亦是外国企业与美国司法部就商业贿赂事由达成的有史以来金额最大的协议。这两起案件给法国带来了极大的震动,法国认为,这不仅仅是两家公司为他们的违法行为付出了代价,更是法国企业对正在出现的新的全球商业游戏规则不够了解而付出的代价。而这种所谓新的规则创设了一种刑事法律风险——数额庞大到甚至可使企业倒闭的罚金。法国当局认为,本国跨国企业在美国支付如此巨额的罚金既是对法国经济健康的贬低,也是对国家公共财政收入的减损,迫切需要建立合规暂缓起诉程序作为"盾牌"保护本国企业,依据一事不再理或禁止双重危险原则,通过本国司法当局对企业的合规处理来抗辩他国的管辖和制裁。这种抗辩在实践中已有先例,荷兰海洋石油与天然气工程公司(SBM Offshore)在2014年11月12日的新闻稿中宣布,已同意就贿赂外国公职人员的行为向荷兰检察官支付24亿美元罚金,美国司法部因此对其放弃起诉并结案。美国司法部认为,企业所属国的检察官已经在令人满意的条件下制裁涉事企业,无疑更容易作出撤销指控的决定,而这成了法国确立刑事合规制度、引入公益协议的最大动力。因此,公益协议在法国确立的目的是创设一种与美国现行的司法诉辩交易工具相竞争、限制美国法律在国际腐败问题上域外适用的手段。

(2)对内:罚金制度的无限突破,高额公益罚金让违规企业"痛定思痛"。

从功利的角度看,刑事司法程序要以较低的成本保证最高的效率和最优的效果。公益协议被认为是一种传统刑事回应的替代模式,采取起诉便宜主义将刑事回应整合到一般的公共行动管理系统中,是对控辩双方均更为"经济"的诉讼模式。

一方面,对国家而言,公益协议中的制裁比传统刑罚更有利。公益协议中检察官有权提出3种制裁:公共利益罚金,金额可达到法人过去3个财政年度平均年营业额的30%;执行合规计划,旨在确保企业内部建立并实施诸如行为准则、警报系统、风险预防、评估贸易伙伴情况等制度措施;对被害人给予赔偿。此外,涉事企业还需支付与执行制裁相关的第三方评估、鉴定等费用。对国家而言,传统罚金仅为数十万欧元,但公共利益罚金可达到数十亿欧元,给国家财政带来的"创收"不是一个量级。合规计划对涉事法人的改造和预防效果亦明显强于传统刑罚。

另一方面,对于企业而言,公益协议可以将不确定的诉讼风险确定化,亦可规避犯罪给企业带来的标签效应。公益协议的谈判过程给了企业在审判程序的上游评估审判风险的机会,企业可衡量传统刑事回应手段与公益协议之间何者成本更高。而面对被刑事定罪以及漫长诉讼周期对其经济、品牌形象等方面负面影响的风险,涉事企业会倾向于通过谈判控制程序周期和制裁强度这两个决定诉讼成本的关键要素,以将刑事风险变为确定的能够接受的义务。虽然从支付的罚金和相关费用的金额上看,公益协议对企业来说可能会更加"昂贵",但与因犯罪标签效应被排除在国际市场准入之外而带来不可估量的经济损失相比,事实上是一笔"合算的交易"。

总之,无论是对于涉事企业还是对于追诉机关来说,公益协议程序都是更为“经济”的选择。

三、企业合规类型化及其实践意义

根据不同的视角和标准,企业合规可以分为不同类型。

(一)根据各国立法和司法的特色,可分为四类

根据各国企业合规的立法与司法状况,可分为:以美国为代表的刑事激励模式,以英国为代表的独立成罪模式,以意大利为代表的司法审查模式,以法国为代表的强制合规模式。国内带有美国激励机制和法官强制合规的特点。法国在美国暂缓起诉协议制度模式的基础上,经过立法论证和调整,创设了“本土化”的公益协议制度。

其一,关于适用范围,公益协议仅适用于触犯特定罪名的法人犯罪案件。最初创设时仅包括贿赂、洗钱、兜售影响力等腐败领域罪名。2018 年 10 月 23 日第 2018 - 898 号法律将逃税扩充到该程序中。2020 年 12 月 24 日第 2020 - 1672 号法律又将公益协议的范围扩展到环境损害犯罪领域。

其二,关于适用标准,公益协议被认为是起诉的替代方案,由检察官主导适用。进入诉讼程序后,在提起公诉之前,检察官对于符合条件的法人犯罪案件可以随时提议启动公益协议程序。除了检察官依职权启动外,涉事法人的法定代表人或其代理律师也可以主动向检察官申请适用该程序。至于公益协议启动的实质标准,除了最基本的犯罪事实和涉嫌罪名外,检察官也要考虑适用该程序是否符合“公共利益”。

根据法国金融检察院的介绍,所谓符合公共利益,是指适用公益协议可以显著缩短侦查时间,确保对不当行为作出有效和坚决的司法反应,对被害人造成的伤害提供赔偿,并通过制订强有力的企业合规计划来检测违反诚信的罪行以有效预防犯罪、减少累犯。这一解释较为官方,若仅以上述司法效率和预防效果来衡量,符合“公共利益”的法人犯罪案件比比皆是。

事实上,自法国公益协议程序确立以来,法国适用该程序的案件寥寥无几。法国金融检察院 2021 年的报告称,自 2016 年设立以来,法国适用公益协议的案件不少于 14 例。而截至 2021 年 12 月法国反腐败局和司法部网站公布的适用公益协议案件亦仅有 16 例,涉事法人几乎全部是大型跨国企业。从这一适用数量可

见,在法人犯罪中适用公益协议是极端例外的,法国检察官对于是否符合“公共利益”的把握有更为严格的标准。通过考察来看,这种谨慎适用源于法国普遍认为公益协议作为一种特例式的出罪机制,毕竟是对刑法传统定罪判刑模式的颠覆和破坏,大范围适用恐违反刑法平等适用、正当程序等基本原则,这对于具有成文法传统、强调法体系性的法国来说是难以容忍的。因此,只有当传统刑事诉讼模式的适用会导致不成比例的牺牲时,以公益协议替代起诉才是正当的,即适用公益协议给涉事法人出罪可以抵消因放弃刑事追诉而带来的消极作用,是这个程序正当性的基础,也是检察官考量适用公益协议是否符合“公共利益”的实质标准。

法国是大陆法系的主要代表国之一,亦是现代检察制度的发源地,素来秉持的是大陆法系的罪责主义、职权主义和成文法体系。法国于 2016 年通过《萨宾第二法案》引入了企业合规暂缓起诉制度——公共利益司法协议(CJIP,以下简称公益协议)。这个带着美国协商司法制度标签的司法全球化浪潮的产物给法国职权主义刑事诉讼模式带来了一定的冲击,为了能够很好地将这项制度融入刑事诉讼程序中,法国亦对其进行了本土化改造。

借鉴美国的暂缓起诉协议,法国于 2016 年 12 月 9 日以被称为《萨宾第二法案》第 2016 – 1691 号法律第 22 条引入了公益协议。公益协议是检察官与涉及特定罪名的法人之间达成诉讼交易的程序,法人完成协议义务后,检察官将对其不予起诉,该程序事实上确立了法国的刑事合规暂缓起诉制度。随着全球化进程以及美国司法文化的强势渗透,进入 21 世纪以来法国的刑事诉讼程序开始尝试引入带有“诉辩交易”性质的程序。2004 年 3 月 9 日法国出台法案创设了庭前认罪答辩程序(CRPC),允许刑事被追诉人在某些轻罪案件中以认罪为根本前提与检察官进行量刑交易,以获取更轻的刑事制裁。而 2016 年公益协议的引入则被认为是法国对法人开放了更加彻底的“诉辩交易”。因为公益协议的签署不再以涉事法人认罪为前提,并且法人履行约定义务后,检察官将不再对其发起追诉,也不会使法人产生任何犯罪记录。

(二)根据企业合规的内容不同,可分为三类

一是企业行为的民事合规,二是企业行为的行政合规,三是企业行为的刑事合规。

首先,契合行为的民事责任合规,既包括国内民事法的责任合规,也包括国外民事法的责任合规。对于企业发展而言,尤其是出口企业,遵守国内民事法是避

免民事纠纷和民事责任的前提,但企业及其产品出口到国外自然会受到国外民事法的约束。只不过,随着经济全球化及法律全球化的发展和互相借鉴,在民事法律领域各国民事法在大的方向和原则上具有相通性,但在具体规则和交易习惯等方面都有不同,企业走出去自然要对相关领域有所关注和适用。

其次,企业行为的行政责任合规是企业发展的内在要求。行政责任合规是对企业发展过程中行政法规规则遵守性的强制性要求,也是国家行政管理权在企业发展上的体现,这也是在民事范畴之外所覆盖的国家管理因素。加强行政责任管理,有助于企业经营规范化、企业管理规范化和企业文化塑造规范化。假如说企业违反民事责任需要承担民事责任,那么违反行政法规则要承担行政责任,这种责任更加严厉,更加切实影响企业的发展和命脉。

最后,企业行为的刑事责任合规,其实是法律对企业责任的最后一道防线。不过,这道防线不同于民事责任和行政责任,如果企业违反刑事法,并应当承担刑事责任,那么企业本身及其管理人、实际控制人、直接责任人等,都将面临承担刑事责任的风险。为了避免这种极为严厉的后果的发生,企业合规责任除了严格遵守民事法、行政法等法律法规,更要把遵守刑事法放在重要位置。

(三)根据企业生存国别的不同,可分为三类

一是国内法合规,二是国外法合规,三是国际法合规。

这三种责任的划分,主要是基于不同类型的企业对于其企业发展方向的把握和规则管理的制定。首先,企业合规的国内法责任主要是对立足于国内发展的企业而言的,这类企业没有外向经济因素,在规则需求上也不需要考虑国外如何规范和约束。其次,企业合规的国外法责任要求企业针对自身发展的覆盖范围,有选择性或有针对性地符合特定国家的法律法规的要求,这对定向投资、定向贸易或定向服务型企业而言具有直接的指导意义。最后,对于某些特定类型的企业,其发展、服务和产品的销售涉及领域具有不确定性,或者具有特定地域性,在其经营涉及范围内,不仅关涉某些具体国外法,也可能关涉国际法。

四、刑事风险防控优化

(一)优化

随着对企业合规的认识的提升,许多企业已经逐渐建立或不断完善企业合规的规则制度,让企业在合规的轨道上前行。但是,泛化的企业合规模式,对于企业

的发展和风险防控并未起到预期效果。因此，如何进行风险防控的优化，是合规基础上的必备深化。风险防控的优化，要求企业合规规则在原有制度基础上改进或改良，优化的目的是更好地适用规则和运用规则服务企业的发展，以避免发生企业责任，或产生责任时给予豁免或减轻处罚。

（二）优化类型

首先，是关于企业民事商事行为风险控制优化。比如，关于数据合规，知识产权合规，海外投资、收并购合规，海外市场开拓合规等。在民事法领域的合规，相比较而言是基本的合规要求，这方面的企业运营规则的制定、规则遵守的检查、反馈和完善，基本容易短时间内在制度层面完成。这是企业合规在民事法领域的特点，但这不表明完善和优化的简单化，容易性主要是基于民事法律法规的可理解性、可遵守性和可执行性而言，并不是说简单即可完成并执行好。易言之，民事法的符合性是企业合规的基本范畴，对于基本民事法的风险防控优化也是必不可少的。

其次，是企业履行行政义务风险防控优化。企业行政义务风险是较之于企业民事风险更为严格和严厉的一种风险，在民事风险下企业的违法责任是民事责任，主要是经济责任方式。但是，行政风险不仅涉及经济责任，企业将面临行政经济处罚风险，同时还面临其他行政责任处罚的风险。比如停业整顿、吊销企业营业执照、行政拘留有关责任人等具体行政处罚。行政责任牵连着企业经营资格、资质等问题，有些情况下行政处罚的责任将导致企业不能继续从事生产经营，或者企业发展的计划将遭受致命阻碍，例如不再具有上市的可能性等。

最后，是企业涉刑后刑事责任消解优化。企业涉及刑事风险后的责任优化，其出路主要包括获得不起诉优待、解除企业责任而仅仅追究企业人员的个人责任，或通过一定程序取得司法机关优待，仅仅给予经济处罚，只是这种经济处罚带有民事或行政处罚性，而不是刑法意义上的罚金，从而把刑事责任的后果降到最低。

（三）优化路径

首先，合规优化路径主要是通过合规管理体系的构建和完善来完成，包括一是制定合规行为准则，二是制定合规管理制度，三是制定合规管理操作办法。

其次，合规优化路径的具体举措包括：合规管理组织架构和职责规定；合规风险管理办法;合规培训实施细则;合规绩效评价办法;合规咨询、举报、查处和奖励管理办法;子公司建立合规管理机构指南;合规委员会会议制度;集团合规风险管控部门联席会议制度;重大工程项目中标单位约谈制度。

五、企业犯罪构成的质疑和归路

(一)企业犯罪构成的基础理论争议:关于犯罪是什么?

1. 规范违反说与犯罪构成四要件说

在犯罪是什么的问题上,大陆法系、苏俄法系和英美法系都有各自的观点。总体而言,大陆法系倾向于规范违反说,英美法系主张三阶层理论,苏俄法系则主张四要件说。我国传统上,也沿袭了苏俄法系四要件说的观点,但近些年来,三阶层理论和规范违反说也逐渐受到重视和地位得到提升。

这几种观点,在根本上容易发生对犯罪是什么以及怎么处置犯罪的问题。本文认为,规范违反说的缺陷在于容易陷入机械司法的困境,因为行为只要违反了刑事法规定的法律规范,原则上行为人就应当负刑事责任,即便行为人有其他阻却事由,但都是从轻或减免处罚的依据,而不是非犯罪化的事由。同样,四要件说也坚持规范违反说的烙印,很容易陷入机械司法的窠臼。但三阶层理论在这个方面,不容易陷入规范违反说的窠臼,值得学习借鉴。

2. 法益侵害说与犯罪构成三阶层说

无论是英美法系,还是大陆法系,都有主张法益侵害说的观点,这不是二者区分的关键。二者区分的关键在于对犯罪构成的看待。根据三阶层理论,其主要强调以下观点。

(1)构成要件的符合性,犯罪必须符合刑法各本条及其他刑法法规所规定的某种构成要件行为;

(2)构成要件的违法性,是行为违反了法律,或者是为法律所禁止;

(3)构成要件的有责性,能够就符合构成要件的违法行为对行为人进行非难、遣责。

(二)在刑法意义上:法人是不是人?是替代责任还是代表责任?

企业合规制度的发生和发展对法国法人犯罪归责原则产生了冲击,也影响着法人与自然人责任的平衡。

其一,在英美法系中,法人刑事责任为替代责任,其本质是员工为了法人的利益在履职中实施犯罪,法人要承担刑事责任。法人在这个归责模型中是严格责任,并不要求具有整体意思,归责顺序是"从自然人到法人"。这种归责模式必然会导致企业刑事责任的扩大,因此英美通过合规不起诉或暂缓起诉的制度手段,目的就是进行责任切割,将企业从犯罪的泥淖中解脱出来,但由于自然人的不当行为"连累"了企业,故仍要"严惩"自然人。因此,英美刑事合规"切割"法人与自然人责任的功能具有现实的价值基点。

其二,法国刑法中法人犯罪归责模式与英美的替代模式不同,只有在法人机关或其代表为了法人利益实施犯罪行为之时,才能由法人承担刑事责任,法国学界将这一归责模式称为"代表责任"。而在法国法中,法人机关一般是指法人的决策机关,包括董事会和股东大会。法人代表是指根据法律或章程,有权以法人名义行为的自然人,包括总经理、经理、董事会主席、临时管理人或法定管理人。与英美的替代责任中法人会为一般普通雇员的职务行为承担责任相比,法国的代表责任中法人只对其机关或代表的行为承担刑事责任,责任范围缩小很多。

法国模式中,法人亦不是严格责任,而是通过"法人代表的过错"来判断"法人过错"。在法国法人归责模式中,法人责任与自然人责任"切割"的空间并不大。公益协议在制度设计中,依然借鉴了"放过企业,不放过自然人"的模式。根据《法国刑事诉讼法》第41－1－2条和第180－2条的规定,公益协议程序将自然人排除到范围之外,自然人的责任不受该程序影响。这给法国实体法上原有的归责机制和刑法面前人人平等原则带来较大冲击。基于此,法国学者也开始反思原有的法人归责原则,同时实务中亦采取庭前认罪答辩程序的手段配合公益协议,以尽量平衡企业与个人的责任。

(三)合规承诺或整改协议的撤回问题

1.企业的相对自主权和决定权

如果合规承诺或企业合规整改协议可以撤回,那么,这就表明司法机关给予了企业更加自由的自主决定权。原本,大陆法系中司法的行为和效率是不可协商的,但当代法治理念则认为合规承诺或整改协议的撤回出现,是符合现代企业制度建立和实施的客观规律的。

2.刑事性司法的可协商性获得提升和发展

上述情形也表明,撤回权从民事领域被借鉴到刑事领域,是司法权的某些让步,是法治现代化理念的提升,是刑事法治的进一步发展。如果说,撤回是绝对不可撤销的,或者说承诺的撤回就不具有协商属性。但如此固执的做法,显然不合时宜,不符合有关公众的合法权益的使用和辩解。

3. 法院裁定效力的变动和变通

对于审查认为符合适用公益协议条件的案件,检察官将正式启动该程序,由检察官办公室提出协议中法人义务条款的具体意见,特别是公共利益罚金的支付,在涉事法人接受后达成协议。随后协议将被提交给法官,法官可以召开听证会,对涉事法人和被害人进行听证,必要时由律师提供协助。在听证会结束时,法官通过审查诉诸此程序的优点、合规计划进展的规律性、罚金金额的合理性等方面来决定是否批准。法院批准的决定将通知涉事法人,并在有被害人的情况下通知被害人。批准的决定并非判决,因此涉事法人不得对其提出上诉。但涉事法人可自生效之日起 10 日内行使撤回权,一旦撤回则协议失效,法院不予批准或涉事法人撤回的情况下,检察院将必须组织证据对涉事法人提起公诉。如批准后逾期未撤回,则协议生效。值得注意的是,此过程中法院只能决定批准与否,并无权修改协议内容。批准令不会导致定罪,也不具有判决的性质和效果。法人履行协议后,涉案违法行为的刑事追诉将归于消灭,法人将不会产生任何犯罪记录。

(四)刑事制裁方式的柔性转变:公共利益罚金和合规义务履行

实体上,刑事制裁不再由刑罚构成,而是采用了公共利益罚金和合规义务的方式。程序上,刑法的实现无须诉诸法典规定的程序规范性要求,无须宣判或承认有罪,也无须在犯罪记录中登记处罚。公益协议的逻辑是鼓励程序参与者充当“理性”的经济人,理智地评估普通刑事程序的风险成本。法国学者对这一冲击描述为,这一程序与传统的刑事追诉精神相去甚远。任何道德或报复的想法在这里都被搁置一旁。检方不再行使社会秩序的守护者或刑事公共秩序的维护职能。刑事追诉成为经济计算的工具,其目的不仅在于提高实现刑法的成本/收益比的效率,而且还在于施加预防其重蹈覆辙的义务。

(五)罚金额度合理性问题

在国外,有的国家,比如法国公益罚金裁量分为加重因素与减轻因素,并且划分极为细致、科学、合理和规范。而在国内,罚金制度往往比较保守和欠缺开放性。一方面,关于罚金额度的合理性,国内刑事法关于罚金的规定一般限于行为人违法所得的 1 倍至 5 倍,其上限往往限制过低,有些时候难以达到罚金制度的惩罚目的和教育目的。从这方面来看,罚金规则应当适当放宽,在这个层面上可以借鉴法国等国家的实践做法。另一方面,关于罚金制度的比照或参照对象,当前国内法显现出明显的保守倾向。罚金的参照或比照对象,不宜只局限于被调查企业,而可以置于地区或国际法实施领域的案例,这也可以说是罚金制度的国际接轨问题。

刑事合规启动条件的维度思考

贾铭轩[*]　臧梅林[**]

一、问题的提出

企业合规并不是一个新概念,合规计划被誉为是在企业犯罪预防中有效而切实可行的对策。[①] 作为一种新型的公司治理方式,企业合规是一种以避免合规风险为导向,针对违法犯罪行为进行事先防范、事中监控和事后补救的管理机制。[②]

早在20世纪60年代,美国的大企业就自发地开展了企业合规活动。从我国来看,2008年财政部等多部门发布了《企业内部控制基本规范》,可以说是开启了我国“企业合规元年”。因此,企业合规这个概念不能说是一个很新的概念,但是,刑事领域的企业合规在我国方兴未艾。目前来说,我国的刑事合规从宽制度还是处于刚刚兴起的状态,各种模式都在试点当中,其中一个很重要的方面就是到底对于什么样的企业、什么样的涉嫌犯罪情况可以启动刑事合规程序,这关系到这项制度到底能不能真正有效地发挥其应有的作用。

(一)刑事合规的基础

从刑事合规从宽制度设置的初衷来看,是为了保护企业使企业能够在法律的限度内最小地受到刑事案件的影响。合规的核心是组织性的应对方法,其特质在于,“它作为一种新的额外规则,位于法定刑事可罚性风险的前置领域,旨在避免

---

* 上海靖予霖律师事务所。

** 江苏省东海县人民检察院。

① [日]川崎友巳:《合规管理制度的产生与发展》,李世阳译,载李本灿编译:《合规与刑法:全球视野的考察》,中国政法大学出版社2018年版,第4页。

② 陈瑞华:《刑事诉讼的合规激励模式》,载《中国法学》2020年第6期。

刑事责任”[①]。从现代经济社会发展的变化和规律来看，整体社会的经济活动越来越复杂，面对经济活动的刑法规制也越来越具体，覆盖面也更加广泛。由此，企业在经济活动中涉及刑事犯罪可能性也越来越高。在此情况下，如果仅仅追求对犯罪行为和责任主体的事后惩戒，不利于弥补因犯罪行为已经产生的法益损害，对于接续犯罪的预防也并无益处。建立刑事合规模式的意义在于，一方面通过对既往犯罪的调查分析发现企业的漏洞，进而对企业的内部控制模式和流程进行规范和监管；另一方面对企业和相关责任人员从宽处罚，从而保护企业的正常经营。如此可以更好地保护企业的发展，同时也可以通过案件帮助企业建立内部合规体系，从而使企业获得更加良性的发展，在市场竞争中发挥制度优势。

额外要提一句的是，在目前中国企业规模不断扩大，“走出去”，参与国际竞争也成为这些企业在达到一定规模后的诉求之一。在很多发达国家已经建立了比较成熟的合规体系的情况下，推动刑事合规制度的建设，为企业建立起内控合规体系，也有利于企业“走出去”参与国际市场的竞争。因此，刑事合规制度的探索、建立和完善尤其具有必要性和紧迫性。

（二）刑事合规的实践状况

从该类制度建立的时间来看，域外有一些国家建立类似制度的时间比较早，讨论比较多的是美国和法国。最早涉及刑事合规领域的是美国，在 20 世纪 90 年代，因为美国当局加强了对海外腐败行为的查处，各大公司为了避免刑事案件影响商誉和公司经营，逐步开始了对企业内部进行管控和相关法律风险的防范，以期公司的行为能够符合法律的要求，降低商业腐败行为发生的可能性。为了平衡国内企业和国际企业的竞争力，美国政府也积极推动国际组织和贸易伙伴制定相关的反商业腐败制度，于是，一种旨在推动企业建立合规计划的立法努力逐渐得到加强，企业合规计划开始出现在一些西方国家的法律和国际公约之中。[②] 在此之后，陆续有国家效仿美国，通过建立反商业腐败的法律并引入企业合规机制，先后建立了企业合规机制。因为其反腐败的特性，必然和刑事惩戒不可分割，刑事合规的体系也就自然慢慢建立了。

---

① ［德］弗兰克·萨力格尔：《刑事合规的基本问题》，马寅翔译，载李本灿等编译：《合规与刑法：全球视野的考察》，中国政法大学出版社 2018 年版，第 59 页。

② 陈瑞华：《企业合规制度的三个维度——比较法视野下的分析》，载《比较法研究》2019 年第 3 期。

这些法律所建立的刑事合规体系，从创始之初，往往只着眼于对腐败行为的处理，随着实践的深入，逐渐扩张到了商业活动中的“三反一保”，即反垄断、反欺诈、反不正当竞争以及商业秘密保护等领域。相信随着社会经济的发展，相关领域还会不断扩展。

在责任的分配上，域外的刑事合规从宽通常主要针对企业，对于需要负责的直接责任人和主要负责人来说，通常不会因为企业合规计划的实施而获得宽大处理，这个模式被我国的学者称为“放过企业，严惩责任人”模式。

中国的刑事合规实践还处于试点阶段，与域外不同的是，中国的刑事合规并非由法律推动实践的，而是在借鉴了域外制度经验的基础之上，通过检察机关主导的模式，各刑事合规主体在共同的实践当中不断推动制度和法律建立、完善和健全的。

可能是因为有可以借鉴的域外经验，我国的刑事合规从宽制度在试点的过程中，并没有单纯地把适用范围限制在商业贿赂类型的犯罪中，也不仅仅只涉及上述的“三反一保”类型的案件，而是范围更加广泛，从最高人民检察院通报的典型案例来看，包含了环境污染、虚开增值税专用发票、销售假冒注册商标的商品等诸多种类的案件，可以说只要是市场主体在市场竞争中可能涉及的犯罪，在我国都有适用刑事合规从宽制度的可能性。

另外，就责任的分配来看，从我国进行刑事合规从宽的试点案件中可以明显看出，进行了刑事合规并通过验收的企业，不仅自身获得了从宽处理，案件的主要负责人和直接责任人也都相应地得到了从宽处理，这个处理方式和域外的实践是有较大区别的。

还有，对于启动刑事合规程序的问题，在检察机关主导的刑事合规程序中，我国目前要求检察机关办案需呈报省级人民检察院通过后才可以启动，如果是基层检察机关要申请在某个案件中启动刑事合规程序的话，就会有两次被驳回的可能，从而降低了适用刑事合规从宽制度的可能性；而对于企业自身启动刑事合规内控程序的情况来说，办案机关不一定认可此项合规计划的实施，在辩护的实践中是否能起到作用存在很大的未知性，因此企业自己启动内部的刑事合规程序的积极度也会有所降低。

（三）问题探讨的必要性

刑事合规从宽制度的设计本身是为了保护企业正常的生产经营，是宽严相济刑事政策和保护民营经济的刑事政策的具体体现。而刑事合规从宽制度面临的第一个问题就是如何启动刑事合规程序,其在试点过程中,面临一些问题。第一个是程序的启动需要省级人民检察院批准,第二个是在什么样的条件下可以启动刑事合规程序,也就是启动程序的条件并不十分明晰。第一个问题可以说其存在是为了更加谨慎地适用刑事合规从宽制度,但是第二个问题笔者认为仍然具有较大的探讨空间。这篇文章也想通过几个维度的思考,来探讨一下启动刑事合规程序的条件问题。

二、从启动刑事合规程序的主体维度思考

(一)由检察机关依职权启动模式

从我国的实践来看,企业在涉嫌犯罪后的刑事合规大多数情况下是由检察机关在进行审查起诉工作时启动的。在这种情况下,企业往往已经由侦查机关的侦查,相关的犯罪线索已经较为固定,案情较为清晰,检察机关在审查起诉时能够更准确地发现企业的刑事风险所在。由此能够更加有针对性地直击企业的风险和漏洞,提出相应的合规计划,完善企业的经营管理模式,并尽力在保护企业和惩治犯罪之间寻求平衡。

但与此同时,由检察机关依职权启动的刑事合规程序也面临一些问题。其一,检察机关启动刑事合规程序时企业往往已经实施了犯罪行为,法益的减损已经产生,事后再完美的弥补也无法恢复如初。其二,在一些严重犯罪的情况下,即使通过刑事合规计划的实施,减轻了企业的责任,但是因为犯罪较为严重,企业的生产经营不可避免地会受到影响,亦不能起到很好地保护企业的作用。

另外,从刑事诉讼的程序角度考量,引申而来的一个问题是,在刑事诉讼的过程中,是否依职权启动刑事合规只能由检察机关进行?第一,从现有法律上来看,我国的刑事合规制度还处于试点阶段,并没有明确的法律规定必须由检察机关依职权启动刑事合规,因此在刑事诉讼的其他阶段,由其他机关启动刑事合规在法律上并无障碍。第二,刑事合规从宽制度的设立目的是保护企业正常经营和提高司法效率,从这一目的来看,由刑事诉讼阶段的其他职能机关,比如侦查机关和审判机关启动刑事合规也能够为上述目的服务,甚至某种程度上能够更好地达到上述目的。比如在侦查阶段由侦查机关启动刑事合规,因合规计划的实施,在侦查阶段对相关企业人员,特别是企业实际控制人从宽地采取更为宽缓的刑事强制措施(如变更为取保候审等),会更有利于维护企业的正常生产经营秩序。同时更早

地开展刑事合规计划，也更有利于企业更早地发现生产经营中存在的风险和漏洞，及早弥补缺漏，防止新的犯罪发生，也更有利于对法律秩序的维护。同样地，在审判阶段中，由审判机关依职权启动刑事合规程序也可以有更多的机会保护企业经营秩序，同时也能够保证审判机关独立地行使其审判权。因此，在刑事诉讼阶段将刑事合规从宽制度的启动的全流程覆盖是有利于实现刑事合规从宽制度的设立目的的。在试点完成后的法律修订中，可以逐步地将刑事合规从宽落实到制度中。

（二）风险企业自主启动模式

在日益复杂的经济环境中，面对层出不穷的经济犯罪手段，为了维护市场经济秩序，刑法对于经济犯罪的规制也越来越具体，覆盖面也越来越广泛。在企业的日常生产经营中，难免会触碰到法律的界限，在还未触碰到刑法的红线时，相关制度的漏洞很可能已经产生。因此，企业自主地开展内部合规计划，特别是针对刑事犯罪的合规计划也显得更加具有现实意义。企业主动启动刑事合规计划有其独有的优势，但是也有一些隐忧。

1. 主动启动模式的优势

由风险企业主动启动刑事合规可以视作一种事前的合规，也就是在刑事风险真正出现之前，特别是在进入刑事诉讼程序之前，企业就察觉到自身可能存在的风险，并启动刑事合规计划，完善制度设计和内部控制，形成一套合规体系，以期防止犯罪的发生。这种模式的优势在于，首先，在还未进入刑事诉讼程序之前就启动刑事合规程序，通过对潜在的刑事风险的预防、弥补制度漏洞，防范犯罪行为的发生。这样可以最大限度地阻止企业刑事风险的产生，预防企业陷入刑事案件当中，让企业处在一个相对稳定的生产经营状态下，有助于企业长远的稳定健康发展。其次，由企业主动进行刑事合规，在预防企业陷入刑事案件的同时，也降低了企业犯罪的风险，客观上预防了法益被侵害，这种事前的预防对于法益保护来说，远比事后弥补来得更加有效。最后，从节约司法资源的角度来说，有能力的企业主动启动刑事合规，可以不动用社会的司法资源，间接地提高了司法效率。

2. 主动启动模式的隐忧

企业主动启动刑事合规有其独特的优势，但是从目前来看，也存在一些隐忧。

其一，企业对于刑事风险的发现存在一些先天的劣势。一方面，司法机关在长期的办案过程中，积累了较为丰富的刑事案件侦查、审查的经验，可以更加敏锐地发现企业潜在的刑事风险;同时,司法机关具有刑事案件侦查、审查的职权,受企业利益影响较小,能够更加彻底地发现企业的刑事犯罪线索和存在的刑事风险,从而更加彻底地为企业查漏补缺,堵住未来刑事犯罪的可能。另一方面,企业自身对刑事风险的认知可能并不全面,在真正碰到刑事案件之前对自身潜在的刑事风险往往存在着认识不足的状况,对刑事风险的探知往往需要借助于外部专业人士的力量。暂且不论外部专业人士的水平差异,单就企业来说,很大程度上,企业的盈利能力要比预防刑事风险更为重要,因此在发现刑事风险的层面上,往往会有一些天然的阻碍,且外部专业人士并没有如同司法机关一样的权力去强硬地探知企业潜在的刑事风险,也因此由企业自主启动的刑事合规行动更有可能会出现风险探知不全面、不深入的情况。

其二,目前对于企业自身启动刑事合规的制度激励不足,企业自主启动刑事合规后的前景并不明确。企业刑事合规并非万能"良药",再全面的制度建设也无法完全阻止犯罪的产生,在已经建立了较为完善的刑事合规体系的企业中仍有发生刑事犯罪的可能。在企业面临刑事风险时,现有司法实践中对已经自主启动甚至完成刑事合规计划的企业并没有一个固定的处理模式。有些司法机关会因为企业进行了事前的刑事合规而对企业和相关责任人、企业实际控制人进行更加轻缓的处置,有些则不然。但事实上,笔者认为,对已经开展了事前刑事合规的企业的刑事处罚可以有所轻缓,理由有三。(1)从刑法的犯罪构成上讲,企业进行了事前刑事合规,如果刑事合规计划足以证明企业尽到了从制度上避免发生刑事犯罪的努力的话,可以认为犯罪行为的发生是违背企业的主观故意的。在我国,单位犯罪本身建立在主客观相统一的基础上,即单位犯罪的成立,犯罪行为须体现单位意志。如果单位建立并实施合规制度,意味着相关犯罪的发生是违背单位意志的,单位不具备犯罪故意。[①] 那么也因此对已经开展了恰当的事前刑事合规的企业,司法机关应该采取更宽缓的刑事强制措施和处罚手段,甚至对于企业是不构成犯罪的。(2)从法益保护的角度考虑,事前的刑事合规比事后的刑事合规更能保护法益不受损害,甚至在很多情况下,企业的事前刑事合规已经从制度层面避免了许多原本可能会发生的犯罪行为,因此对进行了恰当的事前刑事合规的企业应当有更宽缓的处罚。(3)从制度设计的目的考虑,刑事合规制度设计的目的在于保护企业和节约司法资源,在企业已经进行了事前刑事合规的情况下,最大限

---

① 孙国祥:《涉案企业合规改革与刑法修正》,载《中国刑事法杂志》2022 年第 3 期。

度地节约了司法资源,避免了司法机关动用司法资源开展刑事合规,同时,对于恰当的事前刑事合规的企业进行宽缓处置也有利于激励还未开展刑事合规行动的企业开展刑事合规,从而形成事前合规的量刑循环,也有利于市场秩序的改善,从而从大环境上保护企业。

综上所述,笔者认为,法律应当在制度层面落实对企业主动启动事前刑事合规的激励制度,另外,对于企业事前刑事合规的内容应当严格把握。

三、从刑事合规的罪名维度思考

刑法中大多数的法定或酌定从轻减轻情节能适用刑法规定的所有罪名,但同刑法规定的其他从轻减轻情节不同,刑事合规的从宽制度所适用的罪名是有一定的范围的。

(一)域外法律对企业刑事合规程序适用的罪名范围

1. 美国的合规计划适用罪名

1977 年,随着经济全球化和跨国商业贸易的不断发展,作为跨国贸易最为活跃的国家,美国国内企业的境外商业腐败行为益发严重,为了严厉惩治这一现象,美国颁布了《反海外腐败法》(FCPA)。该法确立的反腐败条款和会计条款不仅对在海外运营的美国公司产生了较大的法律约束力,还可以适用于外国公司在美国的贿赂行为以及在美国设立分支机构的外国公司的海外贿赂行为。美国联邦司法部对违反该法的行为拥有刑事管辖权。①

随着时代发展,在 20 世纪 90 年代,美国对境外腐败的打击愈来愈严厉,打击查处力度也越来越大,刑事打击对企业的影响不仅限于刑事责任,还会对企业的商业信誉造成严重的损害,从而严重影响企业的生产经营和盈利能力。因此,大型企业开始针对商业腐败行为进行内部法律风险防范工作,慢慢形成了企业合规的模式。

1991 年,美国将《组织量刑指南》编入《联邦量刑指南》第 8 章,确立了合规计划的一般标准,经过后来的修订,该项组织量刑指南所确立的有效合规计划包含以下几项要素:合规标准和程序;监管;与有效道德和合规计划一致的组织机构;

---

① 陈瑞华:《企业合规制度的三个维度——比较法视野下的分析》,载《比较法研究》2019 年第 3 期。

教育与培训;审查与监控;激励与纪律处分机制;违规应对与预防,等等。

21 世纪,既往的制度已经不能完全适应跨国商贸带来的法律挑战,随着一系列的国际组织制定的规则,如 2005 年 4 月巴塞尔银行监管委员会发布的《合规与银行内部合规部门》,2010 年 3 月经济合作与发展组织(OECD)发布的《内部控制、企业道德及合规最佳实践指南》,以及 2014 年国际标准化组织(IOS)发布的《合规管理体系指南》进一步确立了企业合规体系的规范,其适用的罪名范围也逐渐扩大到了反商业贿赂、反不正当竞争、反垄断、反金融欺诈和商业秘密保护等方面。

2. 法国的刑事合规暂缓起诉制度适用罪名

法国的刑事合规暂缓起诉制度起源于 2016 年通过的第 2016 - 1691 号法律(又称《萨宾第二法案》)。该法案缘起于美国处罚法国企业的阿尔斯通案,经过阿尔斯通案的教训,法国一改往常"在法国人们一般不与权力谈判,而是逃避、隐藏或者妥协"[①]的样貌,迫于美国的司法影响力,设计了刑事合规公益协议制度。设计该制度的一个很主要的目的是规避美国的"长臂管辖"从而保护企业。法国于 2016 年 12 月 9 日以《萨宾第二法案》的第 22 条引入了公益协议。公益协议是检察官与涉及特定罪名的法人之间达成诉讼交易的程序,法人完成协议义务后,检察官将对其不予起诉,该程序在事实上确立了法国的刑事合规暂缓起诉制度。[②]

最开始,在《萨宾第二法案》中,刑事合规公益协议仅适用于贿赂、洗钱以及兜售影响力等犯罪。[③] 后在实践中,范围逐渐扩充。2018 年 10 月 23 日,在第2018 - 898 号法律中,法国将逃税罪也纳入了刑事合规公益协议程序当中。之后,2020 年 12 月 24 日所制定的第 2020 - 1672 号法律又将公益协议的范围扩展到环境损害犯罪领域。[④]

(二)我国实践中刑事合规从宽程序涉及的罪名

从 2020 年开始,我国最高人民检察院开始推行刑事合规检察制度试点,到目

---

① Antoine Garapon et Astrid Mignon Colombet, *D'un droit défensif àun droit coopératif : la nécessaire réforme de notre justice pénale des affaires*, Revue internationale de droitéconomique, 2016, vol. xxx, n°2, p. 197 - 215.

② 戎静:《法国刑事合规暂缓起诉制度之缘起、效果及借鉴》,载《比较法研究》2022 年第 3 期。

③ 戎静:《法国刑事合规暂缓起诉制度之缘起、效果及借鉴》,载《比较法研究》2022 年第 3 期。

④ 戎静:《法国刑事合规暂缓起诉制度之缘起、效果及借鉴》,载《比较法研究》2022 年第 3 期。

前为止,由最高人民检察院发布的刑事合规典型案例已经有两批 10 件。典型案例中涉及 9 个罪名,分别是环境污染罪、虚开增值税专用发票罪、对非国家工作人员行贿罪、串通投标罪、假冒注册商标罪、销售假冒注册商标的商品罪、重大责任事故罪、走私普通货物罪以及掩饰、隐瞒犯罪所得罪。除此之外,在日常实践中,笔者还遇到过侵犯公民个人信息罪,伪造公司、企业人民团体印章罪等罪名也运用到刑事合规从宽制度的案例。

可以看出,我国在进行刑事合规检察制度的试点过程中,并没有对罪名做出比较严格的限制,而是综合考虑企业所涉嫌罪行的各个因素来判断是否可以纳入刑事合规从宽制度中。

(三)中外实践差异和合理性探讨

比较了我国实践和国外立法的不同之处,可以看出,我国启动企业刑事合规从宽程序在罪名上更为宽泛,不仅有适用于传统的商业腐败行为的刑事合规,也有企业在经营过程中可能涉及的其他经营风险,比如税务风险、环保风险等。那么造成这个差异的因素为何,存在这样的差异是否合理便成了一个值得探讨的问题。

1. 中外实践存在差异的原因

要探讨差异产生的原因,肯定要从制度设计的初衷说起。

美国的刑事诉讼制度是一种当事人主义的刑事诉讼制度,因此在一个制度形成过程中,不仅有政府管理部门(如司法部)的推动,也有当事人(涉案企业)的作用。在美国一系列制度的形成过程中,一方面,面临着日益严重的跨国商业腐败案件,美国政府部门意识到对于这些商业腐败行为已经到了一个必须要加强管理和打击的时候,因此有了 1977 年《反海外腐败法》的出台;另一方面,随着打击的加强,企业也逐渐意识到,仅仅抓住犯罪行为和事后监管,还不足以保护企业的利益,有必要在问题变得具有灾难性之前识别并解决。[①] 于是,企业便开始自发地进行内部控制和规范建设。在职权部门和当事人的互动中,具有美国特色的企业合规计划和暂缓起诉等一系列制度逐渐形成。这也可以看出,美国的刑事合规体系建立的初衷有二:一是从职权部门的角度考虑,制度设立是为了打击商业腐败;二是从企业的角度考虑,为了保护企业正常经营和维护企业商誉,避免刑事责任带

---

① 李勇:《检察视角下中国刑事合规之构建》,载《国家检察官学院学报》2020 年第 4 期。

来的恶果。

和美国不同，法国的刑事诉讼制度采用的是职权主义的模式，其影响刑事合规制度设立的因素主要来源于职权部门的决策。2014 年，法国两家大型企业分别遭到美国司法部的“长臂管辖”。2014 年 6 月，法国巴黎银行因违反美国“禁止在美国市场经营的公司与某些国家开展业务”的规定，被开出了美国同类事由史上最贵罚单——89.7 亿美元罚金；2014 年 12 月 22 日，法国阿尔斯通公司因被指控贿赂外国官员违反美国的《反海外腐败法》，经过 4 年半的调查，最终达成的协议中罚金高达 7.7229 亿美元，这亦是外国企业与美国司法部就商业贿赂事由达成的有史以来金额最大的协议。[①] 这两起案件产生的震动，让法国职权部门有了深刻的反思。实事求是地讲，这两起案件的发生反映出法国对跨国商业腐败行为的监管、打击不力。从国家安全的角度考量，必须找到对他国“长臂管辖”的制衡方法。刑法上有禁止双重危险的原则，对一个犯罪行为不能多次处罚。从保护法国本国的利益的角度出发，借用邻国荷兰的先例，法国“先下手为强”，通过司法制度的途径，引入公益协议制度，也可称为法国的刑事合规制度。另外，从司法经济的角度考量，刑事程序需要在成本、效率和最终效果之间有所平衡，采用公益协议制度显得更为“经济”。由此可以看出，法国设置刑事合规制度的考量主要有 3 点：一是为了制衡域外的“长臂管辖”，保护国家安全和经济利益；二是对商业腐败行为加大打击力度；三是司法经济因素的推动。

我国在刑事诉讼制度形成过程中，既吸取了职权主义的部分因素，也结合了当事人主义的部分特点，可以说，我国的刑事诉讼制度是一种混合了职权主义和当事人主义的制度。同时受到唯物辩证法的影响，我国在一个新的制度设计的过程中，不仅有职权部门的强力推动，更注重试点工作带来的实践反馈。一项新制度的形成，往往是先有动议，再行试点，最后落实成为成文的法律法规。2020 年 3 月，最高人民检察院在 6 个基层人民检察院部署了刑事合规从宽的试点工作，2021 年又发布了《关于开展企业合规改革试点工作方案》，将试点范围扩大了到 10 个省和直辖市，并且将刑事合规的从宽范围从不起诉拓宽到了不批捕以及提出轻缓的量刑建议。2022 年 4 月 2 日，最高人民检察院又联合全国工商联将刑事合规从宽制度全面推开。和法国类似的是，中国在 2020 年之前也有两家大型企业和责任人在美国被采取了“暂缓起诉”以及高额罚金等处罚。《关于开展企业合规

① 戎静：《法国刑事合规暂缓起诉制度之缘起、效果及借鉴》，载《比较法研究》2022 年第 3 期。

改革试点工作方案》中表述，检察机关开展企业合规改革试点，旨在加大对民营经济的平等保护，更好落实依法不捕、不诉、不提出判实刑量刑建议等司法政策，既给涉案企业以深刻警醒和教育，防范今后可能再发生违法犯罪，也给相关行业企业合规经营提供样板和借鉴。[①] 可以看出，中国设立刑事合规从宽制度的目的主要集中于以下 3 点：一是从政治效果看，要加强平等保护民营经济，维护社会稳定；二是从法律效果看，达到更好地惩治犯罪特别是预防犯罪的效果；三是从社会效果看，保护企业的正常经营，提高社会的经济活力和企业的竞争力。

2. 中外差异的合理性分析

对差异产生的原因有所了解，继而就会产生另一个问题，这些差异的产生是否具有合理性。有些学者认为，中国应当遵循域外的经验和成例，并在《刑法》中设立企业的刑事合规义务。但笔者认为，刑事合规在不同国家产生差异是具有其合理性的。

首先，从责任模式的角度来看，美国的刑事实体法对企业的责任采用了严格责任的模式，刑事合规制度的建立在事实上缓和了严格责任模式下企业责任严苛化的客观效果。[②] 实际上讲，虽然《美国模范刑法典》倡导了主客观相统一原则[③]，但美国在刑事司法的实践中却是利用了暂缓起诉制度以弥补其刑事实体法上激励不足的缺陷，这样的行为就像在已有的建筑上修补所要添加的功能，如二战时期日本海军的扶桑级战列舰的舰桥，由此所造成的结果就是合规计划的激励只会在现有法律的体系下在比较限缩的范围内起到缓和作用，而整体上讲其适用范围则很难扩大。而中国对企业的刑事责任采用的是责任主义原则，即采取主客观相统一的原则，对企业科处刑罚除了要符合构成要件符合性的要求以外，还要求企业有非难可能性。也就是说，我国对于企业的刑事责任追究并不像美国法一样严苛，也就不存在缓和责任严苛化的追求，而是要在司法实践中更好地保护企业的正常经营。在这种模式下，如果完全照搬美国的处置模式，仅对有限的犯罪适用刑事合规从宽制度，就有些舍本逐末的意味，变得只求其形而不晓其义。

其次，从企业规模的角度考虑，法国、美国的企业刑事合规所面对的企业一般

① 参见《最高检下发工作方案依法有序推进企业合规改革试点纵深发展》，载最高人民检察院官网，https://www.spp.gov.cn/xwfbh/wsfbt/202104/t20210408_515148.shtml#1。

② 李本灿：《刑事合规立法的实体法方案》，载《政治与法律》2022 年第 7 期。

③ [美]约书亚·德雷斯勒：《美国刑法精解》（第 4 版），王秀梅等译，北京大学出版社 2009 年版，第 181 页。

是大型企业，大型企业所涉及的刑事风险大多集中在商业贿赂、反垄断、反不正当竞争以及商业秘密保护领域。对于一些其他的风险，大型企业往往有着自己的成熟的内控机制和内部制度约束，很大程度上不需要通过单独的刑事合规计划来预防其犯罪的发生。而中国不仅有大规模的企业，还有更多数量的中小微企业，它们是我国市场经济主体的绝大多数。大多数中小微企业其本身并没有足够的资金和人力成本开展全面的内部合规计划，从而可能会面对更多种类、更为复杂的刑事风险。如果将企业刑事合规从宽制度可以适用的犯罪类型规定得过于限缩，则很多中小微企业在面临刑事诉讼的时候，就没有获得刑事合规从宽的机会了，这样会使得保护民营经济的制度设计目的落空。从功利的角度讲，无法实现设计目的的制度是无用的制度，那么增设企业刑事合规从宽制度反而会造成制度冗余，有害而无益。况且，如果刑事合规从宽制度只能适用于大型企业，那么从公平性上来说，也是不公平的。

最后，从实践的角度讲，由于产业升级和国际产业分工的原因，我国所面临的国际竞争会比法国、美国所遇到的更加激烈。在发达国家，现代化公司治理理念被普遍接受、合规治理被广泛践行。[①] 我国企业合规制度在企业中的接受度较低，促进企业合规的推动对我国企业来说具有重大意义。因此，我国刑事合规从宽制度设计的目的不仅仅是确保我国企业不受外国的刑事制裁，更在于着重激励企业建立起现代管理制度和合规理念从而为处于发展阶段的企业提供更好的制度保障。我国刑事合规从宽制度不仅要修补受损的法益，更要着眼于预防犯罪甚至是通过刑事案件发现问题，倒逼企业建立起更科学的内部管理制度，从而使企业获得更好的发展。而将企业刑事合规从宽制度的适用范围适度扩张有利于实现上述目标。

综上所述，从责任模式的不同、企业规模的不同以及实践所面临的挑战的不同来看，我国刑事合规所涉及的罪名范围广于域外法律的规定是有充分的合理性和必要性的。

四、从企业的特点维度思考

企业刑事合规，特别是由检察机关所主导的企业刑事合规虽然在一定程度上节约了司法资源，但是合规毕竟是一个复杂的体系，企业刑事合规不仅需要企业

① 李本灿：《刑事合规立法的实体法方案》，载《政治与法律》2022 年第 7 期。

和司法机关,还需要引入第三方人员和机构来承担很多工作,比如风险评估、合规计划实施的监督等。就如同破产程序一样,对不同的企业需要适用不同的破产程序,是破产清算还是破产重组都要根据企业的实际情况判断。企业刑事合规也一样,需要对企业的特点进行考量。

(一)企业的规模

一般来说,大型企业的体量大,对社会经济的影响大,而且涉及的就业人数多,对行业的影响力也更大。而中小微型企业则规模较小,单个企业的就业人数较少,对社会经济的影响较小。那么是否可以因此得出结论,即刑事合规从宽制度的启动应该更偏向于大型企业而非中小微型企业?

笔者认为,并非如此。首先,从个体上来看,大型企业确实有着更大的资金量,对行业具有更大的影响力,涉及更多人的就业。但是从我国的实际情况来看,社会经营主体,特别是民营企业中,中小微企业所占据的数量更多。因此,从整体上来看,对涉嫌犯罪的中小微企业适用刑事合规从宽制度具有很重要的意义,对保护民营经济也有极为重要的作用。其次,从公平原则的角度考虑,刑法对大型企业和中小微企业的法律适用应当是平等的,因此,也不应该在刑事合规从宽制度的适用上有所偏废。最后,从制度设立的目的来说,我国的刑事合规制度的设立不仅是为了预防犯罪,保护现在的经济发展,也是为了通过刑事合规制度倒逼企业建立现代科学的管理体系和经营模式,相较于已经成型的大型企业来说,中小微企业因为其规模较小,发展阶段也较为初级,其可塑性更强。刑事合规从宽制度在中小微企业中适用能够使这些企业及时发现自身的管理漏洞和刑事风险,尽早地形成一套科学的管理体系,这样的成本更低,效果更好。综上所述,笔者认为,企业的规模大小不应该成为检察机关启动刑事合规从宽制度的考虑因素。

(二)企业的发展前景

在市场经济的商业竞争环境中,刑事合规不仅仅具有法律上的价值,对企业的生产经营和存续发展也具有相当的价值。同样的,在适用企业合规的层面,不仅仅要考虑公平地适用法律,还应该考虑司法经济因素。特别是司法机关所主导的企业刑事合规体系,还会消耗大量的社会资源。因此,对于企业发展价值的衡量也是在启动该程序时应当重点考量的因素。如果不考虑企业的发展前景,在目前的条件下对所有企业涉嫌犯罪的行为都适用刑事合规从宽制度,则会对司法资源产生拖累，从而很可能会使发展前景不佳的企业占用了过多的合规资源，而有良好发展前景的企业因为资源缺乏得不到刑事合规从宽的机会。综上，笔者认为，对于刑事合规从宽制度的启动应当考量企业的发展前景。一方面，对于司法机关主导启动的刑事合规计划应当着重选择具有更好发展前景的企业优先适用；另一方面，对于发展前景不佳的企业如果已经在刑事诉讼程序开始前就自主启动了事前合规的也应该适用刑事合规从宽制度，而对于还未开展事前合规的企业可以不适用企业刑事合规从宽制度。

(三)企业的产业属性

如同上述的现实问题，由司法机关启动的企业刑事合规计划会占用较多的司法资源和社会资源。在目前司法资源较为紧缺的情况下，司法机关在启动刑事合规程序的时候还应该考量企业的产业属性。我国的刑事司法实践追求的是法律效果、政治效果和社会效果的统一，是要服务于社会发展的。因此，在目前的条件下，启动刑事合规从宽程序也要考虑我国的产业政策。对于涉及产业政策支持重点发展的企业可以优先考虑适用企业刑事合规从宽制度。

五、总结

经过两轮试点，我国部分企业在实践中逐渐形成了有自己特色的刑事合规体系的雏形，但是在启动的条件方面，仍然存在一些标准不明晰、不具体的问题。笔者拟通过启动的主体、适用的罪名以及适用企业的特点 3 个维度来尝试建立在现阶段启动刑事合规从宽程序的条件边界。从启动的主体讲，虽然目前主流的模式是由检察机关主导启动的，但在之后的实践中，不应排斥由其他的司法机关依职权启动刑事合规从宽程序，同时对企业自主启动事前的刑事合规的情况，法律应当有所回应，对这样的现象应当进行激励。从适用的罪名范围来说，应当继续目前实践的做法，不要过多地限制适用的范围，也不要过多地增设企业合规的义务，而是通过激励手段来促进企业进行刑事合规。从适用企业的特点来说，启动刑事合规从宽程序不应该对企业的规模大小有所限制，而应该从企业的发展前景和产业属性加以考量。

企业合规建设中律师参与的价值实现机制

周双虎[*]　臧梅林[**]

企业合规发端于西方司法部门与企业之间的暂缓起诉协议，是西方国家司法机关对于已经触犯了刑法的企业予以保护，给予相关企业一定的期限予以整改，在整改有效的情况下即不再予以起诉的制度。我国的企业合规最早在金融业被提出，2002年中国银行总行设立合规部，之后国内银行业的其他银行都陆续开始合规管理。在此之后，企业合规逐步于金融业扩展至食品药品行业、制造业等众多领域，为此，相应行业也先后研究制定本行业范围之内的一系列合规规范性文件。其中比较突出的是：2020年3月，最高人民检察院尝试性地开展刑事合规不起诉制度机制的试点工作，根据有关标准确定了第一批试点单位，分别是上海市浦东新区检察院、深圳市南山区检察院等6家单位，并先后出台和建立了相应的制度机制。

一、企业合规建设的内涵界分

对于企业合规的内涵阐释进行梳理和分析，有助于有效推进企业合规的建设，具体如下。

（一）企业合规建设的内涵界分

企业合规有3个层面的含义。第一层含义，从字面上看，即“遵守规则”或“遵循法律规定”。无论是怎样的合规体系最终要达到的均是督促企业在经营过程中

---

* 上海市荣业律师事务所。

** 江苏省东海县人民检察院。

遵守法律法规的效果。第二层含义，是从消极方面阐释的，即企业合规是指企业为避免出现违法违规行为，防止或减轻因违法违规而遭受各种损失所建立的公司治理体系，通过建立合规管理体系，企业建立了商业行为规范，为员工确立了行为准则，并建立了合规风险防范体系、风险识别体系和违规行为应对体系。企业合规，在一定程度上发挥了代替政府监管、防范企业及其员工出现违法行为的效果。第三层含义，即建立外部激励机制，这些激励机制主要来自行政法和刑法上的奖励制度，也就是建立合规管理体系，就可以得到行政监管部门的宽大处理，或者受到宽大的刑事处理。以上就是企业合规这一法律制度的基本含义。

(二)企业合规的逻辑思考

1. 合规义务，是企业依法合规经营的基本要求

合规义务包括外部合规规范规定的合规义务(主要源自外法规定和道德规范)和内部合规规范规定的合规义务。以行为方式为标准，合规义务包括积极的合规义务(又称作为义务，主要源自义务性规范，包括强制性规范)和消极的合规义务(又称不作为义务，主要源自禁止性规范)。

2. 合规目的，是防范合规风险，保障企业依法合规经营

合规风险是对合规义务的违反而给企业带来法律责任、经济损失及声誉损失的可能性。违反合规义务，就可能给企业带来合规风险。合规风险中，违反外法规定的合规义务可能导致的法律责任，包括刑事法律责任、行政法律责任和民事法律责任。

3. 合规管理，为了防范合规风险，企业应开展合规风险管理，进而开展合规管理，建立合规管理体系

防范合规风险是合规管理之目的，合规风险管理是合规管理之核心。企业合规与合规管理的逻辑梳理如下：合规，即遵守合规义务；违反合规义务可能导致合规风险；因此须开展以合规风险管理为核心的合规管理，并建立合规管理体系(包括合规管理的组织、制度、运行机制和保障机制)。

(三)企业合规建设的必要性

企业合规管理对企业的经营发展具有重要的意义，在企业的发展管理中，依法经营，按照法律法规合法管理是实现企业可持续发展的关键。我国众多企业在发展战略的制定中，也开始认识到了企业合规管理以及企业风险控制的必要性，进而加强了对企业合规方面的建设，其必要性表现在以下 5 个方面：

第一，企业合规管理有助于增强企业在市场中的竞争性。在经济全球化的发展进程中，企业也需要进一步突破贸易壁垒及贸易保护等机制对企业利益造成的损害，进而在国际竞争中树立有效的合规管理意识，通过合乎规章制度的经营模式适应国际化的企业发展。

第二，企业合规管理有助于提升企业规避风险的能力。一般来说，在企业的发展中易出现违规风险，而良好的合规机制可以有效地进行风险规避。合规管理对企业内部责任制度的落实也有一定推动作用，可以通过企业合规管理明确责任划分，进而培养良好的责任意识。

第三，是企业稳健发展的内在需求。在企业的经营发展中，采取有效的企业合规管理手段，是实现企业稳健发展的内在需求，也是企业规避风险的基础。在企业的实际经营管理中，依照相关的法律法规进行管理工作是法治社会对每一个企业的基本要求，因而在实现企业长期稳定发展的过程中，合规管理是每一个企业都需要重视的内部管理部分，更是企业进一步保障自身利益的有效依托。所以在企业管理中，企业的高层管理人员要更加重视对企业合规管理体系制度的健全。

第四，是规范员工的有效途径。结合企业合规管理在企业经营中起到的作用来看，企业合规在实现企业稳定发展的同时，也是规范企业员工的有效方式之一。在企业内部管理中，构建一个科学合理的企业合规管理体系，可以进一步帮助员工形成合规习惯进而将违规风险降到最低。此外，构建有效的合规文化，并在员工之间普及相关的合规条例也可以进一步帮助员工自觉掌握相关法律规定，进而避免出现违规操作。

第五，是降低决策失误率的重要手段。结合企业合规管理在企业发展中的作用来看，企业合规也可以在企业的发展中规避一些管理层的决策风险。一般来说，在企业的发展过程中，即便很小的决策失误都容易导致企业在管理中出现多米诺骨牌效应，进而导致企业的整体发展受到严重影响，而合规管理则可以通过对管理层人员的合理约束，最大限度地降低管理人员的决策失误率，进而避免企业内部出现严重的决策风险。

因此，在经济全球化背景下，我国亟须探索符合本国国情、具有中国特色的企业合规制度，律师作为其中的重要力量，也能够在企业合规建设中有效发挥一定的促进及保障作用。通过对企业合规建设中律师的价值取向进行分析和论证，进而指出律师在具体实践中存在的问题，并提出律师实现相应价值应当采取的策略，对于法治社会中企业的可持续发展，具有十分重要的理论价值和现实意义。

二、企业合规建设研究的基本样态

企业合规作为一个国内新兴的交叉领域，我国法学理论界与实务界、企业界对此予以广泛关注，并产生了一批重要理论成果。但正如陈瑞华教授指出的，激发企业建立合规管理体系，需要确立激励机制，没有激励机制，企业在建立和推行合规管理体系方面就缺乏基本的动力。① 在今后企业合规立法中如何建立激励机制，事关企业合规制度在中国的生根发芽，目前还有一系列问题亟待解决。

首先，企业引入合规的路径选择问题。目前主要有将合规融入检察建议制度、融入认罪认罚从宽制度和融入附条件不起诉制度 3 种路径。第一种路径的主要缺陷是检察建议本身存在刚性不足问题；第二种路径主要是考察期限的问题；第三种路径主要是正当性问题。主张第一种路径的学者认为，建立对企业合规的检察建议制度，与“企业犯罪附条件不起诉”相比更具有制发时间、对象较为灵活的独特优势。主张第二种路径的学者认为，企业合规其本质仍然是认罪协商程序或者辩诉交易程序的适用。第三种路径，也有学者称为暂缓起诉制度。如时延安、杨帆等教授持该主张，时延安教授认为，将合规融入附条件不起诉制度是制度的创新。在附条件不起诉的决定权上，亦存在分歧，如李本灿、欧阳本祺教授认为，由检察机关自行决定，无须法院进行实质审查，而杨帆②、崔文玉③等教授则持相反观点，认为应当由法院进行审查批准。在三种路径的兼容性问题上，李奋飞教授认为，附条件不起诉与检察建议可以兼容，但与此相反的是欧阳本祺教授认为建立附条件不起诉制度后就应当摒弃此类检察建议。也有学者指出，三种路径之间并不是非此即彼，因此，提出应全面融入三种路径，具体以附条件不起诉的改革探索为核心，以认罪认罚从宽理念为驱动和准入条件，以检察建议等为手段实现持续监控并与行政机关建立联动和衔接机制。④

其次，企业合规监管人选择问题。合规监管人制度的价值在我国已经获得广

---

① 陈瑞华：《论企业合规的基本价值》，载《法学论坛》2021 年第 6 期。

② 杨帆：《企业刑事合规的程序应对》，载《法学杂志》2022 年第 1 期。

③ 崔文玉：《公司治理的新型机制：商刑交叉视野下的合规制度》，载《法商研究》2020 年第 6 期。

④ 毛逸潇：《合规在中国的引入与理论调适——企业合规研究述评》，载《浙江工商大学学报》2021 年第 2 期。

泛认可,但由谁来担任合规监管人问题颇有争议。目前主要有3种模式,第一种模式是由行政主管部门进行监管;第二种模式是由检察机关进行监管;第三种模式是由第三方进行监管。3种监管模式各有优劣,也都有试点,但实务中倾向于选择第三方监管的模式,第三方监管模式的主要缺陷在于人们对第三方监督评估的诚信、公正等方面存在顾虑。针对该问题,朱孝清检察官认为,可以从第三方人员产生的条件和程序、监督管理、评估经费的来源和流转渠道3个层面进行规范完善。[①] 马明亮教授则认为,通过立法对执法机关、监管人、企业三方主体之间进行权利义务分配予以避免。[②] 总之,在监管的主体选择问题上,尽管学界至今仍在争论不休,但从《最高人民检察院、司法部、财政部等关于印发〈关于建立涉案企业合规第三方监督评估机制的指导意见(试行)〉的通知》来看,事实上官方已经在该问题上作出了选择,因此,在监管模式的选择方面已不必再过多倾注心血研究。

再次,企业合规适用范围问题。前期的检察实践主要是针对中小微企业,原因不外乎对两个方面的考量,一是部分试点单位是基层检察院,本身所办理案件的主体主要为中小微企业;二是基于改革试点稳妥推进的考量。然而,在将来适用范围上,较为普遍的观点是合规应适用于所有企业。[③]

最后,企业合规建设的立法模式问题。该问题涉及两个层面,一是立法技术层面是否制定企业合规单行法,目前学界主流是持否定观点的。二是立法内容上选择何种模式的问题,该问题实际与前述企业引入合规3种路径的具体选择相关,但无论选择何种路径,在我国语境下都涉及刑法理论之争,其问题归根结底还是在我国现行法律体系与企业合规存在不兼容的问题,需要通过立法予以解决。其不兼容主要体现在我国刑法中的单位犯罪构成理论上,因此需要改造我国刑法理论,并给出两条路径:一条是"嫁接"改造,如刘少军教授主张借鉴我国未成年人犯罪案件设置的附条件不起诉制度,将该制度借鉴并延伸到企业合规不起诉中。[④] 杨帆教授也持类似观点。[⑤] 另一条是"拿来"改造,如崔文玉教授主张引进美国的暂缓起诉协议制度并进行必要的本土化改造。[⑥] 无论是"嫁接"还是"拿来",都需

---

① 朱孝清:《企业合规中的若干疑难问题》,载《法治研究》2021年第5期。

② 马明亮:《论企业合规监管制度——以独立监管人为视角》,载《中国刑事法杂志》2021年第1期。

③ 朱孝清:《企业合规中的若干疑难问题》,载《法治研究》2021年第5期。

④ 刘少军:《企业合规不起诉制度本土化的可能及限度》,载《法学杂志》2021年第1期。

⑤ 杨帆:《企业刑事合规的程序应对》,载《法学杂志》2022年第1期。

⑥ 崔文玉:《公司治理的新型机制:商刑交叉视野下的合规制度》,载《法商研究》2020年第6期。

要进行“改造”，为我所用，其实质也就是中国化问题，正如杨帆教授所指出的，我国的刑事诉讼程序必须系统性地融入合规要素，形成刑事合规程序的中国表达。刘霜教授指出企业合规制度必须立足我国现实国情，充分考虑我国法律传统及法律体系，兼顾营商环境及企业文化。而目前针对该方面的研究，还存在欠缺或者不足。在具体立法思路方面，周振杰①教授指出，从实体和程序两方面着手；陈瑞华教授主张在刑法领域引入严格责任制度②；杨帆教授强调要做到内外一致、一视同仁，克服“软骨病”③；李玉华教授指出要加大部分罚金刑力度，完善刑罚种类，为企业合规提供适当的压力。④ 就企业合规立法研究而言，学者更多侧重于企业合规立法原则问题，较少系统提出立法建议。

三、企业合规建设中律师参与的价值取向

在企业发展过程中，搭建合规体系具有紧迫的必要性。如果企业不合规，不仅会遭遇无法上市、无法贷款等现实困难，更会引发企业行政监管的处罚风险，甚至因合规问题而遭遇刑事追责。健全的合规体系，可以为企业带来持续稳定的发展预期。如果企业单纯认为，合规就是增加成本、一味付出，这个认识无疑是错误的，更是短视的，其后果一定会影响企业结构稳定，让企业停滞不前，更何谈企业长足发展呢？而面对企业行政监管合规法律服务需求的增加，必然需要更专业的合规人才，更全面的合规产业服务者。经过长期观察和一线实务经验的积累，我们认为，法律服务工作者对企业合规体系的建设、运用、评价等多方面都具有敏锐的观察力、准确的判断力和优秀的执行力，这与其职业长期形成的风险把控意识、商业服务经验和产业政策制定参与等职业内容是息息相关的。正因如此，我们坚持认为，法律服务工作者对企业合规的优势作用，是其他现有职业当前无法比拟的。律师作为非司法机关的职业法律工作者，企业合规建设为律师发挥相应的法律专业能力提供了良好的环境。在具体的企业合规建设中，律师可以起到事前、事中和事后三方面的促进和保障作用。律师不仅可以作为正常企业内部合规制度构建的事前顾问，也可以成为企业违法后整改过程中的企业内部合规的事中顾

---

① 周振杰：《刑事合规的实践难题、成因与立法思路——以企业合规改革试点典型案例为视点》，载《政法论丛》2022 年第 1 期。

② 陈瑞华：《论企业合规的中国化问题》，载《法律科学（西北政法大学学报）》2020 年第 3 期。

③ 杨帆：《企业刑事合规的程序应对》，载《法学杂志》2022 年第 1 期。

④ 李玉华：《我国企业合规的刑事诉讼激励》，载《比较法研究》2020 年第 1 期。

问,还可以成为被起诉企业的事后辩护人和独立合规监管人等。为了充分发挥律师对于企业合规建设的促进和保障作用,相应的价值取向应当包括以下 3 个方面。

(一)保证企业的健康可持续发展

由于企业的逐利特性可能导致与社会利益的矛盾,现代社会必然会为企业设置各种形式的监管和规制。由此来看,企业如果要确保自我的有序与健康发展,就需要依据现代法治原则及要求,按照有关法律设置的监管规定,对企业的合规经营提出要求。对于很多企业尤其是民营企业来说,由于合规必然在一定程度上限制了其最大化利润水平的可能,再加上没有较强的合规意识,从而在具体经营过程中会不可避免地产生诸多合规问题。这些合规问题一旦被相应的执法部门发现,企业即可能承受法律规定的相关惩罚,从而严重影响企业的正常健康发展。在这一背景下,律师参与其中则可以有效发挥其专业优势,以帮助企业对照相关法律查漏补缺,并在此基础上进行修补完善,推动企业合规发展,保证企业的健康可持续发展,这是律师在企业合规建设中的重要价值取向之一。

(二)维护企业的合法正当权益

充当企业涉罪后的辩护人,是刑事律师最传统的辩护业务,也是律师在企业合规建设中的重要业务组成部分之一。在此过程中,律师应当承担必要的为企业提供相应的刑事辩护的职能,包括向司法机关提供涉罪企业无罪或罪轻的证据、为涉罪企业发表辩护意见等,从而保证企业的辩护权能够得到充分实现,并且保证其他正当权益在相应的刑事诉讼中不被不法侵害。因此,对于企业合规建设来说,维护企业的合法正当权益,也是律师的重要价值取向之一。

(三)作为企业与政府机关之间沟通的桥梁

律师担任企业的合规顾问,甚至是违反法规之后的辩护人与独立合规整改监管人等,律师均肩负与政府机关进行沟通协调的职能作用。一方面,律师作为企业的事前和事中合规顾问,必须对相应的执法机关和检察机关对于企业的监管要求进行充分了解,并与相关法律规定相结合,尽可能实现企业合规机制的完善或者企业合规整改的充分完成。另一方面,律师作为涉罪企业的辩护人或者独立合规整改监管人,为了保证充分维护企业的合法正当权益或者监督企业完成相应的合规整改工作，同样需要同相应的检察机关和法院等司法机关进行充分的沟通和协调，在对合规涉罪的具体情况进行充分了解后有效实现对涉罪企业的辩护或者监督相关整改的完成。因此，作为企业与政府机关之间沟通的桥梁也必然是律师在企业合规建设中的另一重要价值取向。

现有法律服务工作者积极参政议政，参与产业政策制定、商业模式及架构的落地工作，使这一部分群体既懂法律，又懂企业，更懂社会，自然对于合规体系的建设具有天然的职业优势。在企业发展的不同阶段，为企业提供具有不同侧重点的合规体系，不仅要规避风险，稳健发展，更要体现企业的社会属性。让懂法律、懂商业、懂产业的律师深度参与到合规建设的每一个阶段，当好每个阶段的合规角色。共建合规企业，打造合规社会。

四、企业合规建设实践中律师参与价值失范的问题审视

律师在企业合规建设中应当具有的保证企业健康可持续发展，维护企业合法正当权益，以及作为企业与政府机关之间沟通桥梁等价值，在具体实践中却遇到了因为企业合规开展时间不长而产生的一系列困难，从而造成了相应的价值失范问题。具体来说，律师在企业合规建设实践中存在的相应价值失范问题主要包括以下几方面。

（一）尚未将法律顾问和合规顾问进行融合

鉴于目前合规主要在国企、大型民营企业中开展，广大的中小型企业对合规概念尚处于模糊状态，未能意识到合规建设的必要性与紧迫性，也缺乏开展合规建设的动力，律师作为活跃在企业中的法治力量，虽然积极向广大企业普及合规管理理念、引导企业合规管理，但依然以相应的民商事法律顾问职能为主，而没有将相应的法律顾问职能与合规顾问职能进行有机结合。从我国的中小企业合规管理现状来看，相应的合规体系的评价方法、评价流程、评价指标等的建立一般没有纳入与律师签订的法律顾问协议之中，从而使多数中小企业尤其是民营企业的合规建设至今仍然没有进入状态，相应的合规体系也没有真正形成，从而使相关企业的发展始终暴露在不能有效合规的风险之中。因此，律师作为中小企业合规发展的重要参与者，其可以保障实现企业的健康有序发展等价值目标。

（二）缺乏企业合规建设的长远发展规划

作为企业的事中合规顾问，律师对企业合规整改所起到的效果直接影响企业

是否可以被撤销制裁或是否可以获得司法机关或行政机关宽缓的刑事处罚或行政处罚。因此，事中合规顾问较事前合规顾问相比，更要注重合规体系整改的有效性，并力争整改效果可以达到被撤销制裁或被宽缓处罚的标准。同时，鉴于此处的整改是附加期限的，所以开展相应的律师工作要突出计划性，落实每个时间节点的工作任务与预计达到的成效，并建立自我评估机制。因此，在事中阶段的企业合规顾问应该具备针对性、有效性和时效性等特征。实践中，个别律师为了能够协助企业尽快完成合规整改任务，甚至指使或诱导企业销毁之前违法的相关证据，诱导企业员工或相关证人作出虚假陈述或提供虚假证言等。这种仅仅为了整改而整改，基本只重视整改在形式上符合司法部门要求的做法，使相应的企业合规建设缺乏长远发展规划，在很大程度上导致了相关企业合规整改的时效性过短以及较高的二次涉罪的风险。

（三）缺乏与政府机关的合规沟通技能

根据企业发展中涉及的诸多法律法规，律师参与企业合规建设需要深度了解和掌握刑事法律、行政方向的法律，以及科学有效的调查方法等。同时，律师也应该熟练掌握有关商事方向的法律法规、重点观察企业所在行业之发展趋势及其有关政策等。这样才可能使政府监管机关充分了解实际情况，并为企业搭建不仅符合政府监管部门的要求，而且适合它自身发展需求且不超出企业自身经济承受能力的合规体系。具有上述专业能力的律师团队对刑事合规业务的开展具有显著的必要性，因此，能够实现企业与政府机关充分沟通的专业合规律师团队，不仅要有熟悉企业经营管理的商事律师，而且一定要有擅长刑事业务或刑民交叉业务的律师，以运用风险识别的敏锐度、刑事业务的实质化思维、高度的独立性来及时发现风险，从而帮助企业建立并运行有效的合规体系。鉴于合规工作对律师的能力、素质等都提出了非常高的要求，又因为合规工作系体系化建设，所以需要不断地对体系的有效性进行评估与判断，才能够有效实现与政府机关之间必要的合规沟通。然而，对于当前以民商事法律关系作为业务开展主要方向的律师队伍来说，在以上能力方面存在非常明显的欠缺，从而导致律师在企业合规建设中与政府机关之间进行必要合规沟通的能力缺乏，进而导致其作为企业与政府机关沟通桥梁的价值在具体实践中的严重失范。

五、企业合规建设中律师参与价值的实现机制

前已述及，为了有效促进企业合规建设，针对律师当前存在的相关价值失范

问题,有必要通过针对性的策略予以有效矫正,从而保证律师在企业合规建设中应有的保证企业健康可持续发展,维护企业合法正当权益,以及作为企业与政府机关之间沟通桥梁等价值得以充分实现,具体阐述如下。

(一)切实整合企业法律顾问与合规顾问的业务范围与重点内容

律师可以考虑将常年法律顾问服务从侧重民商事法律服务转化为民商事法律服务附以框架化的事先合规顾问服务,让企业有机会体验到合规管理的效用,从而激发企业专项的合规管理服务需求。律师在担任事前合规顾问时主要提供合规咨询、合规尽职调查、协助企业开展内部调查、构建或完善合规体系等法律服务。在担任企业的事前合规顾问中,律师要理解企业所处的行业、了解企业内在需求,根据行业特点与企业运营的合规高风险领域、高风险岗位设计合规风险排查方案,以查漏补缺的方式为企业完善合规管理体系,对可能已经存在刑事风险的事项或岗位进行整改,对刑事风险高发的事项或岗位进行风险预防管理。若企业原有管理体系存在潜在的、较大的系统性合规风险,则需为企业重新架构合规管理体系。如果企业已经存在违规行为,但违规行为的社会危害程度尚未达到刑事责任追究或遭受行政处罚的标准,则需针对企业的违规行为开展专项合规刑事风险梳理,使企业能认识到风险、有效管控风险、厘清企业责任与员工责任的边界,避免因再次违规而遭受未来可能需要面临的行政处罚或刑事责任追究。通过有效整合企业的法律顾问与合规顾问业务,能够充分发挥律师作为法律职业工作者的专业能力,为企业构建有效的企业合规制度体系,使其应当具有的保证企业健康可持续发展价值得以充分实现。

(二)注重整改措施的长效性和制度性

为了保证对涉罪企业的合规整改能够真正实现促进企业健康可持续发展的价值,并使保护企业的合法权益的价值实现不会因为企业涉罪而受到不必要的干扰,有必要注重整改措施的长效性和制度性,克服当前合规整改过程中以应付司法机关的整改要求为核心,从而缺乏合规建设长远规划的问题。一方面,应当注重整改的长效性,即相关整改措施不仅应当在整改期间全面贯彻,而且在证明能够有效促进合规的情况下,将其变成企业的长期合规措施,从而使其成为企业合规的有效保障。另一方面,应当注重整改措施的制度性。对被证明有效的整改措施,应当及时进行总结和规范,使之成为企业后续经营必须遵循的相关制度及企业规范化建设的重要组成部分。通过注重整改措施的长效性和制度性，能够将整改过程中的合规经验有效延续，从而成为构建有效的企业长效合规机制必不可少的重要组成部分。

（三）全面提升律师的企业合规服务能力

目前，企业合规建设中存在律师与政府机关协调沟通亟待加强的问题，对其可以通过创新培养律师合规团队的方式与举措加以解决。具体来说，要充分发挥律师对于企业合规建设的积极作用，必须高度重视律师合规团队的建设和人才的培养。

首先，开展律师合规业务专题培训，可以采取与政府相关部门，尤其是司法机关联合培训，或者互派专业人员作为培训师的方式，在提升律师自身的合规业务水平，把自己打造成懂法律、懂政治、懂经济、懂企业管理的高端复合型人才的基础上，加强律师与相关政府部门人员的沟通。同时，充分利用第三方专业机关在合规专业领域的能力，尤其应当重视与熟悉税务、数据安全、公司管理等的专业机构以及相关人员合作，在充分利用外部合规资源的基础上，加强律师自身的企业合规服务能力，并以此为基础与相关政府部门进行充分的沟通，同时为企业提供全方位的合规服务。

其次，合规成本和企业的接受度。检察机关一般会以检察建议形式向企业提出合规整改要求，这既有对企业具体业务的要求，也有宏观合规管理方面的建议，从而决定了律师做合规整改方案时也要考虑两个方面内容，一个是涉案业务领域的专项合规，另一个则是更高维度的企业整体合规管理。但在实践中又会遇到另一个现实问题，那就是企业的付费能力和付费意愿，合规成本的高低其实也决定着企业的合规意愿。我们在办案实践中遇到的合规不起诉对象往往以中小企业和民营企业居多，如果动辄就进行全方位合规管理体系构建，合规咨询的直接成本，如律师费或咨询费用可能会比较高昂。此外，还要考虑企业在进行合规制度构建中的隐形成本，如因合规流程管控带来的业务效率降低、业务流转速度放缓、审批流程增加、相关文件的存储成本增加、相关岗位的人员配置增加等细节的支出，这对企业来讲是一个巨大的负担。因此，基于成本控制考虑，结合合规不起诉的需要，对于企业合规整改措施的制定要谨慎，既要在宏观上有一定的高度，防止“治标不治本”，又要在微观上考虑企业合规的合理落地，不能不顾企业在经济成本、人力资源成本等方面的接受能力，而陷入一种“摊大饼”式的自说自话当中。

再次，律师法律专业性与企业经营的实际场景。律师在进行合规风险扫描时，根据自身专业性的要求，均习惯对照法律法规的要求，检索同类型企业的违规、违法事例，以警示企业需要注意的风险。往往律师列举的法律风险点会有成百上千条，但是，对于企业来说，识别所有的法律风险、建立全面的合规管理体系和制度固然重要，但企业更关心的是其主要的业务痛点能否得到针对性的解决，而不是检视所有的有可能的风险进行一一对应式的应对。

最后，在企业合规实践中，最重要的环节是，律师要紧紧依靠企业方的领导者、业务主管、技术人员等角色，共同梳理出企业经营环节的各个流程，识别每一个流程的岗位及职责，针对岗位和职责制作简单便于操作的业务操作流程图，从而切实避免专业律师只会空谈法律法规、不懂企业业务端，只谈法律风险、不提解决企业经营痛点方案的“两张皮”现象。

因此，“合规不是最终目标，通过合规促进企业的安全、健康、快速发展才是我们的最终目标”。对于企业而言，不仅仅是涉刑事案件的企业需要建立合规体系，任何一家希望持续经营的企业都应当未雨绸缪，建立合规制度，培养合规文化，万勿等到刑事风险产生以后再来“亡羊补牢”；对于律师而言，既需要刑事法律思维的专业视角，更需要合规体系构建的企业家思维，万万不能唯我独尊、空谈法律文本，无视企业的实际需求和可接受能力，而应以务实的态度、工匠的精神，把企业的“合规大厦”建设得既阳春白雪又经久耐用。

六、结语

整体来讲，律师参与企业合规建设是目前企业合规建设的重要模式，其有助于确保企业的有序健康发展，但目前存在的问题在某种程度上已经严重阻滞了其价值功能的有效发挥，亟待创新律师参与企业合规建设的理念、制度与机制，以此确保实现律师参与企业合规建设的价值目标。

下编
企业合规民事篇

中国企业境外投资生态环境保护问题合规管理研究

水木晴美[*]　史晓瑞[**]

改革开放以来中国的经济实力不断提升,中国企业对外投资规模的不断扩大,不仅促进了东道国(地区)经济的发展,也推动着世界经济的合作与共赢。据中国商务部统计,截至2020年年底,中国企业在境外直接投资设立的境外企业已经超过4.5万家,分布在全球189个国家和地区,对外直接投资存量达到25806.6亿美元,境外企业资产总额高达7.9万亿美元。①

随着全球经济的高速发展,对生态环境的破坏也日益加剧。目前,世界多国已出台相关政策,限制高污染企业入驻。如何妥善处理境外投资过程中生态环境保护问题、有效规避境外投资过程中存在的各类生态环境保护风险,目前已经成为我国企业重点关注的一个问题,我们有必要从企业合规的角度对中国企业境外投资生态环境保护工作展开深入研究与探讨。

中国企业在“走出去”的过程中要做好相关的事前合规工作,要注重在对外投资过程中所面临的对东道国(地区)生态环境保护的问题,对相关具体问题作出分析,做好境外投资生态环境保护的合规工作,让中国企业“走出去”的步伐更长远、更绿色、更稳定、更和谐。

---

* 三亚学院法学院副教授、法学博士。

** 惠海律师事务所。

① 中华人民共和国商务部、国家统计局、国家外汇管理局编:《2020年度中国对外直接投资统计公报》,中国商务出版社2021年版,第4页。

一、中国企业境外投资面临的生态环境保护风险

（一）环境规制风险

中国企业进行境外投资面临着环境规制风险。所谓环境规制风险，即中国投资主体在境外进行投资因东道国（地区）的环境行政机关执行环境法律法规遭受行政处罚，导致的投资受挫或失败的风险。①

企业境外投资若只注重利益回报，对东道国（地区）生态环境保护问题不管不顾，必然引起一系列的矛盾，东道国（地区）也必然采取一系列的环境规制措施。这就使企业不仅要承受经济损失还要面临自身形象降低的双重风险。

各国企业在境外投资都面临极大的环境规制风险，合规工作的必要性不言而喻。产生或者可能产生的对东道国（地区）的环境影响都会使外国企业面临罚款、停工等风险，由此也会引发当地居民罢工、游行的风险，亦可能因为在投资过程中产生的环境问题而使中国企业面临诉讼或者仲裁的风险。

（二）形象受损的风险

在东道国（地区）看来，企业不仅仅是一个投资者的形象，还代表了它的国家，是其国家的缩影。

可见，在境外投资过程中，必须对东道国（地区）生态环境保护问题高度重视，否则企业进行境外投资将面临更多对东道国（地区）生态环境保护的风险。这将严重影响企业境外投资的进程、效益、国家及企业的形象，甚至会影响在国际舞台上的话语权。

二、中国企业境外投资生态环境保护合规管理的法律规制

（一）东道国（地区）对生态环境保护的法律规制

下面以秘鲁、加蓬两国为例，来分析东道国（地区）对生态环境保护的法律规制。

1. 秘鲁

1990 年，秘鲁颁布《环境与自然资源法典》（Codigo del Medio Ambiente y de

---

① 韩秀丽：《中国海外投资的环境保护问题——基于投资法维度的考察》，载《厦门大学学报（哲学社会科学版）》2018 年第 3 期。

los Recursos Naturales)。1993 年在其颁布的《宪法》中,对政府制定环境政策和促进自然资源可持续利用方面确定了一系列原则,并明确了相关政府部门的职责及作用。2008 年 5 月,秘鲁进一步完善了环境保护立法,同时增设环境部。

秘鲁基础的环保法律是《环境总法》(第 28611 号法),该法是秘鲁实施环境管理的法律规范框架内具有强制性的准则。除此之外,还有一系列关于水体、大气、土壤等环境保护的具体法规及规章。

《环境总法》的立法原则主要包括:可持续发展原则、预防原则、成本内部化原则、对环境负责原则以及公平原则。其总原则是预防性为主,避免任何涉及建筑、工程、服务和其他个人或企业、公共、私人或者混合制度的风险破坏环境。所有涉及环境问题的经济活动必须提供相应的环境证明文件和评估批准。《环境总法》确立的一般规则是:经济活动的实施者应该为环境负责,有义务采取必要措施,来防止环境损害,对造成损害又无法补救、恢复或修复的,必须予以补偿。

秘鲁相关环保标准由一系列法律法规做出规范。对任何可能造成重大环境影响的活动,要由环境部下属的国家系统环境影响评估委员会对其进行评估,但矿业项目的环境影响评估(EIA)仍然可以提交秘鲁能矿部审批。[①] 同时,《环境总法》规定,如果没有事先取得主管机关签发的环境认证(环保许可),国家机关、地区机关或者地方机关不得批准立项、授权或许可该项活动的实施。环境影响评估应该是有关部门评估和批准有可能造成环境影响的经济活动的管理工具。环境影响评估必须包含活动的描述,以及在物理、社会环境中可预见的直接或间接的影响,需要进行必要的技术评估,并给予公示,以避免或将损失减少到可接受的水平。[②]

2. 加蓬

加蓬的主要环境保护法规是《环境法》。其《环境法》的基本要点是:对加蓬的国家资源进行保护且持久地利用,同污染的行为作斗争,改善和保护生活环境,提高环境保护的新价值观,协调发展和环境保护之间的关系。

加蓬政府对国内外企业开展投资或承包工程的项目要求进行环境评估。加蓬河湖、森林、海洋、环境、气候计划和土地分配计划部设有环境和自然保护局,负责项目的 EIA 审核。据悉,已有的重大项目多聘用欧美公司出具 EIA 报告。申请

① 中华人民共和国驻秘鲁共和国大使馆经济商务处(mofcom. gov. cn)。

② 中华人民共和国驻秘鲁共和国大使馆经济商务处(mofcom. gov. cn)。

EIA 的手续、费用、时间由具体项目决定。①

基于秘鲁、加蓬两国对于生态环境保护的法律规制，都可以看出东道国(地区)对生态环境保护的重视，且对于具体的建设施工项目有明确的环境评价要求，亦有相应的管理部门负责审批程序。

(二)我国对生态环境保护的法律规制

1.《民法典》中的"绿色原则"

2021 年 1 月 1 日，我国《民法典》正式开始实施，其中第 9 条就规定了，"民事主体从事民事活动，应当有利于节约资源、保护生态环境"。我们将其称为"绿色原则"，并作为基本原则之一。

"绿色原则"在多个具体条款中都有体现。例如，《民法典》第 509 条第 3 款把"应当避免浪费资源、污染环境和破坏生态"作为当事人在订立、履行合同的过程中需要承担的基本义务，这一要求体现了对中国经济交易活动的环境保护导向。

另外，在《民法典》侵权责任编中，专门设立"环境污染和生态破坏责任"章节，对污染环境和破坏生态的侵权责任、赔偿范围及公益诉讼作出了明确规定，为生态环境保护提供了法治保障。

2.《境外投资管理办法》《企业境外投资管理办法》

《境外投资管理办法》第 20 条要求企业在境外投资过程中，应当要求其投资的境外企业遵守投资目的地法律法规、尊重当地风俗习惯，履行社会责任，做好环境保护、劳工保护、企业文化建设等工作，促进与当地的融合。《企业境外投资管理办法》第 41 条不仅倡导投资主体创新境外投资方式，还要求企业在经营过程中坚持诚信经营原则、避免不当竞争行为、尊重当地公序良俗、履行必要社会责任、注重生态环境保护、树立中国投资者良好形象。

上述两部综合性法律文件都明确了中国企业进行境外投资要做好生态环境保护工作。同时中国发改委为落实《企业境外投资管理办法》这一部门规范性文件，还研究制定了相关的企业境外投资管理办法配套格式文本，其中就包括环境保护问题。

3.《对外投资合作环境保护指南》

为更好地指导中国企业在对外投资合作中进一步规范环境保护行为，引导企

---

① 中华人民共和国驻加蓬共和国大使馆经济商务处(mofcom. gov. cn)。

业积极履行环境保护社会责任,推动对外投资合作可持续发展,中国商务部会同原环境保护部根据我国企业境外投资的状况于2013年出台了《对外投资合作环境保护指南》(商合函〔2013〕74号,以下简称《环保指南》)。

该《环保指南》共有22条,在内容上要求对外投资的企业遵守东道国的法律规定,并将环境保护纳入企业的发展战略中,在具体措施上要求企业建立健全环境保护培训制度等。

一方面,《环保指南》对企业投资起到了良好的指引作用;但另一方面,《环保指南》并没有对中国企业境外投资作出任何的处罚规制,其侧重点还是在于引导和鼓励企业积极履行环境保护社会责任。这使中国企业对外投资即便不遵守该指南也不会有任何实际的法律后果,可见该《环保指南》对中国企业进行对外投资的规制有限。

4.《对外投资合作绿色发展工作指引》

为加快推动对外投资合作绿色发展,建立健全绿色低碳循环发展经济体系,在国际合作与竞争中赢得主动,更好服务构建新发展格局,中国商务部、生态环境部2021年7月9日联合制定了《对外投资合作绿色发展工作指引》。

该指引适用于中国企业对外投资合作过程中推进绿色发展的相关活动。同时明确了绿色发展是可持续发展的必要条件的重要意义,确立了10个重点工作的方向点,分别为:坚持绿色发展理念、推动绿色生产和运营、建设绿色基础设施、打造绿色境外经贸合作区、推进绿色技术创新、推动企业主体绿色转型、防范生态环境风险、遵循绿色国际规则、优化绿色监管服务、提升绿色发展信誉。并且对我国企业对外投资绿色发展提出了进一步的指引与要求,从而加快推动我国对外投资合作绿色发展,服务构建新发展格局。

5.《对外投资合作建设项目生态环境保护指南》

为贯彻习近平总书记提出的生态文明理念,推动中国对外投资合作建设项目高质量发展,中国生态环境部和商务部与时俱进,在对原有的《环保指南》进行全面修订的基础上,于2022年1月5日联合发布了《对外投资合作建设项目生态环境保护指南》,从适用范围、生态环境的内涵、项目全周期的生态环境管理等进行了全面的规定,为中国企业境外建设项目的生态环境合规管理指明了方向。该指南主要适用于中国企业在境外开展如下3类项目:(1)投资建设的新建(含改建、扩建)类项目;(2)收购并购类项目;(3)承包工程项目。

该指南对中国企业境外投资建设项目生态环境保护的主要要求是:第一,对项目开展全生命周期生态环境的管理要求进行明确。对建设或并购前、施工期、运营期、关闭期、退出期的生态环境管理要求都进行了详细的规定，例如：在建设前通过环境尽职调查等方式，评估拟收购标的在历史经营活动中造成的生态破坏、环境污染、环保处罚、环境诉讼、环保设施运行状况以及相关生态环境风险，重点评估危险废物处置、土壤、地下水、温室气体排放和大气环境影响情况等。第二，对提高企业境外项目环境管理水平提出要求，主要体现在：(1)遵守东道国(地区)法律法规，申请环保许可及/或开展环境影响评估；(2)鼓励参照国际通行做法将生态环境保护纳入企业战略；(3)通过切实可行的措施降低项目可能对生态环境造成的负面影响。第三，区分行业对境外项目生态环境保护的要求，细化为能源项目、石油化工项目、矿山开采项目、交通基础设施项目等。

6.《民营企业境外投资经营行为规范》

近年来，中国民营企业境外投资步伐明显加快，为规范民营企业境外投资经营行为，国家发改委、商务部、中国人民银行、外交部、全国工商联联合制定了《民营企业境外投资经营行为规范》，对属于其管理的民营企业进行规范。

该规范内容要求民营企业境外投资全方位注重对资源环境的保护，包括在经营方式、规章制度、发展战略等方面。在项目开展前要进行环境尽职调查及环境影响评价，并且开展项目要依照东道国(地区)的法律规定取得相应的环保许可。在东道国(地区)没有标准时，可以借鉴国际组织或多边机构的环境标准要求，采取有利于东道国(地区)生态发展的环保措施。此外，该规范还要求企业制定环境事故应急预案、开展清洁生产、重视生态修复等。

7.《绿色信贷指引》

《绿色信贷指引》强调银行金融机构应当加强拟授信境外项目的环境风险管理，对没有得到环境部门批准的项目不能进行资助。如果企业在项目实施期间发生不可接受的环境污染，银行将要求其立即采取救济行为，否则终止金融支持。因绝大部分境外投资项目都会涉及项目贷款，该指引大大帮助减少了中国企业境外投资过程中产生的不利环境影响。

除此之外，我国的《公司法》《刑法》《对外投资备案(核准)报告暂行办法》《对外投资合作和对外贸易领域不良信用记录试行办法》《G20 全球投资指导原则》等也对企业的境外投资生态环境保护进行了法律规制。

总体来看，中国对于境外投资中的生态环境问题规制既有总体要求也有针对不同投资类型的具体规制，并且措施规制也越来越详细化，更具有可操作性。中国政府对中国企业在生态环境保护方面工作的进一步加强，让中国企业越来越重视生态环境保护问题，无论是中国企业管理还是项目的实际建设都将绿色发展理念落实到位，提升中国企业的生态环境保护观念。真正地做到人类与自然和谐发展，经济效益与环境保护相统一。

（三）国际法下对于企业投资生态环境保护的法律规制

企业的海外投资活动受到双边投资协定、多边投资协定、国际惯例等规制，是处理与投资有关的环境问题的重要依据。

近年来，诸多国家已经将环境保护纳入国际投资协定中，在各国采纳的新的投资范本和新缔结的国际投资协定中尤为突出，以协调多元化目标，兼顾对投资和投资者保护、投资者责任和国家规制权的保障和限制。

三、中国企业境外投资生态环境保护合规机制的制定

国外企业强调合规经营管理已经有相当长的一段时间，与此相比，近年来随着中国企业境外经营合规风险的暴露，中国企业开始加快合规管理体系的建设，但总体合规建设水平依然相对滞后。

2018 年 12 月 26 日，中国 7 个部门联合制定发布了《企业境外经营合规管理指引》。该合规指引主要有 3 个特点。第一，该合规指引具有基础性，是中国企业境外经营合规管理的基础性指导。因国际经营环境复杂多变，企业合规管理的基础和条件也不尽相同。在一些特殊的领域，可以该合规指引为基础制定更为具体的指引。同时，企业也可对照该合规指引，结合自身所处的实际条件，加强境外经营相关合规制度建设，不断提高企业合规管理水平。第二，该合规指引具有针对性，为中国企业境外面临的“合哪些规”“怎么合规”等实际问题提供了具体指引。第三，该合规指引具有系统性，指导企业统筹兼顾做好境外经营合规管理的各项工作。比如，要注重“软硬结合”，倡导企业在完善合规管理刚性制度的同时，积极培育和推广合规文化。

从该合规指引可以看出，“境外合规”即“企业在东道国的境外投资经营行为，要符合国际法律、东道国的法律、行业监管、准入准则、文化观念和企业自身内部制定的规章制度等要求”。“生态环境保护合规”，即符合国际法律、东道国（地区）法律、行业监管等对于生态环境保护的要求。同时，该合规指引要求中国企业对外贸易、境外投资、对外承包工程、境外日常经营都要求确保经营活动全流程、

全方位合规,要注重环境保护。

而对于“什么是合规风险”,巴塞尔银行监管委员会给出的定义是:“企业在东道国的境外投资经营行为,由于无法满足东道国及国际上指定的法律法规标准,以及违反公司内部合规标准,而造成的使公司面临财务损失的风险,或者声誉受损的可能性。”

为降低合规风险,中国企业在进行境外投资过程中对于生态环境保护企业可以对照上述合规指引,从自身经营范围、组织结构和业务规模等实际出发,加强境外经营合规管理,主要注重对以下几方面进行重点合规审查。

(一)东道国(地区)关于生态环境保护的法律法规

在中国企业进行境外投资的过程中,东道国(地区)对我国企业具有属地管辖权,那么东道国(地区)关于生态环境保护的法律法规是中国境外投资企业首先要进行审查的。

一些东道国(地区)法律制度完善、成熟,法治化水平高,而一些国家政局混乱,法制发展时间较短,法治化水平低,甚至无法可依。这就要求中国企业进行境外投资时要全面、重点地审查东道国(地区)的法律法规。对于东道国(地区)没有相关标准或标准要求偏低的,在生态环境保护许可的基础上,鼓励中国企业采用国际通行规则标准或更严格标准。

以秘鲁为例,秘鲁曾经在西班牙殖民时期深受外来疾病的危害,历史上矿业污染事件多发。正因为历史教训惨痛深刻,因此秘鲁政府对环境安全非常重视,制定了严格的环境保护法律规范。除《环境总法》外,涉及各部门管辖的水源、森林、矿山等环境管理的规章还有 20 多个,非常全面。值得中国企业注意的是,秘鲁人民的环保意识较强,环保组织活动也非常活跃,他们都是企业环保工作的监督者。并且在秘鲁环境问题还常常成为政治斗争的工具,处理不好容易引发社会矛盾和冲突。

这就要求中国企业在秘鲁开展投资活动,要根据项目涉及的领域深入研究环保问题,采取有针对性的措施,依法保护环境,同时还要注意向受项目影响的社区居民介绍公司在环保方面采取的措施,积极配合政府环保部门的工作,适当回应非政府环保组织的要求。例如,大自然地板公司在秘鲁以其先进的“资源管理”理念,科学开发、使用、管理和优化森林资源,实现了可持续发展,赢得秘鲁政府和居民的支持。

(二)东道国(地区)政策标准,生态环境保护许可的申请

世界各国的政治、经济、文化均存在差异,且各个国家发展情况不尽相同,对境外企业的政策、资质要求以及境外企业投资不同方面的行政审批流程也有所差异。

以中国企业在缅甸进行投资建设项目为例:缅甸的生态环境保护法律体系主要是其2012年3月30日公布并实施的《环境保护法》,另有《环境保护法实施细则》《环境影响评估法则》《环境影响评估程序》等相关规定。负责具体监管的部门主要有:联邦层面的环境保护委员会(ECC),主要职责是实施环境保护政策,制定规则和指导;自然资源与环境保护部(MONREC,以下简称环保部),是落实环保政策及制定相关环保标准的部门。

同时,根据缅甸相关法律规定,所有外国投资者或企业在缅甸投资或运营的项目如果可能损害或影响环境,必须获得环保部的事前批准并按照环保部的要求实施相关行为。该事前批准也成为其他政府和部门监管该项目的依据。

缅甸对于外商投资的建设项目要求进行环境影响评价。而且近似于我国法律对于环境影响评价根据影响程度不同分为"环境影响评价报告表"和"环境影响评价报告书",缅甸环境影响评价按对环境影响的大小分为"初级环境检测"(IEE)和"环境影响评估"两种。环境影响评价的程序主要是:根据项目影响确定EIA工作类型→开展EIA工作→公示并征求公众意见→EIA报告最终审批→颁发环保合规证书。

可见,在东道国(地区)自身政策、行政审批流程的规制下,中国境外投资企业更要注重这些涉及生态环境保护的合规审查。

(三)东道国(地区)风土人情、宗教信仰与生态环境保护的联系

中国企业境外投资的过程中应当尊重当地风俗习惯,一些国家的风俗习惯与生态环境有着密不可分的关系,例如,秘鲁是以天主教为主要宗教的国家,在山区和雨林地区还保留着许多古老习俗和原始宗教,山、湖、动物等都可能是其信仰中的神灵。那么,中国企业对秘鲁进行投资时就应当充分考虑当地的风俗习惯,对于一些山、湖、动物的栖息地都要予以充分考虑,避免引起当地居民的不满与抗议。

世界文化充满着多样性,各个国家的文化、宗教、习俗存在巨大差异,中国企

业在境外投资时应当注意当地的生态环境与文化、宗教、习俗之间的联系，进行合规审查。

四、中国企业境外投资生态环境保护合规建议

合规风险不同于一般突发风险和阶段风险，它贯穿于项目的整个生命周期。合规风险的识别、评估与处置是建立合规管理体系的重要依据。近年来，强化合规管理、防范合规风险已成为全球企业持续发展的基础。

中国企业境外投资生态环境保护合规，是中国企业境外投资生产、经营等各项行为需全面满足东道国（地区）的生态环境保护义务。但因东道国（地区）不同，相应的法律不同，所涉及的行业不同，其环境保护合规内容也不尽相同，均需进行合规管理。从整体上看，对中国企业境外投资的生态环境保护合规工作建议如下：

（一）企业构建合规机制

建立企业生态环境保护合规体系，要全面识别生态环境保护的合规要求，清楚合规要求对于中国企业境外投资的影响，确保投资生态环境保护全流程、全方位合规。

首先，对企业生态环境保护合规进行风险评估。例如：对东道国（地区）法律、法规要求情况、污染物排放情况、设备情况、耗能情况等进行全面梳理，结合公司生产经营、节能减排、清洁生产以及碳排放权交易、排污权交易、水权交易等相关的法律法规、环保标准列出各个方面的环保义务清单，并且从中分析企业环保合规的关键节点，再结合企业目前环保合规制度、规定、执行的实际情况，评估企业存在的环保合规风险。

其次，健全企业合规管理架构。企业结合自身投资项目的需要，明晰内部各层级的合规管理责任，并根据业务的性质、地域范围、监管要求等设置相应的生态环境保护合规管理机构。

企业生态环境保护合规管理部门专门负责企业的生态环境保护的合规事务。企业生态环境保护合规管理机构的主要职责，即在外部合规专家的协助下搭建企业生态环境保护合规管理框架、制定企业合规管理制度、布置环保合规管理工作、对合规管理工作进行监管，以及进行年度合规管理总结等。

另外，要不断加强对公司管理者及员工生态环境保护的合规培训，强化企业

员工依法合规经营的认识和能力。《商务部办公厅关于进一步做好对外投资合作企业环境保护工作的通知》第5条提倡有条件的企业应健全环保管理机构，设立相应的环境评估部门，加强环境日常管理和应急处置，加大环境方面的资金、技术和人员投入。比如，企业可根据实际情况定期开展针对不同岗位人员，不同负责部门的生态环境合规培训，使培训具有针对性。在实践培训过程中可以聘请有经验的生态环境保护合规实战专家进行讲课，以便达到事半功倍的效果。

除此之外，密切关注所在国法律、政策，针对法律和政策的变化，及时调整投资策略。比如企业的生态环境保护合规管理机构可每年或每月组织对企业的生态环境保护合规工作总结，同时根据当年新投资地出台的生态环境保护法律法规、政策等，对环保合规制度不断地进行修改和完善，务求使企业的生态环境保护风险降至最低。

（二）尽职调查

境外投资项目的法律环境风险因东道国（地区）法律规制的不同而千差万别。为识别东道国（地区）潜在的法律环境风险并制定应对措施，在中国企业进行境外投资初期，就需要对东道国（地区）的法律环境进行全面、充分、扎实的尽职调查并进行分析。尽职调查一般由企业的法律顾问进行，而称职的法律顾问必须能够根据东道国（地区）的情况和项目的特点制定完备的尽职调查方案。

一般来说，尽职调查工作最基本的两项内容是：第一，对东道国（地区）法律规制的总体把握；第二，结合项目特点对东道国（地区）的特定法律制度进行深入了解。

通常在尽职调查的开始阶段，进行境外投资的企业要先通过现有渠道如：《对外投资合作国别（地区）指南》，中国驻当地大使馆对该国情况的说明，外国政府、国际机构对东道国（地区）情况的简介等了解东道国（地区）的基本情况，之后负责尽职调查的法律顾问单位则要基于对东道国（地区）基本情况的了解和其经验拿出一份尽可能详尽的尽职调查清单。

在尽职调查进行过程中，法律顾问单位结合对东道国（地区）法律的独立调研和过往的项目经验对报告的内容进行交叉审查，识别其中可能存在的错漏或不详尽之处，以便对该项目的法律风险进行充分的识别和防范。

同时，在境外的尽职调查方面，尤其是当涉及法制不健全的国家的项目时，一定要眼见为实，要特别重视现场的调查，不能轻信目标公司的单方陈述。时至今日，依然有一些企业在海外投资的时候，轻信项目合作方的陈述，不对项目做深入的尽职调查。不做尽职调查导致的风险可能是灾难性的。

中国企业境外投资活动生态环境保护的尽职调查主要应当对东道国（地区）的法律法规规定进行全面了解。并且根据项目情况进行重点分析，比如，对于一些项目要重点评估其在历史经营活动中形成的危险废物、土壤和地下水等污染情况，确保投资及后续经营活动开展符合当地法规，并对投资活动的审批时间合理预估。

在项目开展之前，就需重视尽职调查，建议企业选择具有国际法律尽职调查经验及熟悉该行业的法律专业机构开展这项工作；在项目开工后，及时做好风险防范工作，对东道国（地区）的情况进行全面研判。

（三）合规文化建设

"企业文化是在一定条件下，企业生产经营和管理活动中所创造的具有企业特色的精神财富和物质形态。"①一个企业的价值观决定了整个企业文化核心，只有将依法、合规、绿色、可持续发展的价值观等观念纳入企业文化建设的重要内容，企业合规才能从其义务属性转变为企业的意识形态，成为其自觉自发的行为依据。

《企业境外经营合规管理指引》中也专门指出，境外合规管理要注重合规文化的培育、建设和推广。在中国企业"走出去"战略的实施下，企业在对外投资合作中，更要坚持可持续发展理念，坚持资源节约的经营方式，从环境保护、员工环保培训、环境影响评价、社会影响评价等方面加强境外经营过程中的环境保护。

五、结语

目前，中国企业在境外的投资数量呈快速增长的趋势，企业合规管理更是经济全球化下的发展趋势。在中国新发展阶段的历史方位下、在习近平生态文明思想的指导下，中国企业进行境外投资的过程中不仅要注重经济发展也要注重对东道国（地区）生态环境的保护。坚持"绿水青山就是金山银山"的发展理念，提升中国企业对外投资生态环境合规的管理水平。在中国企业境外投资过程中长期开展生态环境合规管理，不断加强与完善企业自身的抗风险能力，这其中既包括

---

① 王志乐：《合规：企业的首要责任》，中国经济出版社2010年版。

来自东道国(地区)环境规制的风险也有社会风险以及政治风险。

中国企业在进行生态环境保护合规制度建设时,不仅要开展生态环境保护事前切入,还要不断复盘以适应投资过程的变化,这样才能让中国企业在“走出去”过程中的脚步更加绿色、自信、稳定。

企业合规视角下公司治理的转变

王文丽*

2021年,国家市场监管总局聚焦电商、外卖等重点领域,依法查处阿里巴巴集团和美团"二选一"垄断案,认定涉案企业滥用市场支配地位,对其分别罚款182.28亿元、34.42亿元,并发出《行政指导书》,责令其对照《反垄断法》开展全面深入自查,要求其在严格落实平台企业主体责任、加强内控合规管理、维护公平竞争、保护平台内商家和消费者合法权益等方面进行全面整改,并连续3年向市场监管总局提交自查合规报告。

近年来,依法合规经营,切实防范化解合规风险,已经成为我国企业良性发展必须面对的课题。一方面,在参与跨境商事活动过程中,合规风险有时足以重创一个企业,我国的中兴通讯公司、德国的西门子公司都有过比较惨痛的教训;另一方面,不管是国际还是国内,关于企业合规经营的法律、法规、政策、社会责任乃至交易习惯已经构建起一张日趋缜密的合规网络,企业活动被越来越多地纳入其中。合规对企业的生存和发展而言,比过去的任何时期都重要,甚至到了关乎企业存亡的急迫境地。因此,合规机制逐步被纳入公司治理的结构之中,合规管理与业务管理、财务管理一起,成为当代公司治理结构的重要组成部分。

一、企业合规不同于普通的法律风险防范

企业合规最早源于20世纪70年代的美国,包括美国在内的西方国家查处本国企业或外国企业的商业贿赂行为,大批跨国企业因此而被定罪判刑,企业因此遭受了重大的经济损失,并丧失了公司声誉,致使很多公司失去商业交易机会甚

* 三亚学院。

至完全退出了市场,为避免如此严重的后果,检察机关在追究企业刑事责任时,将其建立合规计划作为是否起诉、是否定罪以及酌情减轻处罚的依据。对于那些已经建立或者承诺继续完善合规机制的企业,一些西方国家逐步确立并实施暂缓起诉协议制度,与涉案企业达成有条件的和解协议,在考验期之内,涉案企业缴纳罚款,建立或完善合规机制的,检察机关或者监管机构可以撤销起诉。由此,企业合规机制的建立和完善,可以成为检察机关不起诉、法院不定罪或者减轻处罚的依据,甚至成为对企业作出有条件不起诉的激励机制。

为此,西方国家及国际组织制定了多项法律:1977 年美国通过《反海外腐败法》(FCPA);1991 年,联邦量刑委员会通过《联邦组织量刑指南》(FSGO);2005 年 4 月,巴塞尔银行监督管理委员会发布了《合规与银行内部合规部门》;2011 年英国制定《反贿赂法》;2010 年 3 月,经济合作与发展组织(OECD)发布了《内部控制、企业道德及合规最佳实践指南》;2014 年,国际标准化组织(IOS)发布了《合规管理体系指南》;2016 年法国通过《萨宾第二法案》。从历史演变来看,以反腐败为主要内容的企业合规制度,在全球领域主要是作为增强商业组织自律,防范国际化企业的竞争风险,维护交易安全,并从企业内部阻断腐败犯罪的诱因,实现公司治理结构的透明性,防范履行职务中不法行为,提高发现、检举违法行为概率的机制而使用的。

所谓"合规风险",并不等于笼统意义上的"法律风险",是企业在经营过程中因存在违规行为而受到监管部门行政处罚或受到司法机关刑事处罚的风险①。《中央企业合规管理指引(试行)》指出,合规风险,是指中央企业及其员工因不合规行为,引发法律责任、受到相关处罚、造成经济或声誉损失以及其他负面影响的可能性。一个企业一旦面临合规风险,就有受到行政处罚、刑事责任追究或者国际制裁的可能性,而这种可能性足以使企业失去参与特许经营、上市、参与招投标、境外开展业务等市场准入资格,甚至被吊销营业执照,从而承受灾难性的后果。企业合规"合"的不是所有的"法"和所有的"规",而是关于遵守和执行涉及企业的行政执法和刑事司法两类法规的专门制度和机制。

因此,企业合规是为保护企业重大利益而设置的风险防控机制,它所要防控的不是企业的经营风险和财务风险,也不是一般意义上的法律风险,而是因可能受到行政处罚或刑事追究、经济制裁而承担的合规风险,企业应将合规风险的防

---

① 陈瑞华:《企业合规基本理论》,法律出版社 2020 年版。

控从一般的法律风险防控中独立出来,将其视为最重大的法律风险。

二、企业的社会属性乃合规的理论基础

企业作为重要的市场主体,本身是一种复合性的社会经济组织,是国民经济的一个重要组成部分,其行为具有一定的公共性,因此企业兼具经济属性和社会属性。企业行为具有外部化作用,即会对市场环境和社会环境产生影响。随着市场经济的发展,企业对社会的影响力不断增强,其社会属性也日益彰显。企业经营不仅关乎自身稳健发展,很大程度上也关系着市场经济的良性运行。企业合法合规的经营会给社会带来良好的效益,但是企业在开展经营活动追求利润的过程中也可能会对外界产生不良影响,特别是企业的违法犯罪行为会给市场经济秩序带来严重的负面影响。

企业的社会属性要求其承担一定的社会责任,即企业在追求利润实现效益最大化及自我发展的同时要兼顾社会效益,如保障市场有序公平竞争、注重环境保护和消费者权益保护等,以此有效缓解社会矛盾和市场失灵的问题。企业对社会的影响力越大,企业内部逐利行为的外部化作用越明显,则企业的社会属性越强,相应企业应承担的社会责任就越大。

这几年合规管理试点不断扩大,合规管理覆盖面非常广,重点合规监管领域包括市场有序公平竞争的反垄断和反不正当竞争、环境环保、金融安全、产品质量、劳动用工、财务税收、知识产权、个人信息及数据安全等,这些均涉及公共利益,均是企业在发展自身利益的同时应注重保障的社会效益。鉴于企业家逐利的天然偏好,因此应从外部通过监管机制强制要求企业内部建立合规管理体系,以保障社会的良性发展。企业开展合规是其承担社会责任、参与社会治理的重要表现。

三、企业合规应内嵌为公司治理的重要组成部分

当前构建多元化的社会治理模式要求社会多元主体在社会治理中协同发挥作用。企业所具有的社会属性决定了其必然属于“社会治理共同体”中的一员,企业内部管理与经营效果在一定程度上会对社会治理的效果产生影响。企业在追求经济效益的过程中消耗了社会资源,作为参与社会治理的一员,企业应改变经营理念,承担一部分的改善社会环境、缓解社会矛盾的责任,积极发挥企业的经济功能与社会功能。从这个意义上说,公司治理也成为社会治理的一个有机组成部

分,并在一定程度上影响社会治理的水平。

(一)传统的公司治理主要为内部治理

所谓公司治理,是指公司为实现最佳经营业绩,对公司所有权与经营权所作的结构性制度安排。从各国的经验来看,公司治理是一个非常宽泛的概念,既包括确保公司有效运转的内部管理体制,也包括确保公司高管和员工履行职务符合法律法规、规章制度的体制。从理论上说,良好的公司治理能够有效提高公司合法经营的能力并降低犯罪的可能性。公司治理是股东监督董事、监事等经营层的管理体系,内部控制是董事、监事、高级管理人员履行职务时风险管理及合规管理的体系。

传统的公司治理结构主要调整的是股东大会、董事会、监事会和管理层在公司决策、经营等方面所形成的相互制衡关系。一般而言,公司治理结构的基本目标是要解决两个关系:一是股东和经营者的关系,亦即所有权和经营权的关系;二是大股东和中小股东的关系,探讨的就是控股股东侵害中小股东利益的现象,而如何保护中小股东权益,属于现代公司治理的一大难题。传统公司治理主要是内部治理,集中在民商事领域,主要依赖于公司内部控制制度本身的完善,与此相适应,构建有效的企业治理结构也被认为是专属于管理人的职责。

(二)合规侧重于公司外部治理

21 世纪之前,美国的公司治理结构长期被视为公司治理的典范,但 2001 年发生的"安然虚假报表事件",不但导致为安然公司进行会计审计业务的世界著名会计师事务所安达信被强令解散,而且使美国以效益为导向的公司治理结构受到质疑,合规要求开始成为美国公司治理中的核心制度。

对于国内企业来说,在国内市场基本饱和的情况下,"走出去"无疑会成为许多企业的发展战略,而走出去面临的最大挑战就是违法和违规的风险。但是,以美国为代表的西方国家经常以中国涉外业务企业违反所在国合规要求为名对中国企业进行"长臂管辖",使中国企业的正常经营活动受到不必要的干扰。因此,通过强化企业海外投资经营行为的合规管理并构建符合要求的公司治理结构,使企业遵守投资所在国法律法规,不仅能帮助企业适应国际市场规则,增强竞争力,而且也是企业防范风险的必要措施。

无论国外还是国内,构建企业合规管理体系是企业及企业家维护其自身合法权益,保障企业持续健康发展的基本需要,是企业防范合规风险、创新发展、提升竞争力的重要保障。如前所述,合规主要防范的是企业在经营过程中可能受到行政处罚或刑事追究、经济制裁而承担的合规风险,行政处罚及刑事合规这一制度设立的目的并非通过判令企业有罪并对其课以刑罚的方式来惩罚企业,而是通过外部施压的方式,强化企业合规制度建设和增强合规意识为目的,督促企业完善公司治理体系,通过制定合规制度,按照外部法律法规的要求统一制定并持续修改内部合规规范,监督内部合规规范的执行,对违规行为进行持续监测、识别、预警,防范、控制、化解公司经营管理活动可能产生经济犯罪的风险的一整套管理活动和机制,因此合规是公司治理的重要部分。

从合规视角看,企业合规管理体系是有效防范、识别、应对可能发生的合规风险,即以风险防控为导向的公司治理体系。企业要建立常规的、有效的合规管理体系,减少可能给企业带来严重后果的合规风险。以要求公司构建合规制度为目的的暂缓起诉协议制度为典型代表,企业合规制度已超越了传统的公司内部的商事治理而拓展至刑事领域,其目的也从改善公司经营上升到保障社会经济环境和国家安全的高度,将企业合规要求放到社会治理的大背景之下,从而实现了完善公司治理与社会治理优化的同步发展。公司治理正在从仅重视内部控制的内部治理到承担社会责任的外部治理的转变。

四、企业合规在公司治理中体现不足

合规与公司治理密切相关,只有实现完善的公司治理,才能真正做到公司合规,但目前很多企业还未将合规管理纳入公司治理范畴。

(一)未建立现代公司治理结构

我国一些企业特别是中小企业并没有建立真正的现代公司治理结构,公司人格与股东人格混同的情况经常发生,公司的所有权、经营权、监督权并未分离,未形成有效的制衡局面,而是公司的实际控制权掌握在某一股东手中,公司的经营决策权通常由该控股股东或代表其利益的管理人一人说了算,股东会、董事会形同虚设,致使公司的管理制度虚置,而为了获取自身利益最大化,这些实际掌握公司控制权的决策者、管理人直接决策、授权或允许非法经营活动。

(二)决策者对企业合规的本质和功能定位认识不清

企业合规是为有效防范、识别、应对可能发生的行政监管处罚风险、刑事法律风险以及国际组织经济制裁风险，所建立的自我监管、自我报告、自我预防和自我整改的公司治理体系。如前所述，其不同于一般的法律风险防范。很多企业大多没有将合规组织与原有的法律事务部门完全分离开来，而是由公司总法律顾问或法律总裁兼任首席合规官，或者将合规部门设置在法律事务部之下。

（三）未构建有效的合规管理组织体系

有效的合规管理，要在企业内部形成合理的组织结构，方能高效运行。而目前我国大部分企业未构建合理有效的合规管理组织结构，企业内部各部门本位主义现象严重，各自为政，负责合规管理工作的职责部门与各部门的各项工作权责关系不够清晰，不具有组织独立性，形不成有效合力，无法有效发挥合规管理作用，合规管理水平整体难以提升。

五、合规对公司治理的要求

现代公司治理理念认为企业具有社会属性，企业应在营利之外承担社会责任，企业必须对员工、供应商、消费者、投资者等利益相关方承担一定的社会责任，甚至有义务维持良好的市场秩序并实现良好的社会效益。合规作为一种公司治理方式，在建立有效的合规计划之后，还必须构建较为成熟的合规组织体系，即在传统公司治理结构以外建立起合规委员会、合规部门等独立的合规组织体系，中小微企业可以设立首席合规官。要改变将合规作为一般法律风险对待而交由法务部门负责的错误观念。从公司治理的角度而言，合规业务的把控层级比法律顾问的着眼点更高，合规业务对于企业的重要性也远超过传统的法律事务。

（一）董事会之下设置独立的合规委员会机构

1. 合规管理机构负责人应由董事会的一名主要成员或独立董事担任

公司作为拟制的法人，并没有独立于自然人的思维。公司对外的行为是否依法合规，关键在于公司治理中的自然人，特别是决策人和管理人的行为是否依法合规。因此合规部门的负责人应由管理高层即董事会的重要成员或独立董事担任。

2. 高层管理人员要作出承诺与表率

2005 年 4 月，巴塞尔银行监管委员会发布了《合规与银行内部合规部门》，对金融企业构建合规部门确立了一般性的原则。该文件要求，合规应从高层做起，唯有董事会和高级管理层作出表率,合规才最为有效。该文件确立的合规原则主要有:董事会的合规领导责任;高管对合规风险管理负责;高级管理层负责制定和传达合规政策,确保合规政策得到遵守,并就合规风险管理向董事会汇报。ISO 37301《合规管理体系要求及使用指南》关于企业合规管理体系也针对治理机构和最高管理层提出要求,企业治理结构和最高管理层应确保在组织内分配和沟通相关角色的职责和权限。因此公司治理机构和最高管理者应做出有效合规管理的积极承诺,并贯穿整个组织。

3. 保障合规部门的独立性

公司应设立合规部门,即组建一个独立的合规风险防控部门,合规部门设首席合规官,直接向首席执行官负责;公司在所有分支机构和职能部门都应设立合规部门,合规部门应接受公司合规委员会和首席合规官的直接领导;合规部门应保持最大限度的独立性,为避免利益冲突,合规官应由专职人员担任,而不应承担公司内部的其他与合规管理有冲突的工作,确保合规部门独立地识别合规风险,各部门要接受合规部门的独立审查。

4. 公司应构建自上而下自成体系的合规组织结构

在合规委员会下设首席合规官,由后者组建领导一个自上而下的合规管理团队,一旦发现公司存在合规风险,合规部门不仅要向合规委员会进行报告,而且还要向董事会直接报告。合规组织不仅需要自成体系,而且要和企业组织体系维持紧密联系,将合规管理的制度要求全面渗透到企业的领导机构、管理团队、业务部门、业务岗位直至全体员工中。合规过程中,不仅要求合规组织完成合规计划的制订、合规职责的配置、合规考核整改和警示教育的落实,而且要建立与业务部门、业务岗位的紧密合作关系,公司在各项业务运行、财务管理乃至审计监督等环节,要为合规部门提供充足的资源,共同对合规风险进行及时准确的识别、监测和清除,保障合规管理体系发挥有效作用。

(二)董事会的合规职责

《公司法》第46条规定,董事会决定公司内部管理机构的设置,因此合规组织的设立应由董事会决定,任命合规团队并授予必要的权力、支持和资源。董事会批准公司的合规管理战略规划,监督合规政策的有效实施,审议批准合规基本制度以及合规管理报告,对公司合规管理的有效性作出评价,使公司经营管理中的合规缺陷得到及时有效的解决,同时要确保最高管理层的岗位职责中包括合规责任，确保公司在经营过程中坚持合规承诺，适当处理不合规行为。

（三）监事会的合规职责

作为公司内部的监督机构，监事会的角色定位就是防止董事会、管理层滥用职权，损害公司和股东利益。监事会的合规管理职能，就是监督董事会和高级管理层合规管理职责的履行情况，监督董事会的决策与流程是否合规，对引发重大合规风险负有主要责任的董事、高级管理人员提出罢免建议，向股东会会议提出提案，针对公司合规管理中存在的制度性缺陷和问题进行及时纠正等。

（四）经营管理层的合规职责

作为公司经营管理的执行者，经营管理层应全面推进公司合规管理，有效管控合规风险，经营管理层要牵头建立健全合规管理架构，批准合规管理计划，制定书面的合规政策，并根据合规风险管理状况以及法律、规则和准则的变化情况适时修订合规政策，明确合规管理流程，确保合规要求融入业务领域，发现违规事件时及时采取适当的纠正措施，并追究违规责任人的相应责任等。

综上所述，企业应将合规纳入公司治理，企业治理结构和最高管理层应确保在组织内分配和沟通相关角色的职责和权限，治理机构应确保最高管理层根据合规目标的实现情况进行衡量，对最高管理层运行合规管理体系的情况进行监督，最高管理层应为建立、开发、实施、评价、维护和改进合规管理体系，分配足够和适当的资源，确保战略和运营目标与合规义务之间的一致性以及合规绩效与人员绩效考核相结合。

数据跨境流动合规审查问题研究

胡鸿雁*

随着全球各国数字产业及大数据、云计算技术的迅猛发展，数据流动将对全球经济产生更深远的影响，由此产生的数据红利与数据安全之间的矛盾也将深刻影响未来数字经济的走向。为了平衡这两者之间的矛盾，抢占新一轮经济竞争制高点，各国纷纷建立、完善数据跨境流动的相关国内规则，并积极推动、参与国际规则的制定。聚焦全球数据跨境流动规则现状、案例发展实践，主动进行合规遵从，对冲和降低风险和不确定性压力，并将数据跨境风险控制机制化、常态化。

一、全球多边(区域)数据跨境流动规则现状

联合国贸易和发展会议发布《2021 年数字经济报告(数据跨境流动和发展：数据为谁而流动?)》[DIGITAL ECONOMY REPORT 2021(Cross – border Data Flows and Development：For Whom the Data Flow)，以下简称《报告》]。《报告》深入探讨了数据跨境流动的发展和政策，指出国家和国际层面上的数据跨境流动政策走向不仅影响贸易、创新和经济进步，还将影响与数字化成果分配、人权、执法和国家安全有关的一系列问题。

(一)世界贸易组织多边规则框架体系议题与进展

在 2017 年 12 月举行的第 11 届部长级会议上，71 个世界贸易组织(WTO)成员同意就未来 WTO 与贸易相关的电子商务谈判展开探索性工作，发表了关于推进电子商务讨论、建立多边投资便利化框架、成立微观工作组、中小型企业

* 法学博士，三亚学院副教授。

(MSMEs)以及推进正在进行的关于服务贸易国内监管的谈判。

2019 年 1 月,WTO 76 个成员在一份联合声明中确认了启动这些谈判的意愿。他们同意“寻求在现有 WTO 协议和框架的基础上,在尽可能多的 WTO 成员的参与下,取得高标准的成果”。包括美国、欧盟、日本、新加坡、澳大利亚、中国、巴西、俄罗斯在内的 76 个 WTO 成员共同签署《关于电子商务的联合声明》,确认将在 WTO 现有协定框架基础上,开展与贸易有关的电子商务诸边谈判,探索 WTO 多边框架下的法律监管新途径。其中以美国为代表的发达经济体主张跨境数据自由流动,对电子传输永久免征关税,并禁止数据本地化。中国认为,WTO 电子商务谈判应有利于维护多边贸易体制,坚持开放进程和发展导向,尊重发展中成员的合理诉求,在技术进步、商业发展与各成员合理的公共政策目标之间实现平衡,通过平等协商达成各方都能接受的结果。只有这样,才能充分发挥电子商务的巨大潜力,帮助广大发展中成员把握相关发展机遇并从中获益,更好参与经济全球化进程。[①] 跨境数据流动以及数据存储本地化等问题需进行“进一步解释性讨论”。

2020 年,在贸易和环境可持续性以及塑料污染和环境可持续性塑料贸易方面发起了新的倡议,这些小组对所有成员开放。[②]

2021 年 9 月,各成员发布了一份经修订的综合谈判文本,其中总结了进展情况,并作为正在进行的谈判的基础。在 2021 年 12 月举行的联合新闻发布会上,共同召集人对该倡议取得的进展表示欢迎。2021 年 12 月 14 日,联合召集人澳大利亚、日本和新加坡贸易部长于 14 日发表联合声明表示,新冠肺炎疫情增加了制定全球数字贸易规则的紧迫性并带来了挑战,谈判仍以虚拟形式继续取得进展。作为联合召集人的三位部长重申新冠肺炎疫情凸显了数字经济的重要性,加速了数字转型,更有必要制定全球数字贸易规则。86 个 WTO 成员参加该电子商务联合声明倡议(Joint Statement Initiative on E - commerce),这一倡议将更新世界贸易

---

① 中国与 75 个 WTO 成员在达沃斯发表关于电子商务的联合声明,载 http://www. mofcom. gov. cn/article/ae/ai/201901/20190102830332. shtml,2022 年 5 月 1 日访问。

② 谈判的基础是成员向 WTO 全体成员提供的文本建议。会议通过全体会议、焦点小组和小组会议的方式进行。成员提交的意见书涉及 6 个主题,分别是促进电子商贸、开放及电子商贸、信任及数码贸易、跨领域议题、电讯及市场准入。在整个谈判过程中,共同召集人鼓励与会者考虑成员所面临的机会和挑战,包括发展中国家和最不发达国家以及小企业,载 https://www. wto. org/english/tratop_e/ecom_e/joint_statement_e. htm,2022 年 5 月 1 日访问。

组织在一个对全球经济至关重要的领域的规则。①

第一，数字经济对新冠肺炎疫情后经济复苏的重要性。数字经济为发展中成员和最不发达国家提供了巨大机遇。包括降低企业，特别是中小微企业进入和参与全球市场的成本。WTO 关于数字贸易的规则和承诺有助于释放这些机会。

第二，我们将在现有 WTO 协议和框架的基础上，继续推动谈判取得高标准和具有商业意义的成果，并鼓励尽可能多的 WTO 成员参与部长级声明中启动的谈判。

第三，谈判小组在八项议题上取得了良好的共识。涉及网上消费者保护、电子签名和认证、非应邀商业电子讯息、开放政府数据、电子合同、透明度、无纸化交易、开放互联网接入。在这些领域已经取得的成果将在增强消费者信心和支持企业在线交易等方面带来重要的好处。

2022 年年初，世界贸易组织在多边框架下开始加强电子传输关税、跨境数据流动、数据本地化、源代码、电子交易框架、网络安全和电子发票，以及关于市场准入领域的深入讨论。特别地，促成和促进数据流动的条款是取得高标准和具有商业意义成果的关键。鉴于支持发展中成员和最不发达成员参与该倡议，包括履行承诺的重要性，世界贸易组织对发展中成员和最不发达成员能力建设方案和实施支持继续深化讨论。

（二）区域规则框架体系与发展

1. 欧盟《通用数据保护条例》（General Data Protection Regulation，GDPR）

欧盟《通用数据保护条例》于 2016 年制定，并于 2018 年 5 月 25 日生效。GDPR 改变了数据隐私、控制、处理和本地化方面的全球监管格局。GDPR 治外法权原则扩展了其数据隐私监管领域的管辖权，因为它适用于处理居住在欧盟的个人数据的公司，无论该公司位于何处。GDPR 对决定如何以及为什么收集和处理个人数据的实体和代表控制者处理数据的实体设置了严格的条件。与其他制度不同，GDPR 明确数据处理者在违约事件中会有更大的义务和责任，规定数据控制者更多的义务以确保其与数据处理者协议符合 GDPR，并规定违法者可能会被

---

① WTO Joint Statement Initiative on E – commerce Statement by Ministers of Australia, Japan and Singapore.

罚款高达年度全球营业额的4%或2000万欧元。[①] GDPR要求系统设计时默认保护隐私。在系统设计时,保护资料就应被考虑,而不是一个简单的增加。在设计系统时,就应只为特定目的且必需而处理个人资料。GDPR要求某些机构设置内部的资料保护办公室,并将其涉及定期和有系统地监测大规模或特殊类别数据或与刑事定罪和违法有关的数据运作的核心活动须委任内部数据保护办公室。GDPR还加强了同意和问责的条件,同意请求必须以一种可理解和易取得的形式发出,并在该同意后附上数据处理的目的,创建强制违规通知要求。其主要内容有:

(1)GDPR个人数据定义为包括可以直接或间接识别特定数据主体的任何信息。生物特征数据,包括身体特征,如身高或体重;生理特征,如DNA、指纹或面部识别图像;还有行为特征,比如步态或声音。遗传特征出生时获得的遗传特征,如民族或种族特征。健康数据,包括身体/精神状况记录和保健代码。其他数据,包括IP地址、cookie、地理位置或射频标签等在线标识;设备标识符,如MAC地址;个人识别信息(PII),如姓名、员工编号、医疗记录编号或社会安全号码;电子邮件、即时消息、照片、文化、经济或社会数据。

(2)地域范围。GDPR规则适用于在欧盟向个人提供商品和服务或监督个人的任何组织,无论该组织是否在欧盟/欧洲经济区有实体存在。

(3)GDPR将个人资料保护确立为一项基本人权,包括个人查阅、更正、删除或转移其个人资料的权利。加强保障个人资料的基线规定和责任。在整个欧盟范围内提供数据保护规则的标准化应用,从而促进个人数据在欧盟和欧洲经济区(EEA)内外的合法流动。

(4)数据主体的权利。①知情权。有权了解公司如何收集他们的个人数据,他们将保留这些数据多久,他们将如何使用这些数据,以及他们将向谁分享这些数据。②查阅权。查阅公司收集的个人信息的权利,包括要求获得数据副本的能力。③更正权。当数据不完整或不准确时,有权对其进行更正。④删除权。公司删除个人数据的权利,包括“被遗忘的权利”。但也有一些例外,包括公司需要这些数据来履行法律义务的时候。⑤限制处理权。限制数据控制者处理个人数据的权利,即使个人不能要求删除。⑥数据可携性的权利。数据主体可以获得和使用他们的个人数据,并要求公司以电子方式将其发送给第三方。⑦拒绝权。反对

---

① 这是对最严重的侵权行为所能处以的最高罚款。罚款是分级的,并且这些规则同时适用于数据控制者和数据处理者。

处理个人数据的权利,例如用于科学研究,但公司可以证明使用数据是合法的。⑧不受自动化决策和请求人工审查的权利,包括当一个决策是由算法做出时被告知的权利。

(5)GDPR 数据安全性的要求。数据安全性涉及 99 个相关条文规定,其中主要涉及第 25 条有关设计和默认的数据保护、第 32 条有关数据处理的安全、第 33 条有关向监管部门通报个人数据泄露情况、第 34 条向数据主体告知个人数据泄露、第 35 条数据保护影响评估和第 44 条数据向欧盟外转移的一般原则的规定。

2. 亚洲的两个主要隐私框架协议

数据隐私的监管框架对于促进亚洲和世界各地的跨境数据流动至关重要,国际数据流动极大地推动了全球 GDP 增长。亚洲各国政府努力开发和实施数据隐私框架,以有效保护其公民的数据,同时允许数据以支持贸易和创新的方式跨境流动。这些框架协议鼓励跨区域的融合,并努力促进数据流动保持类似水平的保护。亚洲现存两个主要隐私框架:东南亚国家联盟(东盟)(Association of Southeast Asian Nations,ASEAN)的《个人资料保护框架》(ASEAN Framework on Personal Data Protection)和亚太经济合作组织(Asia - Pacific Economic Cooperation,APEC)《区域隐私框架协议》及其配套系统。

(1)东盟《个人资料保护框架》。

2012 年,东盟通过了区域性《东盟人类宣言》,其中包含数据隐私权利的条款,具有里程碑的意义①。2016 年,东盟各国部长通过了东盟《个人资料保护框架》,包含了一套指导在国家和区域两级实施数据保护措施的原则②。东盟《个人资料保护框架》旨在促进区域一体化与合作,推动东盟数字经济发展,实现安全、可持续和转型。《个人资料保护框架》在各成员国的国内法律及规例中规定的个人资料保护,并促进各成员国之间的资料自由流通。在国内层面,实施该框架的经济体可采取适合其国内特殊情况的例外情况,框架没有建立任何具有法律约束力的国内或国际义务。《个人资料保护框架》包含同意、通知和目的原则,个人资

---

① ASEAN, *ASEAN Human Rights Declaration*(November 2012), http://asean.org/asean - human - rights - declaration/, Article 21: Every person has the right to be free from arbitrary interference with his or her privacy, family, home or correspondence including personal data, or to attacks upon that person's honour and reputation, visited on May 1st, 2022.

② ASEAN, *Framework on Personal Data Protection*(16 November 2016), http://asean.org/storage/2012/05/10 - ASEAN - Framework - on - PDP.pdf, visited on May 1st, 2022.

料准确性原则,安全维护原则,个人资料查阅和更正原则,转移合法性或同意原则,及时删除原则,规则遵守原则。

(2)亚太经合组织《区域隐私框架协议》。

2004 年 11 月,APEC 21 个成员的部长们支持 APEC 的隐私框架。该框架包括 9 个指导原则,以帮助 APEC 成员经济发展,并提供一种符合国内的方法来保护个人信息,该框架于 2015 年进行了更新。该版本与 2013 年经济合作与发展组织(Organization for Economic Co – operation and Development,OECD)隐私的核心价值观是一致的,它构成了区域系统发展的《亚太经合组织跨境隐私规则》(the APEC Cross – Border Privacy Rules,CBPR),以确保跨境的个人信息不断自由流动,并为个人信息的隐私和安全提供有意义的保护。CBPR 得到了 APEC 的认可,在亚太地区发挥着关键作用,推动了一项政策框架。目前有加拿大、日本、韩国、墨西哥、新加坡和美国 6 个国家参与 CBPR。CBPR 系统包括 4 个要素:问责机制,信息控制准则,评估准则,执行机制。与 OECD 框架相比,亚太经济合作组织 CBPR 系统更进一步,它提供了一个正式的系统,成员经济体可以参与其中,使其本地公司获得证明其提供最低限度隐私保护的正式认证。虽然公司参与 CBPR 是自愿的,但一旦公司被纳入该系统,其承诺就会在法律上得到强制执行。CBPR 制度不会取代或改变一个国家的国内法律和法规。一个参与 CBPR 系统组织为履行承诺与任何可能适用的国内法律要求是分开的,即在特定国家没有适用的国内隐私保护要求的情况下,CBPR 系统旨在提供最低水平的保护;当 CBPR 系统的要求超过国内法律法规的要求时,将需要参与者自愿执行这些额外的要求。

3. OECD 隐私框架

OECD 隐私框架 Privacy Framework 现代化始于 1980 年,并在 2013 年进行了更新。[①] 最初的框架代表了如何在有效保护隐私与个人数据自由流动之间取得最佳平衡的首次国际共识。该框架旨在制定一套技术中立和灵活的官方指导方针,指引众多亚洲国家在内的国家监管和自我监管,确认在促进和保护隐私、个人自由及全球资讯自由流通等基本价值方面的共同利益,提高隐私框架之间的可操作性,加强隐私执法部门之间的跨境合作,消除成员之间的经济和社会关系的发展造成不合理的障碍。为此,该框架协议采用以风险为基础的方法制定政策和采取

① OECD, *The OECD Privacy Framework* (2013), http://www.oecd.org/sti/ieconomy/privacy – guidelines.htm, visited on May 1st, 2022.

措施以保护隐私。该框架协议鼓励成员发挥领导作用,并致力于保护政府最高层的隐私和信息自由流动,通过包括所有相关利益攸关方在内的程序促进该框架协议的实施,邀请非成员提出遵守建议,并与成员合作跨境实施这些建议。该框架协议包括如下广为接受的原则:搜集限制原则、数据质量原则、目的明确化原则、使用限制原则、安全维护原则、公开性原则、个人参与和信任原则。

OECD 框架协议建议各成员不应限制遵守该框架协议的成员之间的个人数据流动,采取足够的保障措施以确保相应的保护水平,规定对个人数据跨界流动的任何限制都应与所涉风险相称,考虑数据的敏感性以及处理的目的和背景。该框架协议呼吁成员采取适当措施促进跨境隐私执法合作,特别是通过加强隐私执法部门之间的信息共享,敦促成员支持发展国际安排,促进隐私框架之间的可操作性,从而切实落实隐私框架。OECD 建议如制定国家隐私战略、采用隐私法和建立隐私执法机构等实施的步骤,鼓励自我监管、适当的制裁和补救措施、行使个人权利和确保数据主体不受不公平歧视的手段、考虑各种行为者的作用并采取教育和技能培训等补充措施。

二、我国数据跨境流动规则现状

2017 年,中国国家主席习近平提出,“要构建以数据为关键要素的数字经济”,确立了数据在数字经济中的关键地位;2020 年 3 月 30 日,中共中央、国务院发布《关于构建更加完善的要素市场化配置体制机制的意见》,将数据与土地、劳动力、资本和技术四大生产要素并列,并明确提出“加快培育数据要素市场”;2021 年 3 月,“十四五”规划进一步提出“激活数据要素潜能”。至此,数据要素在经济发展中的重要性已经进入国家决策层面。

(一)我国现有的法律规制

2012 年 12 月 28 日,我国通过了《全国人民代表大会常务委员会关于加强网络信息保护的决定》。该决定不仅确立了“能够使公民被识别并影响其私人生活的电子信息”的保护,而且还确立了网络服务提供商及其他公司、实体在个人数据保护方面的义务,为我国的数据立法奠定了一定的基础,但其对数据的保护仅限于境内,对数据的跨境流动并未作详细规定。

2015 年 7 月 1 日,《国家安全法》开始实施。该法第 2 章“维护国家安全的任务”中提到了国防、金融、经济、能源资源、粮食安全、文化、网络安全、科技、宗教等方面。同时,该法第25条规定,国家建设网络和信息安全体系,提升网络与信息安全保护能力。这说明我国对个人信息及重要数据有了一定的重视。"数据安全可控"的目标,亦体现了国家对保护数据安全、网络主权的信心与决心。

2017年6月1日,《网络安全法》开始实施。该法可以认为是对《国家安全法》第25条的扩展和延伸。该法旨在保护网络安全,维护数据主权和国家安全,并在网络运行安全一章中设置了"关键信息基础设施的业务安全"部分。涉及数据跨境的主要是第37条:数据流动需信息安全风险评估;但是在该法中,对"关键信息基础设施"的定义又较为模糊,同时强调优先保护国家安全、经济民生和公共利益相关的数据。重要信息基础设施的具体范围和安全保护措施,由国务院规定,本条没有对关键信息基础设施的具体范围进行列举,而是对其特征予以形容。相关的安全保护办法也没有提出,而是交由国务院进一步研究制定。

除上述法律以外,国家新闻出版广电总局与工信部于2016年共同颁布施行的《网络出版服务管理规定》亦有关于数据跨境的相关规制。该规定第8条中提到,相关服务器和存储设备必须存放在我国境内。此外,交通部、工业和信息化部、商务部等六部门联合颁布的《网络预约出租汽车经营服务管理暂行办法》也有类似规定。这两个部门规章皆在《网络安全法》出台前业已颁布,而《网络安全法》的出台,将数据保护方式从个别推向了一般。通过从部门规章到法律的升级,保护的效力级别大大提升。如此,凡是关键信息基础设施提供的,符合条件的个人信息和重要数据的跨境都会受到一定的限制,这种限制不再局限于国家秘密,也不再局限于部分行业。《网络安全法》的出台,其效力之大,影响之广,由此可窥。

2020年10月正式施行的《信息安全技术个人信息安全规范》定义了数据处理主体收集、存储、使用、交换个人信息的合规性要求,并指明了数据处理主体应制定隐私协议的大体方向。其中规定:在我国境内收集的个人信息向国外提供的,数据处理主体应当向主管当局申请安全评估。第9条第8款还规定了个人信息的跨境传输,与其他法律、法规相衔接,才能真正发挥该条款的作用。

1.《网络安全法》

2016年11月7日,全国人大常务委员会发布《网络安全法》,并于2017年6月1日正式生效。《网络安全法》第一次从法律层级对于数据跨境流动提出了安全要求,主要体现在第37条:"关键信息基础设施的运营者在中华人民共和国境内运营中收集和产生的个人信息和重要数据应当在境内存储。因业务需要,确需向境外提供的，应当按照国家网信部门会同国务院有关部门制定的办法进行安全评估；法律、行政法规另有规定的，依照其规定。”

2.《数据安全法》

2021 年 6 月 10 日，全国人大常委会发布《数据安全法》，并于 2021 年 9 月 1 日正式生效。《数据安全法》并未就数据跨境流通作详细规定，而是就数据跨境流通的问题引用《网络安全法》的相应规定并明确由国务院与国家网信部门制定具体规则。

3.《个人信息保护法》

2021 年 8 月 20 日，全国人大常委会发布《个人信息保护法》，并于 2021 年 11 月 1 日正式生效。针对跨境数据流动方面，《个人信息保护法》赋予了必要的域外适用效力，以充分保护我国境内个人的权益。《个人信息保护法》第 3 条规定，以向境内自然人提供产品或者服务为目的，或者为分析、评估境内自然人的行为等发生在我国境外的个人信息处理活动，也适用该法；并要求境外的个人信息处理者在境内设立专门机构或者指定代表，负责个人信息保护相关事务。同时，《个人信息保护法》的第 3 章明确规定了个人信息跨境提供的要求与条件。

4.《个人金融信息保护技术规范》

2020 年 2 月 13 日，中国人民银行发布《个人金融信息保护技术规范》，并于同日正式生效。其中第 7.1.3(d)条明确规定：“在中华人民共和国境内提供金融产品或服务过程中收集和产生的个人金融信息，应在境内存储、处理和分析。因业务需要，确需向境外机构（含总公司、母公司或分公司、子公司及其他为完成该业务所必需的关联机构）提供个人金融信息的，具体要求如下：· 应符合国家法律法规及行业主管部门有关规定；· 应获得个人金融信息主体明示同意；· 应依据国家、行业有关部门制定的办法与标准开展个人金融信息出境安全评估，确保境外机构数据安全保护能力达到国家、行业有关部门与金融业机构的安全要求；· 应与境外机构通过签订协议、现场核查等方式，明确并监督境外机构有效履行个人金融信息保密、数据删除、案件协查等职责义务。”

（二）尚在立法阶段的法律规制

如前所述，我国已经对数据跨境流动实施了一些限制，但一些概念（如关键信息基础设施和数据安全级别评估）尚未明确定义。如果要切实执行《网络安全法》第 38 条的规定，真正达到维护我国数据主权和数据安全的目的，又不影响跨境数据的正常流动，相关配套措施需要被提上日程。

1.《个人信息与重要数据出境安全评估办法（征求意见稿）》

2017 年 4 月 11 日，国家互联网信息办公室发布了《个人信息与重要数据出境安全评估办法（征求意见稿）》（以下简称《评估办法》），将负责数据出口安全评估的主体从关键信息基础设施运营商扩展到所有网络运营商。对个人信息、重要数据、网络运营者等概念进行了规范，并对数据出境的评估程序、评估标准、评估频率、评估主体等予以较为详细的规定。作为网络安全法出台后首次公开征求意见的配套办法，《评估办法》回应了网络安全法中规定较为模糊的"个人信息"与"重要数据"的问题，未来出台将会对网络安全法起到一定的补充作用。

2.《信息安全技术数据出境安全评估指南》

2017 年 5 月 27 日，全国信息安全标准化技术委员会发布了《信息安全技术数据出境安全评估指南（征求意见稿）》（第一稿）。该指南作为网络安全法的又一配套措施，着力于填补前述《评估办法》中的空白领域：

一是数据出境的评估流程。评估工作流程分为几个重要步骤，包括评估启动，数据出境计划，出境计划的合法性和风险性评估，评估报告的形成、审核与更正。

二是评估数据出境计划的要点。该指南着重评估合法正当性和风险可控性，并对二者的具体要求加以阐释。其中，"风险控制"要求全面考虑数据属性以及数据跨境流动时发生安全事件的可能性。

三是对"重要数据"的解释。指南附录 A 中指出，重要数据是指出于维护国家安全、经济发展利益与公共利益的目的与国家机密无关但紧密相关的政府、企业和个人的数据（包括原始数据和派生数据）。这些数据关系到政治安全、经济利益与公共秩序。除此之外，还列举了如石油、天然气、煤炭、电力等 27 个行业的重要数据以供各主管部门参考。

四是细化规定数据出境情形。该指南将数据的输出限制为"电子形式"，并且不包括两种情况：其一，如果在中国未更改或处理数据，仅仅是经过中国，不属于数据出口；其二，包括网络运营商在内的数据处理主体应依法披露出境的数据。

2017 年 8 月 30 日，全国信息安全标准化技术委员会再次发布了《信息安全技术数据出境安全评估指南（征求意见稿）》（第二稿）。与初稿相比，第二稿主要有以下几个特点：一是对"境内运营"概念的补充，国内经营增加了"未在中华人民共和国境内注册，但在中华人民共和国境内开展业务或提供产品、服务的网络经营者”的数量；二是对“重要数据”的补充说明，政府主动信息公开的数据不再被视为重要数据；三是对“数据出境”概念的补充，添加了三种类型的数据出境，同时排除了两种不属于数据出境的情况；四是对评估流程的再分类。《信息安全技术数据出境安全评估指南（征求意见稿）》（第二稿）中的评估责任主体、评估启动流程、评估要点与第一稿有所不同。数据出境安全评估流程上首先是评估数据出境目的，其次是评估数据出境的合法性、正当性和必要性，即安全风险评估。按评估主体划分，有安全自主评估和主管部门评估两种类型。

可见，目前中国有关数据流动规制方面的法律法规呈现如下特点：对于个人、组织与数据有关的权益予以保护，探索制定信息技术安全、数据隐私保护、跨境数据流动等重点领域规则，并且设立相应的管理制度。对于公共管理和服务机构在履行职责或提供服务时产生、处理的公共数据逐步开放。加强对涉及国家利益、公共安全、商业秘密、个人隐私、军工科研生产等信息的保护，严厉打击非法泄露和非法买卖数据的行为。各地方规范性文件从主体上主要为自由贸易区、各地信息化部门以及其他政府主体，一般政府主体往往以《远景规划》的形式发布，自由贸易区主要对于数据保护、数据交易以及跨境数据流动作出细化规定。

三、数据跨境流动合规审查实证思考

鉴于篇幅，笔者选取欧盟、美国、中国为数据跨境流动实践考察的主要对象。

（一）欧盟数据跨境流动合规审查实践

随着 GDPR 的出现，数据传输协议，无论是从控制者到处理者、从处理者到子处理者，还是任何其他各方的组合需要更严格的审查和细节。如果个人数据在欧洲经济区（The European Economic Area，EEA）之外被转移或访问，双方之间的转移协议不仅需要解决转移本身的合法性，还需要考虑个人数据的处理，并纳入任何相关的 GDPR 要求。例如，对于将数据导出到处理者或子处理者，GDPR 规定了协议除处理传输外必须包括的详细要求。在转让协议中包含强制性细节的要求，是 GDPR 带来的一个关键变化。与之前的欧洲隐私制度一样，在 GDPR 下，欧盟默认的立场是欧盟个人数据不能在欧洲经济区以外转移或访问，除非满足某些条件。例如，欧盟委员会（European Commission）已经确定了针对特定国家的充分性决定，或适当的保障措施已经到位，包括有约束公司规则（Binding Corporate Rules，BCRs）、标准合同条款（Standard Contractual Clauses，SCCs）或隐私保护盾认证(Privacy Shield certification)。转让协议应说明所依赖的条件,并酌情在协议本身中包括有关的充分性机制,例如在使用示范条款时。

作为数据的控制人应考虑数据转移的时间和转移的类型,是当前转移还是未来转移,是直接转移还是间接转移。直接转移是指与出口商签订合同的信息的接收方位于欧洲经济区以外。如果承包接收方位于 EEA 内部,但涉及包括集团公司在内的 EEA 外部的其他处理者或子处理者,则会发生间接转移。在开始审查或起草协议之前,还需要考虑建立双方之间的数据处理关系,例如,数据是共享的控制者对控制者、控制者对处理者还是处理者对子处理者,或者以上的组合,双方应了解并记录被转移的基础个人数据,以确保自己和转让协议将反映的相关第三方的责任。

控制者到处理者的数据传输协议要求。GDPR 规定,控制者应只使用处理者,该处理者应提供足够的保证,以实现适当的技术和组织措施,使处理满足 GDPR 的要求,并保障数据主体的权利。因此,控制者应该对预期的加工商进行签约前的尽职调查。控制者到处理者的数据传输协议将需要:(1)转移的合法性。转让的合法依据必须明确说明,包括提及当前的直接和间接转让以及继续转移的合法基础。具体需要纳入协议的内容将取决于是否依赖减损、充分性决定或其他转移机制来使个人数据转移合法化。对于某些传输机制,在协议本身中包含该机制可能是合适的,例如,在使用控制者到处理者 SSCs 的地方。(2)GDPR 要求。在 GDPR 下,处理者和子处理者数据传输协议必须包含特定的规定和数据描述,更进一步地说,控制者的义务和权利应该反映在协议中。GDPR 处理者义务应反映在控制者和处理者或处理者和子处理者之间的协议中。(3)GDPR 处理者的义务。此外,转让协议需要反映以下内容:仅根据书面指示处理个人数据,包括将个人数据转移到欧洲经济区以外。如果成员方或其他欧盟法律要求处理者进行处理,在进行与数据控制者指令分开此类处理之前,告知控制者法律要求。确保处理数据的人员承诺保密。根据 GDPR 第 32 条规定,采取处理安全所需的所有措施。尊重与其他处理者接触的条件是:控制者可以决定(由控制者自行决定)是否通过书面协议向处理者授予指定子处理者的一般或具体事先书面授权。如果控制者决定授予一般的书面授权,处理者必须通知控制者任何打算对额外或替换子处理者进行的更改,使控制者有机会反对这些更改。第 28 条规定,无论给出具体的或一般的书面授权,处理者必须流向子处理者,与控制者和处理者之间的协议中规定的相同的数据保护义务。特别是,提供充分的保证,以实施适当的技术和组织措施的处理。如果子处理者未履行其义务,原处理者仍应对控制人承担履行子处理者义务的全部责任。考虑到处理的性质,包括使用适当的技术和组织措施,协助控制者实施数据主体权利,例如,主体访问请求、删除权、反对权。协助控制者履行其安全义务,并根据第 32 条采取适当的组织和技术安全措施来保护个人数据,同时考虑到处理的性质和处理者可获得的信息。如发生个人数据泄露,协助控制者,包括在必要时协助向相关监管机构和数据主体通知该泄露情况。考虑到处理的性质和处理者可获得的信息,协助控制者进行任何数据保护影响评估。在服务终止后,根据控制者的选择,删除或返还所有个人数据,并删除任何副本,除非成员方法律要求存储个人数据。向控制者提供所有必要的信息,以证明符合适用的义务,并由控制者或控制者授权的审核员进行现场检查。

控制者之间的数据传输协议要求。并不是每个数据导出都是在控制者和处理者之间进行的,有些传输是到另一个控制者,或发生在联合控制者之间,有些传输可能包含控制者到控制者和控制者到处理者的共享和个人数据的传输。(1)转移的合法性。只有在特定条件下,才允许将个人数据转移到另一个控制者,就像转移到基于欧洲经济区以外的数据处理者一样。同样,转让协议将需要为直接和间接以及后续转让规定合法基础。(2)GDPR 要求。GDPR 不要求彼此共享信息的独立控制人承担义务,尽管双方也可以选择解决隐私方面的责任并考虑商业安排。然而,GDPR 规定了联合控制者的义务。如果两个控制者一起决定处理的目的和方法,就会发生联合控制者关系。第 26 条规定,需要进一步考虑 GDPR 要求与上述类似,双方可以选择处理其他责任,并考虑与隐私有关的商业安排。

一般应考虑的要点是:当转让协议单独执行到主服务协议时,需要仔细考虑与主协议的交互。如果通常会载于单独转让协定的条款实际上被纳入主要协定,则主要协定的更广泛的条款也将需要加以考虑。考虑主要协定中提到的当事人和进行处理的当事人。特别是考虑集团公司。在主协议终止后,是否有法律上或其他方面需要处理个人资料或保存个人资料的记录?这是否得到了充分的处理?仔细考虑协议中更广泛的终止后条款和生存条款。考虑在主协议中的责任位置以及数据处理关系。除了处理任何已知的直接或间接的个人数据在 EEA 之外的转移外,是否处理任何额外的转移和由此产生的义务?考虑协议的一般分包条款。它们是否与所同意的子加工位置一致?除了与集团公司有关的任何第三方权利外,数据主体的权利是否受到保护?是否存在冲突或优先顺序条款?这如何解决数据保护条款?考虑到数据传输法律的变化,以及英国退欧可能带来的“并发症”,或许有必要考虑是否建立机制来改变数据传输的合法基础。

GDPR 在具体实施的技术措施上故意含糊其辞,因为 GDPR 认识到保护个人数据的方法多种多样。同时,跨境流动的数据形态是丰富的,有处于静止状态和跨网络、服务器、应用程序或端点传输中的数据。结合 GDPR 数据安全性的要求主要条款分析其合规审查清单。(见表 1)

表 1　合规审查清单

数据流动方式	25	32	33	34	35	44
变更数据管理监控、记录和数据结构变化报告。向数据合规审核员展示对数据库的更改可以跟踪到已接受的更改记录		√	√	√		
跨境数据访问管理限制哪些数据可以被境外用户访问						√
数据发现和分类:在云中和数据库中提取和分类数据需提供数据位置、数量和上下文的可见性。根据其个人信息数据类型及其安全风险级别进行分类,例如,信用卡号、电子邮件地址、医疗记录等		√			√	√
监控和保护网络中移动的数据、数据存储中静止的数据或端点设备上使用的数据。阻止攻击,特权滥用,未经授权的访问,恶意 web 请求,和不寻常的活动,以防止数据盗窃		√	√	√		
数据屏蔽:通过加密等手段对数据进行匿名化。以真实的虚构数据代替敏感数据,保持操作和统计的准确性	√	√				
通过变更控制协调、数据跨界控制、查询白名单等确保数据的完整性和保密性		√	√	√		√
保持业务集团之间的严格分离,以遵守并购要求,政府许可等	√	√				
特权用户监控:监视特权用户数据库访问和活动。如有必要,阻止访问或活动	√	√				
安全审计跟踪归档:保护审计跟踪不被篡改、修改或删除,并提供司法可见性		√	√	√		
敏感数据访问审计:监控受法律、合规法规和合同协议保护的数据的访问和变更。触发未授权访问或更改的警报。为取证创建审计跟踪		√	√	√		

续表

数据流动方式	25	32	33	34	35	44
用户权限管理能够识别用户过多、不合适和未使用的权限	√	√				
用户跟踪将网络应用程序的最终用户到共享应用程序、数据库用户到最终访问的数据	√	√	√	√		
VIP 数据隐私对高敏感数据进行严格的访问控制，包括存储在多层企业应用中的数据		√	√	√		

（二）美国数据跨境流动合规审查实践

美国凭借科技优势，大力倡导数据自由流动，在数据流入方面持积极的态度，但在数据出境方面，设置了很多限制。最佳例证就是“云法案”（the Clarifying Lawful Overseas Use of Data Act，Cloud Act）。该法案明确：

第一，“数据控制者标准”。“无论通信、记录或其他信息是否存储在美国境内，服务提供者均应当按照本章所规定的义务要求保存、备份、披露通信内容、记录或其他信息，只要上述通信内容、记录或其他信息为该服务提供者所拥有、监管或控制。”这是什么意思呢？打个比方来说，如果美国政府想调取某个欧洲国家个人的信息，这就相当于跨境调取数据，按理说应当跟这个欧洲国家协调，但是，按照“云法案”规定，只要这个人的信息掌握在美国通信公司手中，哪怕服务者在欧洲，那么这家美国公司就是“数据控制者”，就必须配合美国政府提供该人的数据。这条规定也被称为数据领域的“长臂管辖”。

第二，“符合资格的外国政府”认定。如果外国政府想效仿美国调取个人信息该怎么办呢？那就适用这个条款。但是，只有在一定条件得到满足时，才允许特定外国政府直接向服务提供者发出内容数据调取命令：①特定外国政府也给美国对等的待遇，即允许美国直接向其服务提供者发出内容数据调取命令；②数据调取的主要直接对象，不应是“美国人”且不应是位于美国境内的人；③调取命令的范围必须严格限定；④这个国家必须符合一定的人权保护和隐私保护基线。[①]

第三，在数据获取方面，美国凭借微软、Facebook、谷歌等全球性大公司，几乎

① 洪延青：《美国快速通过 Cloud 法案清晰明确数据主权战略》，载微信公众号“网安寻路人”2019年4月24日。

可以随时获取世界各国任何人、任何组织的信息;在数据出境方面,只有进入美国"白名单"的国家,在满足一系列苛刻条件的情况下,才可以获得有限的数据,而且根据该法案规定,这扇大门随时都有可能关闭,美国掌握全部主动权。

在美国,直接规定"出口控制信息"合规审查法律规范主要涵盖《出口管理条例》《国际武器贸易条例》等,涉及其规定的物品、授权应用程序以及敏感的核心技术信息,包括某些物品、商品、技术、软件或其他类型的非机密信息。这些信息未经美国政府批准或经由《出口管理条例》《国际武器贸易条例》获得管制机构的许可,不得向外国公民或外国实体的代表做出任何披露。同时,在美上市的企业还需要遵循《澄清海外合法使用数据法》相关规定,其是专门针对跨境直接调取数据的规范。根据该法案,美国执法机构可依法向全球科技公司获取其所拥有、保管或控制的数据,而无论有关数据存储于美国境内还是存储美国境外。

(三)中国数据跨境流动合规审查实践

在中国,数据跨境流动已成为国内监管的重中之重,其数据出境相关法律法规主要涉及《技术进出口管理条例》《中国禁止出口限制出口技术目录》《出口管制法》《网络安全法》《数据安全法》《个人信息保护法》《反外国制裁法》《网络安全审查办法》等。笔者主要结合《网络安全法》第 37 条规定的数据跨境转移或数据本地化。[①] 在中国,关键信息基础设施运营商传输和获取个人信息以及收集重要数据。表面上看,数据跨界传输条款看起来很简单,主要涉及数据存储本地化需求,限制个人信息和其他重要信息向中国大陆以外传输和访问。但是要理解这对现有业务模型和系统架构以及财务成本、工作和技术调整潜在范围的影响。尽管《网络安全法》允许数据跨境传输,但这只能在符合行业规定的情况下并在经过正式许可之后才被允许。

1. 数据跨境传输合规要求

根据《网络安全法》,关键信息基础设施运营商在中国收集的个人信息和其他重要数据必须存储在中国境内。将数据转移到中国以外的地区需要经过行业监管机构的安全评估和批准,这使银行等行业或地理位置等特定类型的数据几乎不可能转移。

---

① 目前,中国正在讨论个人信息和重要数据跨境传输评估措施以及数据跨境传输安全评估指南等。

(1)根据《数据跨境传输安全评估指引》,跨境传输主要有3种类型:①主动数据跨境传输。例如,从中国子公司向美国母公司的数据传输。②被动数据跨境传输。例如,美国跨国公司总部系统管理员访问中国子公司的数据。③数据转移到中国管辖范围以外的地区。例如,将数据传输到中国驻美国大使馆。

(2)合规措施。在过去,许多位于美国或欧洲外国公司采用中心化的系统和数据架构,由于这已经不符合《网络安全法》第37条的要求,公司可以选择去中心化或净化等处理。①去中心化方法需要在中国建立一个完整的、独立的基础设施和系统来管理个人信息和其他重要数据的存储和处理。基础设施和系统的技术支持、系统管理和安全操作也应设在中国。这需要一个独立的IT团队和IT环境,这可能会导致高昂的成本,并与现有的体系结构不一致。②净化方法要求,在将数据传输到中国以外的中央应用程序和基础设施进行存储和处理之前,必须删除任何可能识别个人信息的重要数据和细节。与去中心化相比,这可能需要相对较小的IT团队和环境。但是,这种方法可能需要进行广泛的业务和IT规划,以便确定哪些数据必须转移到总部,以及净化的级别或方法。

2. 数据跨境传输的安全评估

根据《评估办法》,评估可由行业监管机构或企业自行进行。在进行自我评估时,公司必须考虑如下因素:

(1)合法性,被转移的信息和数据不得违反任何法律或监管要求。

(2)必要性,数据提供者应确保由于业务运作和法律义务而有必要转移信息和数据。

(3)个人信息特征"脱敏",对个人信息进行有效的去识别和脱敏。

(4)重要的数据特征。

(5)数据传输的数量和频率,应该将数据传输的数量和频率限制在维护业务操作所需的范围内。

(6)数据提供者和接收方的安全能力,应审查数据提供者和接收方之间签订的法律合同,以确保在合规问题以及数据安全和隐私保护方面的义务得到明确界定。

(7)接收方所在地的政治和法律环境,评估时应考虑接收方所在国家是否有特定的数据安全和隐私法律,特别是法律可能允许当地当局访问转移的信息。

3. 中国数据跨境转移合规审查挑战

(1)大量和持续开支。去中心化需要在中国本地化基础设施、系统和管理,这可能会导致重大的实施成本和公司年度 IT 预算的增加。公司必须考虑数据中心运营、安全运营、IT 管理、基础设施和系统维护以及 IT 资源的成本。只要这些独立的基础设施和系统在中国运行,就都需要资金以及持续的运营费用。技术上的不胜任和设计上的不全面常常导致数据安全事故或不符合法律或其他标准,而重新设计、补救、降低风险、恢复以及业务中断则又形成一定的潜在成本。因此,公司在建立中国的 IT 环境和 IT 团队时,应确保技术文档的全面性和技术能力的全面性,并要考虑这方面的成本支出。

(2)在中国具备足够的资讯科技能力。去中心化和净化方法都需要一定程度的基础设施系统架构变更与升级改造。虽然去中心化方法在架构重新设计方面需要较少的努力,但是去中心化也可能需要构建更加完整的基础设施和系统。对于这两种方法,企业必须确保在中国拥有足够熟练的资讯科技资源,以支持本地资讯科技基础设施和系统的运作,以及本地的业务需求。特别是,公司将不得不聘请当地的网络安全团队,以确保适当的网络安全保护和遵守法律。公司在中国大陆本地建立和管理自己的 IT 团队可能会遇到困难,导致可能需要将某些功能外包给有经验的本地服务提供商。

合规审查案例思考延伸:

2022 年 5 月 11 日全国首批场内跨境数据交易正式落地深圳市。

相关主体:深圳数据交易所、数库科技作为数据提供方/处理方向数据需求方头部对冲基金,针对对冲风险防控,基于公开的新闻信息分析原创数据集,进行“历史数据测试→签订采购合同→增量数据推送”,数据需求方头部对冲基金在订阅期内持续享受专业高效的数据服务并按年付费。[①]

法律法规:该案涉及《网络安全法》第 37 条规定的向境外提供数据的法律规则[②],《数据安全法》第 31 条确立的数据出境的基本法律规则[③],《数据出境安全评

---

① 袁炯贤:《全国首批跨境数据交易产品诞生,深圳将打造 5 家左右知名跨境数据商 提供“自证”与“他证”材料 规避跨境数据交易风险》,载《南方都市报》2022 年 5 月 18 日,GA07 版。

② 《网络安全法》第 37 条规定:“关键信息基础设施的运营者在中华人民共和国境内运营中收集和产生的个人信息和重要数据应当在境内存储。因业务需要,确需向境外提供的,应当按照国家网信部门会同国务院有关部门制定的办法进行安全评估;法律、行政法规另有规定的,依照其规定。”

③ 《数据安全法》第 31 条规定:“关键信息基础设施的运营者在中华人民共和国境内运营中收集和产生的重要数据的出境安全管理,适用《中华人民共和国网络安全法》的规定;其他数据处理者在中华人民共和国境内运营中收集和产生的重要数据的出境安全管理办法,由国家网信部门会同国务院有关部门制定。”

估办法(征求意见稿)》第4条[①],《个人信息保护法》第39条[②]。

合规评估要点:①数据出境及境外接收方处理数据的目的、范围、方式等的合法性、正当性、必要性;②出境数据的数量、范围、种类、敏感程度给国家安全、公共利益、个人或者组织合法权益带来的风险;③数据处理者在数据处理及传输环节的管理和技术措施、能力等能否防范数据泄露、毁损等风险等;④对该笔交易的基本信息及"他证"结论信息进行社会公示,接受全社会监督。若公示无异议,深圳数据交易所将对该笔交易进行见证,颁发交易见证证书。

全球贸易发展已呈现出产业服务化、服务数据化的演进态势,数据跨境流动涵盖范围已从个人信息泛化到包括了非个人信息的一切数据。各国重视数据跨境流动规则建构与完善问题,数据跨境流动已然成为维系世界平衡甚至和平的重要因素之一。中国作为有数据跨境流动影响力的大国,不断发展数据管理司法架构和监管执法,将给企业运营带来直接的影响,并对企业在数据合规方面提出巨大挑战。企业如何合法合规地实现数据跨境流动,如何整合相关运营国特有的数据跨境法律制度资源,制定适合本企业的业务规则和模式,将是任重而道远的企业数据跨境流动合规之路。(见表2)

表2 中国数据跨境流动规制相关规范性文件

规范性文件类型	序号	法律名称	发布时间	相关内容
法律	1	海南自由贸易港法	2021.06.10	海南自由贸易港依法建立安全有序自由便利的数据流动管理制度,依法保护个人、组织与数据有关的权益,有序扩大通信资源和业务开放,扩大数据领域开放,促进以数据为关键要素的数字经济发展。 国家支持海南自由贸易港探索实施区域性国际数据跨境流动制度安排。

① 《数据出境安全评估办法(征求意见稿)》第4条规定:"数据处理者向境外提供数据,符合以下情形之一的,应当通过所在地省级网信部门向国家网信部门申报数据出境安全评估。(一)关键信息基础设施的运营者收集和产生的个人信息和重要数据;(二)出境数据中包含重要数据;(三)处理个人信息达到一百万人的个人信息处理者向境外提供个人信息;(四)累计向境外提供超过十万人以上个人信息或者一万人以上敏感个人信息;(五)国家网信部门规定的其他需要申报数据出境安全评估的情形。"

② 《个人信息保护法》第39条规定:"个人信息处理者向中华人民共和国境外提供个人信息的,应当向个人告知境外接收方的名称或者姓名、联系方式、处理目的、处理方式、个人信息的种类以及个人向境外接收方行使本法规定权利的方式和程序等事项,并取得个人的单独同意。"

续表

规范性文件类型	序号	法律名称	发布时间	相关内容
行政法规	1	国务院关于开展营商环境创新试点工作的意见	2021.10.31	按照分级分类、需求导向、安全可控的原则,探索向社会进一步开放公共管理和服务机构在履行职责或提供服务时产生、处理的公共数据,引导科研院所、社会团体等依法依规开放自有数据,并规范数据处理活动,促进数据流动和开发利用。
	2	国务院关于印发北京、湖南、安徽自由贸易试验区总体方案及浙江自由贸易试验区扩展区域方案的通知	2020.08.30	增强数字贸易国际竞争力。对标国际先进水平,探索符合国情的数字贸易发展规则,加强跨境数据保护规制合作,促进数字证书和电子签名的国际互认。探索制定信息技术安全、数据隐私保护、跨境数据流动等重点领域规则。探索创制数据确权、数据资产、数据服务等交易标准及数据交易流通的定价、结算、质量认证等服务体系,规范交易行为。探索开展数字贸易统计监测。
	3	国务院关于深化"互联网+先进制造业"发展工业互联网的指导意见	2017.11.19	建立数据安全保护体系。建立工业互联网全产业链数据安全管理体系,明确相关主体的数据安全保护责任和具体要求,加强数据收集、存储、处理、转移、删除等环节的安全防护能力。建立工业数据分级分类管理制度,形成工业互联网数据流动管理机制,明确数据留存、数据泄露通报要求,加强工业互联网数据安全监督检查。 加强多边对话与合作。建立政府、产业联盟、企业等多层次沟通对话机制,针对工业互联网最新发展、全球基础设施建设、数据流动、安全保障、政策法规等重大问题开展交流与合作。加强与国际组织的协同合作,共同制定工业互联网标准规范和国际规则,构建多边、民主、透明的工业互联网国际治理体系。
	4	"十三五"国家信息化规划	2016.12.15	注重数据安全保护。实施大数据安全保障工程,加强数据资源在采集、传输、存储、使用和开放等环节的安全保护。推进数据加解密、脱密、备份与恢复、审计、销毁、完整性验证等数据安全技术研发及应用。切实加强对涉及国家利益、公共安全、商业秘密、个人隐私、军工科研生产等信息的保护,严厉打击非法泄露和非法买卖数据的行为。建立跨境数据流动安全监管制度,保障国家基础数据和敏感信息安全。出台党政机关和重点行业采购使用云计算服务、大数据相关规定。

续表

规范性文件类型	序号	法律名称	发布时间	相关内容
司法解释	1	最高人民法院关于人民法院为北京市国家服务业扩大开放综合示范区、中国(北京)自由贸易试验区建设提供司法服务和保障的意见	2021.03.22	加强数据权利司法保护。依法保护权利人对数据控制、处理、受益等合法权益,依法保护数据要素市场主体以合法收集和自身生成数据为基础开发的数据产品的财产性权益。依法审理因数据确权、数据交易、数据服务、数据市场不正当竞争、数据隐私保护等产生的各类案件,加大数字安全和个人隐私保护力度,严惩侵犯个人信息的犯罪行为,为数字经济发展营造竞争中立、开放包容的环境。妥善处理国家安全、国家数据主权、企业数据产权和个人信息保护的关系,以及意思自治与行政监管的关系,为形成数据资源汇集共享、数据流动安全有序、数据价值市场化配置的数据要素良性发展格局提供司法服务和保障。 支持数字监管创新。依法支持开展数字经济、数字贸易相关管理制度创新。针对数字服务贸易领域商业存在、跨境交付、境外消费、自然人移动等贸易形态设计的跨境数据流动、数据保护能力认证等内容,依法支持管理政策机制创新,营造安全开放的发展新环境。积极参与北京市数据跨境流动安全管理试点工程相关政策的论证,促进数字贸易监管依法合规,推动北京市数字经济治理能力提升,在全国发挥先导和示范作用。 推动健全数字领域政策法规体系。积极参与制定信息技术安全、数据隐私保护、跨境数据流动等重点领域规则,推动完善数据共享规则和标准体系,促进数据资源高效有序流动和深度开发利用。加强对数据确权、数据交易、数据安全和数字金融等新类型案件的前沿法律问题研究,加快完善数据权利司法保护规则。加强跨境数据保护国际司法合作,积极参与全球数字经济和数字贸易规则制定。

续表

规范性文件类型	序号	法律名称	发布时间	相关内容
	2	最高人民法院关于人民法院为海南自由贸易港建设提供司法服务和保障的意见	2021.01.08	促进数据安全有序流动。依法审理与数据有关的各类纠纷案件,促进大数据与其他新技术、新领域、新业态深度融合,推动数据要素市场创新发展,依法服务科技创新和数字经济发展。加强数据安全风险防控,打击数据犯罪、网络犯罪,加强对数据确权、数据交易、数据安全和区块链金融等新类型案件的前沿法律问题研究。加强跨境数据流动国际司法合作,积极参与制定跨境数据流动司法裁判标准和规则。依法审理涉及个人信息保护的案件,兼顾法定履职、突发事件、公共监督等公共利益,依法追究侵犯个人信息权利行为人的法律责任。
	3	最高人民法院关于人民法院服务保障进一步扩大对外开放的指导意见	2020.09.25	健全重大案件风险防控机制。牢固树立总体国家安全观,统筹国际国内两个大局,坚持底线思维和风险意识,清醒认识我国对外开放面临的国内外形势和风险挑战,健全重大案件风险识别和防控机制,妥善审理贸易、投资、金融、数据流动、生态和公共卫生等领域重大案件,防范化解各类重大风险。严格遵守国际法基本原则和国际关系准则,坚决捍卫我国司法主权和国家安全。
部门规章	1	教育部、中央网信办、发展改革委、工业和信息化部、财政部、人民银行关于推进教育新型基础设施建设构建高质量教育支撑体系的指导意见	2021.07.01	促进教育数据应用。升级教育基础数据库,形成教师、学生、学校组织机构等权威数据源,为推动“一数一源”提供支撑。依托一体化政务服务平台,推进跨部门、跨地域、跨层级的数据流动。提升教育发展动态监测能力,提升数据的时效性和准确性,强化精准趋势分析能力。升级教育科学决策服务系统,建立教育发展指数,汇聚教育和经济社会发展的宏观数据,支撑科学决策。

续表

规范性文件类型	序号	法律名称	发布时间	相关内容
	2	工业和信息化部关于工业大数据发展的指导意见	2020.04.28	激发工业数据市场活力。支持开展数据流动关键技术攻关,建设可信的工业数据流通环境。构建工业大数据资产价值评估体系,研究制定公平、开放、透明的数据交易规则,加强市场监管和行业自律,开展数据资产交易试点,培育工业数据市场。
	3	国家发展改革委、市场监管总局关于新时代服务业高质量发展的指导意见	2019.10.02	加强技术创新和应用,打造一批面向服务领域的关键共性技术平台,推动人工智能、云计算、大数据等新一代信息技术在服务领域深度应用,提升服务业数字化、智能化发展水平,引导传统服务业企业改造升级,增强个性化、多样化、柔性化服务能力。鼓励业态和模式创新,推动智慧物流、服务外包、医养结合、远程医疗、远程教育等新业态加快发展,引导平台经济、共享经济、体验经济等新模式有序发展,鼓励更多社会主体围绕服务业高质量发展开展创新创业创造。推动数据流动和利用的监管立法,健全知识产权侵权惩罚性赔偿制度,建设国家知识产权服务业集聚发展区。
	4	"工业互联网+危化安全生产"试点建设方案	2021.03.28	开展"工业互联网+危化安全生产"标识解析与服务。工业互联网标识解析体系为工业互联网连接的对象提供统一的身份标识和解析服务,支撑企业、设备、原料、产品、工艺等数据流动和信息共享。"工业互联网+危化安全生产"标识解析二级节点正式运行后,各类数据资源将在此汇聚沉淀,可为危险化学品各环节企业、行业主管部门和安全监管部门提供更好的数据管理服务,实现跨企业、跨行业、跨地区、跨部门的数据查询和共享,同时通过开发各类工业数字化应用,可促进企业提质降本增效,提升企业风险管控能力和本质安全水平,助力应急管理体系及能力现代化和行业高质量发展。

续表

规范性文件类型	序号	法律名称	发布时间	相关内容
	5	工业和信息化部办公厅关于组织开展2021年大数据产业发展试点示范项目申报工作的通知	2021.01.25	大数据安全保障方向。支持研制大数据环境下的安全审计、数据加密、数据脱敏、数据流动监控与追溯等产品,鼓励建设大数据安全保障平台。
地方性法规	1	海南自由贸易港科技开放创新若干规定	2021.12.01	国际离岸创新创业试验区内可以建设国际科技大数据平台,为国内外科研人员提供专门的国际科技信息和跨境数据流动服务。
	2	海南自由贸易港海口江东新区条例	2020.12.30	省和海口市人民政府及江东新区管理机构应当加强风险防控体系建设,建立健全风险防控配套制度,有针对性地防范化解贸易、投资、金融、数据流动、生态等领域重大风险。
	3	中国(广西)自由贸易试验区条例	2020.09.22	自贸试验区应当制定、实施有效措施,有针对性地防范化解贸易、投资、金融、数据流动、人员流动、生态环境、公共卫生、安全生产等领域重大风险。
	4	新疆维吾尔自治区网络安全管理条例	2017.09.27	自治区支持网信、通信、公安、经信、保密等部门加强技术能力建设。各部门应当加强对个人信息和重要数据流动的安全监管,明确数据采集、存储、流转、应用等环节中的数据安全范围边界、责任主体,严格重要数据流动管理。建立跨境数据流动安全监管制度,明确监管重点,完善监管手段,个人信息和重要数据确需出境的,按照国家有关规定执行。
地方政府规章	1	广东省公共数据管理办法	2021.10.18	省人民政府按照国家规定加强与港澳地区的协同合作,推动建立粤港澳公共数据流动相关技术标准和业务规范,探索公共数据资源在大湾区内依法流动和有效应用的方式,建立健全相关制度机制。
	2	中国(上海)自由贸易试验区临港新片区管理办法	2019.08.12	新片区聚焦集成电路、人工智能、生物医药和总部经济等关键领域,试点开展数据跨境流动的安全评估,建立数据保护能力认证、数据流通备份审查、跨境数据流通和交易风险评估等数据安全管理机制。

续表

规范性文件类型	序号	法律名称	发布时间	相关内容
地方规范性文件	1	海南省法治社会建设实施方案（2021—2025年）	2021.09.29	建立安全有序自由便利的数据流动管理制度，强化数据资源在采集、存储、应用和开放等环节的安全保护。制定修改网络信息服务、电信设施、数据流动和网络安全等方面的法规规章。探索实施区域性国际数据跨境流动制度，加强跨境数据流动国际司法合作，积极参与制定跨境数据流动司法裁判标准和规则。依托海南社会管理信息化平台和大数据技术，对跨境电商、离岛免税购物、岛内居民“零关税”消费品购买等交易活动实施高效监管。深入贯彻实施网络安全等级保护制度，加强数据安全风险防控，严厉打击数据犯罪、网络犯罪，加强对数据确权、数据交易、数据安全和区块链金融等新类型案件的前沿法律问题研究，提升海南自由贸易港建设相关的网络安全保障能力和水平。
	2	中国（云南）自由贸易试验区深化营商环境制度创新的若干措施	2021.06.04	持续推进“一网通办”，在云南政务服务网、办事通APP设置自贸试验区专区，开展片区行政许可和政务服务事项100%运用云南省政务服务网统建系统网上办理试点，推广无人干预自动办理模式，通过系统联通、数据流动，尽快实现集中授权后的审批服务事项全程网办，梳理一批“零材料”事项。（责任单位：省政府办公厅及省直相关部门，有关片区管委会按照职责分工负责）
	3	浙江省国内贸易发展“十四五”规划	2021.05.13	营造国际一流营商环境。按照“整体智治”理念，强化数字赋能，推进数字政府建设，探索新型行政服务中心，推进部门数据轨迹、对接和服务下沉，建设数字自贸区驾驶仓。纵深推动“最多跑一次”改革，全面推进“证照分离”改革全覆盖。建设具有国际水平的国际贸易“单一窗口”，纳入服务贸易管理实现。对外商投资实行准入前国民待遇加负面清单管理制度，建立与负面清单管理方式相适应的事中事后监管制度。加快推进本外币合一账户试点。推进人才管理改革，探索外国人来华工作许可差异化流程。完善知识产权保护和运用体系，探索建立自贸试验区专业市场知识产权保护工作机制。打造具有国际影响力的国际商事、海事仲裁平台，健全诉讼、仲裁、调解有机衔接、相互协调的纠纷解决机制。

续表

规范性文件类型	序号	法律名称	发布时间	相关内容
				构建风险防控体系。加强风险防范顶层设计,健全风险责任机制。完善与投资规则相适应的过程监管制度,开展外商投资安全审查,对油气等高风险行业和领域实行重点监管。探索跨境数据流动分类监管,开展数据跨境运输安全管理试点。建立健全资金流动监测和风险防控体系,强化开展反洗钱、反恐怖融资、反逃税工作,防止非法资金跨境、跨区流动。创新运用大数据、区块链等数字技术,建设高标准智能化监管平台,探索沙盒监管模式和容错机制。建立全链条信用监管机制,探索信用评估和信用修复制度。
	4	全面推进上海数字商务高质量发展实施意见	2021.05.06	加快数字贸易国际规则对标。试点实施 RCEP 关于促进无纸化贸易、推广电子认证和电子签名、保护电子商务用户个人信息、保护在线消费者权益等规则,探索跨境信息传输制度。在临港新片区探索跨境数据流动分类监管模式,开展数据跨境流动安全评估试点。
	5	广东省人民政府关于加快数字化发展的意见	2021.04.23	构建数据要素流通顺畅的数字大湾区。深入推进数字技术在粤港澳三地规则衔接、机制对接上的应用,加快构建大湾区智慧城市群。支持粤港澳大湾区大数据中心建设,促进数据资源在大湾区充分汇聚、顺畅流动和深度应用。探索在特定区域发展国际大数据服务,建设离岸数据中心。探索跨境数据流动分类监管模式,开展数据跨境传输安全管理试点。支持科研合作项目需要的医疗数据等数据资源在大湾区内有序跨境流动,争取国家允许粤港澳联合设立的高校、科研机构建立专用科研网络,实现科研数据跨境互联。
	6	宁波市国民经济和社会发展第十四个五年规划和二〇三五年远景目标纲要	2021.02.23	实施便利有序的信息管理制度:提升区内宽带接入能力、网络服务质量和应用水平,争取试点放开对符合条件的外商投资企业的增值电信业务许可,在确保数据流动安全可控的前提下扩大数据领域开放等。

续表

规范性文件类型	序号	法律名称	发布时间	相关内容
	7	惠州市加快发展大数据和软件信息服务业集群行动计划（2021—2025 年）工作措施	2021.02.20	强化社会治理和公共服务数据应用。以民生需求为导向，以城市治理体系和治理能力现代化水平提升为重点，以数字政府建设为突破口，以数据集中和共享为途径，促进大数据在政务、交通、教育、医疗、社保、就业等民生领域的应用。推动城市运行态势监测、公共资源配置、辅助决策分析、统一指挥调度和事件分拨处置等服务数字化，提升社会治理和城市管理能力，为群众提供智能、精准、高效、便捷的公共服务。探索建立公共数据要素转化机制，开展面向社会的公共数据应用建设，促进公共数据流动，充分发挥数据作为生产要素的价值。［市政务服务数据管理局，各县（区）按职责分工负责］
	8	江苏省国民经济和社会发展第十四个五年规划和二〇三五年远景目标纲要	2021.02.19	实现双向开放更大突破。着力打造江苏商品、江苏投资、江苏服务品牌，有效联通国内国际两个市场，在更大空间把握发展主动权。统筹布局建设与省内产业配套衔接的境外园区，优化升级“重资产投资运营”“轻资产管理输出”等发展模式，推动制造业抱团出海和集群发展。进一步扩大服务业对外开放，率先在现代金融、科技服务、医疗教育、商贸物流等领域先行先试，支持设立外商独资或中外合资金融机构。实施数字贸易提升计划，积极参与数字经济国际规则制定，争取跨境数据流动开放，鼓励跨境电商平台向全球数字化贸易平台升级，塑造智能制造全球服务的领先优势。
	9	重庆市国民经济和社会发展第十四个五年规划和二〇三五年远景目标纲要	2021.02.10	深化重庆与新加坡“点对点”合作，建设金融科技、航空产业、跨境交易、多式联运等重点合作示范区，推进跨境融资通道、多式联运示范基地、智慧物流等重点项目，引导和支持新加坡企业在渝投资兴业。合规有序发展供应链金融，推广跨境金融区块链服务平台。推动重庆江北国际机场与新加坡樟宜机场全面合作，加快建设中新航空产业园，打造第三方飞机维修中心。开展中新跨境服务贸易与跨境数据流动试点，打造两江国际数据港。拓展教育、医疗、文旅、农业、专业服务等领域合作。积极探索中新三方合作，更好发挥重庆和新加坡双枢纽作用，带动西部地区与东盟国家“面对面”互联互通。

续表

规范性文件类型	序号	法律名称	发布时间	相关内容
	10	天津市工业和信息化局关于组织开展 2021 年大数据产业发展试点示范项目申报工作的通知	2021.02.08	支持研制大数据环境下的安全审计、数据加密、数据脱敏、数据流动监控与追溯等产品,鼓励建设大数据安全保障平台。
	11	北京市促进总部企业高质量发展的相关规定	2021.02.05	充分利用“两区”政策,支持总部企业在中国(北京)自由贸易试验区内围绕全球贸易、数字经济等领域开展先行先试,享受产业准入更加开放、数据流动更加安全有序、资金进出更加便利、人才支持幅度更大、税收优惠力度更大、营商环境更优的政策服务措施。
	12	上海市国民经济和社会发展第十四个五年规划和二〇三五年远景目标纲要	2021.01.27	聚焦“五个重要”深化临港新片区制度创新。在风险可控前提下大胆闯、大胆试、自主改,努力实现投资自由、贸易自由、资金自由、运输自由、人员从业自由、数据跨境流动安全有序,持续释放制度创新集成效应。建立以安全监管为主、体现更高水平贸易自由化便利化的货物贸易监管制度。全面落实外商投资国民待遇,建立各类市场主体公平竞争的投资经营制度。实施高度开放的国际运输管理,在沿海捎带、国际船舶登记、国际航权开放、国际中转集拼等方面加强探索和政策落地。对外籍高层次人才引进实施更加便利的出入境和停居留政策措施,加快实施境外人才个人所得税税负差额补贴政策。探索建立跨境数据流动监管制度,推动区内生产制造、航运物流、金融贸易等经济数据跨境流通试点。优化更大开放条件下的风险管理制度,建立完善检疫、原产地、知识产权、国际公约、跨境资金等特殊领域的风险精准监测机制,加强全面风险防范和信用分级管理。

续表

规范性文件类型	序号	法律名称	发布时间	相关内容
	13	中共陕西省委、陕西省人民政府关于印发《陕西省构建更加完善的要素市场化配置体制机制的实施方案》的通知	2021.01.17	推进政府数据整合开放共享。整合相关省级行政部门的政务信息化职能和事业单位政务信息化职责,理顺"数字政府"建设管理体制。构建全省一体化政务云体系,整合国家电子政务外网陕西节点和省电子政务外网,完善"一云一网一平台"。制定公共信息资源开放管理办法,建立开放数据管理制度体系及标准规范,推动企业登记、交通运输、气象等重点领域公共数据有序开放,2021年出台新一批数据开放目录。运用"陕西省公共数据开放平台",优先推动非敏感数据开放流通,加速面向科技创新的数据流通应用,推动建设科研设备和数据开放共享平台。建立完善"政—政"数据共享、"政—企"数据开放、"企—政"数据汇集和"企—企"数据互通四个方向的数据流通公共服务体系,在加强安全和隐私保护的前提下,不断消除壁垒,推动数据流动。
	14	中共达州市委关于制定国民经济和社会发展第十四个五年规划和二〇三五年远景目标的建议	2021.01.08	发展新经济新业态新模式。突出新技术运用、新产业革命、新业态培育、新模式创造,着力培育数字经济、枢纽经济、总部经济等新兴增长极。强化数字经济赋能,加快新一代先进泛在信息基础设施建设和5G、人工智能、工业互联网、物联网等新型基础设施建设,实施数字产业化和产业数字化转型,打通数据流动新通道,释放数据资源新价值,培育数字应用新业态,加快构建"一城两园四中心多轴"的数字化发展格局,高质量建设"秦巴智谷",努力创建全省数字经济发展示范区。强化枢纽经济支撑,坚持以枢纽带产业,以产业建枢纽,发挥四川东出北上综合交通枢纽和商贸服务型国家物流枢纽承载城市聚流作用,规划建设高铁、空港、陆港枢纽经济区,结合枢纽特征配套发展相关产业,培育壮大特色枢纽产业集群,把枢纽优势转化为经济优势。强化总部经济引领,完善总部企业奖励政策,紧扣先进制造业、战略性新兴产业、现代服务业等重点产业,加速本土总部企业培育,加力达商总部回引,加强域外总部企业招商,建成一批支撑性集团总部、区域总部、功能总部和研发中心、设计中心、营销中心,提升总部经济能级。

续表

规范性文件类型	序号	法律名称	发布时间	相关内容
	15	中共河南省委、河南省人民政府关于推进中国(河南)自由贸易试验区深化改革创新打造新时代制度型开放高地的意见	2021	建立健全安全防控体系。进一步完善外商投资安全审查、反垄断审查、行业管理等措施。建立涵盖管理机构、行业主管部门、区内企业和相关运营主体的综合信息服务平台,加强风险识别、评估、监测、预警。积极防范化解贸易、投资、金融、数据流动等领域重大风险。
	16	中共海口市委关于制定国民经济和社会发展第十四个五年规划和二〇三五年远景目标的建议	2020. 12. 29	为全岛封关运作探索实践经验。争取美兰空港综合保税区获批,在综保区等海关特殊监管区域和高新区试行"一线"放开、"二线"管住政策。按照资源共享、集约节约的原则,规划建设新海港、美兰机场等口岸基础设施、监管设施和信息化系统,按照全岛封关运作的要求建设配套设施设备,积极配合制定"二线口岸"管理办法,做好封关前后的监管措施衔接。积极配合国家和省有关部门,建立海南自由贸易港边际管控体系,强化"三无"船舶整治,持续完善沿海治安管控和综合执法点等基础设施建设,强化近海、岸线、岛内三道防控圈有效管控。在全岛封关运作的同时,配合分步骤依法将现行增值税、消费税、车辆购置税、城市维护建设税及教育费附加等税费进行简并,启动在货物和服务零售环节征收销售税相关工作。建立风险防控体系,制定实施有效措施,有针对性防范化解贸易、投资、金融、数据流动、生态和公共卫生等领域重大风险。

续表

规范性文件类型	序号	法律名称	发布时间	相关内容
	17	中共厦门市委关于制定厦门市国民经济和社会发展第十四个五年规划和二〇三五年远景目标的建议	2020.12.25	建设数字经济发展示范区。充分发挥数字中国建设峰会厦门分会、中国人工智能·多媒体信息识别技术竞赛、厦门国际动漫节、金砖国家新工业革命伙伴关系论坛等效应,推进数字产业化,大力发展5G、人工智能、物联网、大数据、云计算、区块链等产业。推进产业数字化,支持企业"上云用数赋智",支持工业互联网平台和应用软件的开发,鼓励龙头企业和平台企业打造行业级和集群式数字化转型解决方案。持续拓展厦门软件园一二三期协同发展和产业集聚效应,加快创建中国软件名园。培育数据要素市场,探索建设离岸数据平台,争取建设跨境数据流动试点城市,推动数据资源开发利用,完善公共数据开放和数据资源有效流动管理措施。提升全民数字素养,实现信息服务全覆盖。
	18	广州市全面深化服务贸易创新发展试点实施方案	2020.12.23	支持创建粤港澳大湾区大数据国家工程研究中心,推进大数据中心项目建设。探索建立粤港澳数据流动机制。 聚焦集成电路、人工智能、生物医药、总部经济等重点领域,试点开展数据跨境流动安全评估,建立数据保护能力认证、数据流通备份审查、跨境数据流动和交易风险评估等数据安全管理机制。鼓励参与数字规则国际合作,加大对数据的保护力度。
	19	中共上海市宝山区委关于制定上海市宝山区国民经济和社会发展第十四个五年规划和二〇三五年远景目标的建议	2020.12.26	主动融入长三角一体化发展战略。立足长江经济带和长三角一体化发展,以深化城际经济合作和建设枢纽门户为重点,高水平建设沿江产业园区发展共同体,加快产学研用一体化进程。充分发挥宝山在长三角石墨烯等产业一体化发展中的龙头作用,深化产业合作和技术开发,吸引集聚国内外优质项目落地。聚焦投资、贸易、资金、运输、人员从业和数据流动等重点领域,探索具有较强国际市场竞争力的开放政策和制度,发挥进博会国际邮轮服务贸易高峰论坛、亚太邮轮大会的引领作用,搭建对外开放合作新平台,在更广领域实现创新链、产业链、资金链良性循环。推进基础设施互联互通,进一步完善通联长三角的公铁水组合

续表

规范性文件类型	序号	法律名称	发布时间	相关内容
				型通道,推进公共服务便利共享、突发事件高效联动、生态环境有效保护,加快医疗、养老、旅游、保障等领域互认互通,争当长三角高质量一体化发展桥头堡。
	20	中共大连市委关于制定大连市国民经济和社会发展第十四个五年规划和二〇三五年远景目标的建议	2020.12.12	加快自贸区创新发展。充分利用 RCEP 等多边区域合作机制,提升参与区域经济一体化发展水平。对标新加坡、海南等自由贸易港和上海自贸区临港新片区,开展首创性、差别化改革探索,健全与国际通行规则紧密对接的投资贸易自由化便利化制度体系,加快促进贸易自由、投资自由、资金流动自由、运输自由、人员停留和就业自由以及数据流动便利,推动投资集聚、项目集聚、航线集聚、货源集聚。积极推进中日韩国际贸易“单一窗口”互联互通试点工作。科学规划建设发展海关特殊监管区域。深化自贸区与自创区“双自联动”,努力打造体制创新最深入、要素流动最便捷、科技创新最前沿、高端产业最集聚的先行区和示范区。积极复制推广自贸区制度创新成果。
	21	中共辽宁省委关于制定辽宁省国民经济和社会发展第十四个五年规划和二〇三五年远景目标的建议	2020.12.07	推进辽宁自贸试验区高水平发展。推进辽宁自贸试验区沈阳、大连、营口片区协同发展,以制度创新为核心,促进贸易自由、投资自由、资金流动自由、运输自由、人员停留和就业自由、数据流动自由,努力建设高水平自贸试验区。聚焦企业发展需求,加快制度创新和政策创新。促进制度创新成果在全省复制推广。
	22	中共上海市委、上海市人民政府关于全面推进上海城市数字化转型的意见	2020.12	推动经济数字化转型,提高经济发展质量。加快推动数字产业化、产业数字化,放大数字经济的辐射带动作用,做优做强城市核心功能,助力“五型经济”发展。加快建设集成电路、人工智能等世界级数字产业集群,以数据流动牵引资金、人才、技术、知识等要素的全球化配置,建立跨地域科技资源的协作网络,疏通基础研究、应用研究和产业化双向链接快车道。加快生产制造、科技研发、金融服务、商贸流通、航运物流、专业服务、农业等领域的数字化转型,推动产业互联网和消费互联网贯通发展,推进智慧口岸建设,大力发展数字贸易,

续表

规范性文件类型	序号	法律名称	发布时间	相关内容
				助力提升产业链供应链的安全性、稳定性。引领在线新经济蓬勃发展,全力打响新生代互联网经济品牌,大力发展新应用、创造新业态、探索新模式、培育新职业,做大新兴消费市场,以互惠互利为价值导向,形成数字经济的竞争新优势。
	23	上海市推动服务外包加快转型升级的实施方案	2020.11.23	探索数据跨境安全有序流动的管理模式。推动在中国(上海)自由贸易试验区临港新片区等区域试点开展数据跨境流动的安全评估,建立数据保护能力认证、数据流通备份审查、跨境数据流通和交易风险评估等数据安全管理机制。探索跨境数据流动分类监管模式,开展数据跨境传输安全管理试点。 推动在中国(上海)自由贸易试验区临港新片区等区域试点开展数据跨境流动的安全评估,建立数据保护能力认证、数据流通备份审查、跨境数据流通和交易风险评估等数据安全管理机制。探索跨境数据流动分类监管模式,开展数据跨境传输安全管理试点。
	24	江苏省区块链产业发展行动计划	2020.10.26	助力数据流通。建设基于区块链技术的大数据安全共享与开发等基础平台,为数据价值化提供技术实现路径。支持基于区块链技术的数据交易平台和数据交易中心发展,开展数据确权、数据质量评估、数据资产定价等数据价值化研究,开展数据交易、流通试点。以区块链为基础,积极构建以可信数据为要素的数据生态,着力打通政府、地区、产业边界,持续推动各主体和业务的可信数字化进程,打造共建、共治、共享的数据生态环境。建立工业互信网络,打破各环节数据孤岛,打通工业大数据流动体系。

续表

规范性文件类型	序号	法律名称	发布时间	相关内容
	25	中共贵州省委、贵州省人民政府关于建立更加有效的区域协调发展新机制的实施意见	2020.07.30	推动新型基础设施建设。深化“互联网 +”行动，推进消费互联网向产业互联网升级迭代。加快5G建设发展和应用。打造区域性、行业性工业互联网平台，推动传统制造业转型升级。加快数字乡村建设，推动农村信息基础设施补短板。在全省开展“县城智慧化改造”专项行动，发展智能网联汽车、智能交通、智慧社区等，打造智慧城市示范。申报建设全国一体化国家大数据中心南方中心，继续实施一批数据中心重点项目，面向“一带一路”国家和地区探索开展跨区域数据流动合作。强化提升大数据战略重点实验室、贵阳信息技术研究院、省属各高校创新能力，促进更多科研成果向现实生产力转化。加快建设城市级区块链基础设施平台“享链”。
	26	中国(黑河)跨境电子商务综合试验区实施方案	2020.07.13	加强对俄数字经济合作。以跨境电商数字化贸易推动对俄数字经济合作。在确保数据流动安全可控的前提下，创新安全制度设计，探索跨境数字经济对接点。加快对俄数字贸易要素集聚，培育跨境电商新主体，拓展新服务，发展跨境电商制造新业态。
	27	湖北省数字政府建设总体规划(2020—2022年)	2020.06.16	数字化业务。通过部门业务的数字化转型，改变政府与公众、企业和其他非政府组织者之间的关系，支撑和保障政府机构高效响应经济社会全面数字化转型。以数据为纽带，通过数据采集技术、数据共享技术、数据安全技术、数据安全标准等底层技术进行整合和集成，对数据资源合法使用，实现服务一体化、监管协同化、管理集约化、业务创新化、技术平台化、数据流动化，在数据共享、应用、开发中发展基于知识的社会和经济，并追求高价值的公共政策目标，推进政治、经济、社会、文化、生态环境全面协调发展。

续表

规范性文件类型	序号	法律名称	发布时间	相关内容
	28	中国(上海)自由贸易试验区临港新片区进一步促进服务业高质量发展的实施意见	2020.05.04	全力提升数据贸易发展能级。加强顶层设计,打通数据通道,强化数据的综合利用开发。搭建数字服务体系,构建适宜数字贸易发展的软环境,培育良性生态环境。围绕数字产业化、产业数字化,加快数字经济转型升级,建设数字贸易交易促进平台,拓展与国际标准相接轨的数字版权确权、估价和交易流程服务功能,以数字游戏、数字音乐、数字电影、电子商务、在线旅游、数字文学、在线广告等重点领域为先导,建设数字内容和产品资源库,探索形成高水平的跨境数据流动开放体系。推进国际数据港、跨境数据流动实验室的建设。集聚一批引领数字贸易发展、具备产业链整合能力的数字跨国公司;培育一批国内本土发展潜力巨大、具有国际竞争力的独角兽级创新企业,不断扩大数字贸易企业规模,提升数字贸易企业的综合竞争力。引进和培育一批数字贸易创新市场主体,深化云服务、数字服务、数字内容等领域的开放合作,建设数字贸易企业合作生态圈。
	29	宁夏回族自治区2020年“数字政府”建设工作要点	2020.03.30	加快提升安全保障能力。按照同步规划、同步建设、同步实施的原则,加强全区政务领域云、网、平台、数据、系统等关键基础设施安全保护,构建以密码技术、网络安全态势感知监测预警等为支撑的安全保障体系,提高系统访问、技术应用、运维服务、数据流动等安全管理能级。
	30	晋城市加快数字政府建设实施方案	2020.03.24	保障电子政务网络运行安全。加强政务领域云、网、平台、数据、系统等关键基础设施安全保护,提高系统访问、技术应用、运维服务、数据流动等方面安全管理能力。严格执行网络安全等级保护及涉密信息系统分级保护的技术要求和管理规范,建立健全人防、物防、技防的安全保障机制。严厉打击网络和数据领域的不法行为。[市公安局、市大数据应用局牵头,各县(市、区)人民政府、市直相关部门配合]

续表

规范性文件类型	序号	法律名称	发布时间	相关内容
	31	四川电商营商高地建设总体方案	2019.12.31	构建基础配套支撑体系。整合建立产业集中区，推动各地统筹规划建设与经济发展相匹配的电商示范基地、产业功能区及孵化器。推动互联网平台与工业、农业生产深度融合，鼓励新场景、新业态应用。完善大数据统计监测机制，加速数据流动共享，开展大数据产业应用示范。鼓励搭建离岸注册平台，建设虚拟电商产业园。[责任单位：商务厅、省发展改革委、住房城乡建设厅、省政府口岸物流办、农业农村厅、经济和信息化厅、省邮政管理局、省市场监管局、省统计局，各市（州）人民政府]
	32	广州市扩大和升级信息消费实施意见（2019—2021年）	2019.08.26	加大区块链行业应用供给。推进黄埔区建设以区块链为特色的中国软件名城示范区。引导行业骨干企业选择医疗健康、供应链管理、产品追溯防伪、网络协同制造、版权保护和交易、电子证据存证等条件成熟领域开展产业化应用，支持在各区先行先试。吸引国内外龙头企业在穗搭建区块链应用试验和测试环境，发展 BaaS（区块链即服务），集聚中小企业和创业企业加快丰富区块链行业应用。探索利用区块链技术建立可信数据流动机制，实现多平台的数据汇聚和统一管理，助推跨行业、跨领域融合。（市工业和信息化局牵头，市政务服务数据管理局配合）
	33	上海市新一轮服务业扩大开放若干措施	2019.08.13	加快数字服务贸易发展，研究设立数字贸易跨境服务功能区，允许符合条件的境外数字贸易企业提供数字贸易增值服务，探索形成高水平的跨境数据流动开放体系。
	34	加快制造业与互联网融合创新发展实施意见	2019.07.31	建立工业互联网数据安全保护体系。建立工业数据分级分类管理制度，企业应明确数据收集、存储、处理、转移、删除等环节相关主体安全保护责任和具体要求，对企业内部现场设备数据、生产管理数据及企业外部供应链上下游、用户服务、市场环境等数据，采用不同技术进行分级保护，建立工业互联网数据流动管理机制，通过先进技术，加强工业数据全生命周期保护。（市工信局牵头，市发改委、科技局，市委网信办配合）

续表

规范性文件类型	序号	法律名称	发布时间	相关内容
	35	重庆市人民政府办公厅关于加快发展工业互联网平台企业赋能制造业转型升级的指导意见	2019.07.15	落实安全主体责任。落实工业互联网相关企业的网络安全主体责任,引导企业加大安全投入,加强数据收集、存储、处理、转移、删除等环节安全防护能力,健全数据流动管理机制,提升安全防护能力。
	36	自治区加快推进"数字政府"建设工作方案	2019.06.24	加快推进一体化安全防护体系建设。树立网络安全底线思维,全面落实网络安全同步规划、同步建设、同步实施要求,推动安全与应用协调发展。提升数据安全防护能力,对重要数据资料实现分级分类安全管理,建立数据流动安全评估机制,强化个人和法人信息保护。
	37	烟台市人民政府办公室关于加强我市数字政府建设的实施意见	2019.06.03	完善安全管理机制。建立权责清晰的安全管理体系,落实主体责任和监督责任。落实"同步规划、同步建设、同步实施"要求,加强政务领域云、网、平台、数据、系统等关键基础设施安全保护,提高系统访问、技术应用、运维服务、数据流动等方面安全管理能力。推动政务云平台获得安全认证,落实信息系统安全等级保护、涉密信息系统分级保护及风险评估制度,定期开展信息安全风险评估和安全测评。建立跨部门、跨地区条块融合的安全管理工作联动机制,加强日常监测预警,确保安全工作协同共治。建立安全事件应急处理体系,制定突发事件应急预案,定期组织安全应急培训,开展应急演练。
	38	武汉市人民政府关于推动服务业高质量发展打造服务名城的若干意见	2018.11.20	夯实网络基础。加快建设国家网络安全人才与创新基地,打造集数据存储、传输、处理、应用等为一体的特色数字经济体系。建成武汉超算中心等大型互联网数据中心,促进数据流动。推动5G网络规模组网进度,建设国家工业互联网顶级节点和量子保密通信城域网。

续表

规范性文件类型	序号	法律名称	发布时间	相关内容
	39	杭州市全面推进“三化融合”打造全国数字经济第一城行动计划（2018—2022年）	2018.10.09	促进基础设施数字化升级。完善信息网络基础设施，深入推进国家新型互联网交换中心建设，优化提升互联网国际专用通道，加快建设国际化区域通信枢纽；实施“千兆智联”“NB－IoT推广应用”“IPv6规模化部署”“LPWAN智慧小区”等专项行动，提升用户普及率和网络接入覆盖率；开展下一代网络技术研究，加快5G技术研发试验和网络部署，推进5G率先商用，打造“5G第一城”；实施乡村信息基础设施振兴行动，促进4G网络深度覆盖和光纤宽带提速。加快大数据基础设施建设，探索云计算数据中心跨区域共建共享机制，开展传统数据中心整合改造试点，推动集约智能绿色化发展。加快城市基础设施数字化升级，推进市政公用设施、环卫设施、地下管网等基础设施数字化改造，构建市政设施管理感知网络系统。建立健全数据安全、网络安全保障体系，提升网络安全风险防范和数据流动监管水平，打造基于主动防御的数据、网络安全体系架构。
	40	江西省人民政府关于深化“互联网＋先进制造业”发展工业互联网的实施意见	2018.08.27	建立数据保护体系。建立工业互联网数据全产业链安全管理体系，明确相关主体的数据安全保护责任和具体要求，加强数据收集、存储、处理、转移、删除等环节的安全防护，推广使用防泄露、防窃取等数据保护技术。落实国家工业数据分级分类管理制度，加强工业互联网数据安全监督检查。建立工业互联网数据流动管理机制，通过数据标签、签名、区块链等技术，加强对数据流动过程的监控审计，实现工业数据全生命周期保护。建立督查通报制度，加强数据安全管理。（责任单位：省工信委、省委网信办、省公安厅、省通信管理局）
	41	关于推动互联网与先进制造业深度融合加快发展工业互联网实施方案	2018.08.06	加强数据安全保护。对企业内部现场设备数据、生产管理数据及企业外部供应链上下游、用户服务、市场环境等数据，采用不同技术进行分级保护，提升数据收集、存储、处理、转移、删除等全环节安全防护能力。明确数据留存、数据泄露通报要求，通过数据标签、签名、区块链等技术，加强对数据流动过程的监控审计，实现工业数据全生命周期保护。（市工业和信息化局、市通信发展管理办公室牵头，市发展改革委、市财政局参加）

续表

规范性文件类型	序号	法律名称	发布时间	相关内容
	42	淮南市工商局等十七部门关于推进全市统一规范“多证合一”改革的实施意见	2018.07.26	按照统一规范要求，以国家统计局2017年《国民经济行业分类（GB/T4754—2017）》为标准，在《目录》中明确证照事项经营范围规范表述用语，并将其作为触发“多证合一”流程的核心环节，易于企业登记、便于数据流动、利于后续监管。以减轻企业负担、提高行政效能为目标，实行相同信息“一次采集、一档管理”。工商和市场监管部门将可以推送给各部门共享的企业登记信息整理汇总为《“多证合一”工商部门登记数据共享信息项》（见附表2），对于企业登记信息能够满足相关部门业务办理和监管需要的，由工商和市场监管部门推送给相关部门，相关部门不得重复采集或者要求申请人重复提供材料。对于实行整合的证照事项确需在企业登记环节由工商和市场监管部门一并采集相关备案信息的，由各相关部门以便利登记、利于监管、精简高效为原则提出信息需求后，梳理汇总形成《“多证合一”政府部门共享信息表》（见附表3），统一纳入企业登记材料规范和企业登记全程电子化系统。对于申请人填报有误的备案信息，相关部门通过履行管理职能要求申请人修改或更正，不影响企业登记和发放营业执照。
	43	衡水市人民政府关于推动互联网与先进制造业融合加快发展工业互联网的实施方案	2018.06.08	逐步建立数据安全保护体系。强化工业互联网全产业链数据安全管理，明确相关主体数据安全保护责任和具体要求，对企业内部现场设备数据、生产管理数据及企业外部供应链上下游、用户服务、市场环境等数据，采用不同技术进行分级保护，提升数据收集、存储、处理、转移、删除等全环节安全防护能力；建立工业互联网数据流动管理机制，明确数据留存、数据泄露通报要求，通过数据标签、签名、区块链等技术，加强对数据流动过程的监控审计，实现工业数据全生命周期保护。（责任单位：市工信局、市通信发展管理办公室、市发展改革委）

续表

规范性文件类型	序号	法律名称	发布时间	相关内容
	44	河北省人民政府关于推动互联网与先进制造业深度融合加快发展工业互联网的实施意见	2018.04.04	逐步建立数据安全保护体系。强化工业互联网全产业链数据安全管理,建立工业数据分级分类管理制度,明确相关主体数据安全保护责任和具体要求,对企业内部现场设备数据、生产管理数据及企业外部供应链上下游、用户服务、市场环境等数据,采用不同技术进行分级保护,提升数据收集、存储、处理、转移、删除等全环节安全防护能力;建立工业互联网数据流动管理机制,明确数据留存、数据泄露通报要求,通过数据标签、签名、区块链等技术,加强对数据流动过程的监控审计,实现工业数据全生命周期保护。到 2020 年,完成 10 个工业互联网全产业链数据安全保护试点。(省工业和信息化厅、省通信管理局牵头,省发展改革委、省财政厅参加)
	45	滨州市人民政府关于促进大数据发展的意见	2017.08.04	安全保障。研发具有自主知识产权的大数据核心技术,构建全方位、多层次的数据防护网,全面提升针对隐私数据泄露、违法数据流动等安全风险隐患的识别、监测和处置能力。
	46	吕梁市大数据产业发展应用规划(2017—2020 年)	2017.07.15	打造大数据安全产品链。引进基于大数据的新型安全产品研发企业落户吕梁,加强大数据密级管理体系、数据流动监控与追溯等技术研究,研发大数据安全保护产品和解决方案,推动云计算、大数据基础软件系统安全漏洞挖掘和加固服务社会化。
	47	云南省人民政府办公厅关于重点行业和领域大数据开放开发工作的指导意见	2017.06.23	行业数据资源的采集、管理、运用、开放开发工作,应依法加强数据安全保障、数据隐私保护和所有人权益保护。保密主管部门要建立数据开放保密审查制度,依法保护国家秘密。信息安全主管部门要建立数据安全管理责任制度,制定标识赋码、科学分类、风险分级、安全审查规则;加强跨境数据流动监管,确保数据使用安全;建立数据信息监测、预警、防范、引导、危机处理为一体的行业大数据安全监管机制;统一安全检测和审查标准,组织研究开放安全检测设备和系统,完善有关政策规定。行业主管部门应完善数据开放审批机制、应急机制、追责机制,加强风险评估、安全审查、监督

续表

规范性文件类型	序号	法律名称	发布时间	相关内容
				检查，保护国家秘密、商业秘密和个人隐私，维护社会伦理。各行业大数据平台公司应加强网络信息基础设施建设，提高网络安全防范技术及水平，降低大数据安全风险；加强信息关联综合分析，防止因信息汇聚涉及国家秘密。
	48	青岛市人民政府关于促进大数据发展的实施意见	2017.05.23	提升安全技术保障能力。加强大数据环境下的安全问题研究和基于大数据的安全技术研究，重点推动数据加密、数据脱敏、访问控制、安全审计、数据溯源、态势感知等安全技术研发和产品应用推广，探索“区块链＋大数据”统筹发展新模式。开展大数据平台及服务商的可靠性、可控性和安全性评测，提升大数据环境下防攻击、防泄露、防窃取的监测预警能力，构建全方位、多层次的数据防护网，全面提升针对隐私数据泄露、违法数据流动等安全风险隐患的识别、监测和处置能力。
	49	福建省海洋与渔业厅关于推进渔业转方式调结构转型升级发展的实施意见	2017.03.30	加强装备建设，提升渔船信息化管理水平。解决海上渔场渔情、渔船安全信息“碎片化”，建立数据交换共享机制，使现有我省安全信息系统中的数据流动起来，运用到位。推进安全、节能、经济、环保、适居的海洋捕捞渔船标准化更新改造；加大对助渔助航、渔捞设备和海上保冷设施的换代升级；研发需求量大、自动化程度高的渔捞设备；完善渔船外海作业远程航迹定位平台建设，使外海捕捞作业渔船完全可以处于“可监控、可管理、可追溯”状态。
	50	山东省人民政府关于促进大数据发展的意见	2016.10.24	安全保障。研发具有自主知识产权的大数据安全核心技术，构建全方位、多层次的数据防护网，全面提升针对隐私数据泄露、违法数据流动等安全风险隐患的识别、监测和处置能力。

续表

规范性文件类型	序号	法律名称	发布时间	相关内容
	51	关于贯彻落实省政府加快推进"互联网+"行动的实施细则	2016.01.15	开放数据资源。加快建设统一的数据资源网,推动公共信息资源向社会开放,鼓励增值开发利用。按照重要性和敏感程度分级,先行开放交通出行、医疗健康、教育文化、食品安全、空间位置、资格资质、经济统计、产品质量等与改善公共服务和支撑经济发展密切相关的数据资源,并逐步扩大开放范围数量,加速数据流动,同时优先向重点推广的各类平台开放,支持公众和小微企业充分挖掘信息资源的商业价值,促进互联网应用创新。(责任单位:市发改委、市工信委,市政府各有关部门)
	52	福建省人民政府关于加快互联网经济发展十条措施的通知	2015.03.05	开放数据资源。加快建设统一的数据资源网,推动公共信息资源向社会开放,鼓励增值开发利用。2015年,先行开放交通出行、医疗健康、教育文化、食品安全、空间位置、资格资质、经济统计、产品质量等与改善公共服务和支撑经济发展密切相关的数据资源,并逐步扩大开放范围数量,加速数据流动,同时优先向重点推广的各类平台开放。
	53	中国银监会湖州监管分局转发进一步加强辖内银行业法人机构流动性风险监管的通知	2014.07.03	非现场监管信息系统中G25表(数据流动性覆盖率和净稳定资金比率测算表)充分考虑了资产变现能力的打折、负债来源的可靠性等因素,请各机构将提高此类报表的填报准确性和加强流动性管理结合起来。同时,将压力测试作为常规性工作,至少按季进行压力测试。本次压力测试以2014年7月末数据为基数。
	54	北京市地方税务局关于进一步加强数据管理工作的通知	1999.08.09	统一规范、科学简化原则。在统一规范的基础上,通过提高数据管理水平,减少数据流动环节、提高数据流动速度,达到科学简化的目的。

续表

规范性文件类型	序号	法律名称	发布时间	相关内容
	55	中共无锡市委、无锡市人民政府印发《〈关于加快推进数字经济高质量发展的实施意见〉〈关于加快推进总部经济高质量发展的实施意见〉〈关于加快推进枢纽经济高质量发展的实施意见〉》的通知	/	以习近平新时代中国特色社会主义思想为指导，深入贯彻落实党的十九大和十九届二中、三中、四中全会精神，坚持以人民为中心的发展思想，坚持推动高质量发展，深化供给侧结构性改革，深入实施创新驱动核心战略和产业强市主导战略，加快发展以数据资源为关键要素的数字经济，着力构建新型数字基础设施体系，以“数字产业化、产业数字化"为主线，打通数据流动新通道，释放数据资源新价值，激发实体经济新动能，培育数字应用新业态，促进政府数字化转型，优化数字经济发展环境，以数字经济创新发展助力无锡当好全省高质量发展领跑者。

企业合规试点模式的现状检视与破解之道

沈宝生[*]　李　鑫[**]

一、引言

所谓企业合规制度，是指检察机关对于涉嫌刑事犯罪且认罪认罚的相关企业，在该企业实施或者承诺实施有效管理制度的前提下，对其作出不起诉决定的司法治理新制度。该制度自20世纪70年代发端于美国，至今已经有50余年历史，在此期间，世界上法律较为完备的国家中，有许多都已确立了自己的企业合规制度，但我国由于改革开放较晚，社会主义市场经济发展时间较短，所以至今仍未确立企业合规制度。

近年来国内对于确立企业合规制度的呼声越来越高，一方面是因为走出国门的企业越来越多，在企业走出国门的过程中经常会遇到一些关于合规方面的问题，但由于我国并不存在该制度，使企业较为无措，对外发展受到较大阻碍，企业合规问题带来的影响让国人深思，相关部门和部分走出国门的企业对此问题也越发重视。另一方面在于理论界的支持，虽然在部分细节上尚有分歧，但理论界多数学者对于建立企业合规制度持肯定态度，并且近几年来理论方面对企业合规制度的构建也做了大量的讨论，给出了基础的构建思路。

在现实困境与理论支持的双重推动下，最高人民检察院组织开展了企业合规制度的改革试点工作。2020年3月，最高人民检察院在上海、广东等东部沿海地区的部分省市选定了6个基层检察院对企业合规制度进行试点试验。同时为响应最高人民检察院的号召，全国有多个地方人民检察院自主进行合规制度试点工

---

* 法学硕士，三亚学院法学院讲师。

** 三亚学院法学院，本科在读。

作。2021 年 3 月,试点范围已经扩大到全国 10 个省份,其中包含 27 个市级检察院以及 165 个基层检察院。2022 年 4 月,企业合规改革试点扩展到全国检察机关。最高人民检察院先后于 2021 年 6 月和 12 月发布了企业合规改革试点两批共 10 件典型案例。正所谓实践出真知,在全国各地检察院的试点实践下,逐步探索出部分适合我国国情的企业合规制度运行模式,同时部分省份还在实践中尝试了许多颇具特色的做法并取得了不错的成果,还由最高人民检察院牵头,和司法部等相关国家部委等制定了《关于建立涉案企业合规第三方监督评估机制的指导意见(试行)》(本文以下简称《指导意见》)和《涉案企业合规建设、评估和审查办法(试行)》(本文以下简称《评估审查办法》)等规范性文件,这毫无疑问推动了我国企业合规制度的建设进程。但与此同时,随着实践进程的不断推进,也逐步暴露出许多需要解决的问题。

二、国内涉案企业合规试点改革参考文献成果

(一)具有我国特色的合规监管模式

因为每个国家的国情不尽相同,所以企业合规制度在不同国家也起到了不同的作用。当前世界上确立的企业合规制度大体上可以分为 4 种模式,分别是量刑起诉激励模式、独立成罪模式、司法审查模式、强制合规模式。我国检察机关在借鉴国外成功经验的同时,结合我国实际,在试点中诞生了 3 种具有我国特色的企业合规制度模式:

第一种是检察建议模式。我国检察机关在试点最开始时多采用该种模式,该模式下,检察机关在对涉罪企业作出酌定不起诉决定的同时,会向企业送达检察建议,要求其进行合规体系建设和整改。该模式效率较高,可以减轻检察机关和涉罪企业的压力,加快办案速度,所以在试点开始时检察机关多采用该种模式。但该种模式也有显著的缺点,不起诉决定作为一种生效的诉讼处分,一经宣布即刻生效,且撤销需要具有法定事由和经过法定程序,这就致使企业合规制度对企业的威慑力大大降低,不能很好地预防和避免企业在接到检察建议后不予遵从的情况,同时还会使检察机关对不履行检察建议的企业进行的后续制约不及时,对企业经营管理体系的漏洞不能进行及时封堵。也正因为有以上诸多缺点,所以该模式有逐渐被淘汰的趋势。

第二种是检察意见模式。该模式下的企业合规制度与我国刑事诉讼中的酌定不起诉规定较为相似,其是指检察机关若在具体办案过程中发现涉案企业虽有

犯罪情节,但由于情节轻微不需要对其判处刑罚或者应该免予处罚的,可以对该企业作出不起诉决定。但检察机关认为需要对企业进行行政追责的,可以向有关的行政机关提出检察意见,要求行政机关依法对企业作出行政处罚决定,同时要求企业在规定的时间内进行内部整改,该模式由于被限定在轻罪,所以适用范围较窄。

第三种是附条件不起诉模式。该模式又被称为暂缓不起诉模式,其与刑事诉讼法中的附条件不起诉并不相同,只是因为该种模式与目前刑事司法中的附条件不起诉制度在制度构建上高度相似,所以有部分学者称其为附条件不起诉模式,但是两者在实质上完全不同。①

在该模式下,检察机关会与涉罪的企业商议签订暂缓起诉协议,由涉罪企业作出合规承诺并制订合规计划,由检察机关牵头组成第三方监督评估组织,对涉罪企业在一定的考察期内进行合规考察,在考察期届满后,再根据企业合规计划的完成情况,作出是否提起公诉的决定。

相对于前两种模式而言,附条件不起诉模式较多参考上文中的量刑起诉激励模式,更为突出企业合规制度的激励效果,这就使涉罪企业更加积极和主动地进行合规体系建设,因此,该模式更有利于对涉罪企业进行教育和矫正。而由于检察机关在考察结束后方才做出是否进行起诉的决定,所以企业并不敢放松自己的合规整改工作。由此可见,附条件不起诉模式有更强的压制力,对涉罪企业的约束力更强。综上分析,附条件不起诉模式似乎更适合我国,从最高人民检察院公布的第二批6件典型案例来看,检察机关均采取了附条件不起诉模式。从未来的发展趋势来看,附条件不起诉模式将成为我国涉罪企业合规监管的主要类型,当然这有赖于立法的修改。

(二)对监管人的选任

我国当前企业合规制度实践中主要适用附条件不起诉模式,且在该模式下,需要为涉案企业设定合规整改的考察期。从当前我国各地检察院的实践来看,考察期短则为一两个月,多则为两三年。由于检察人员并不一定专业,且人手不足,所以检察机关难以做到亲自监管,《指导意见》已经明确通过检察院交给第三方监

① 在我国刑事司法领域,附条件不起诉是针对未成年犯罪的一种特殊规定,由于刑事诉讼法限定其适用范围,所以当前并不适用于其他情形。

督评估机制管理委员会(本文以下简称第三方管委会)选任组成第三方监督评估组织(本文以下简称第三方组织)进行监管的方式来保障合规计划的顺利进行。此时,选择何种单位或个人担任合规监管人就显得尤为重要。在多次尝试中,我国检察机关主要选择以下单位或个人担任合规监管人。第一,行业协会。比如经济、会计、金融、企业管理等学科领域。第二,行政机关。现阶段企业犯罪较多出现在贿赂、环境污染、税务、食品药品、走私等领域,很多地区通常选择具有行政监管职能的机关或部门的人员作为监管人,比如市场监督管理局、国税或地税局、海关、环保部门等。第三,独立监管人。该方式由深圳市宝安区人民检察院最先进行应用,宝安区人民检察院通过借鉴域外经验,探索建立独立监管人制度,所以选择独立监管人的选任模式又被称为"宝安模式"。独立监管人作为具备专业知识与服务经验的专业人士,相对于以上两种监管人具有明显的优势,其可以为企业定制适合其自身的合规计划、协助企业进行规章建设、对企业管理进行合理分工、培育企业内部的合规力量,帮助企业走出困境,同时其也有助于解决检察机关由于人手不足以及专业性不够导致的监管不到位的问题。但将"宝安模式"在全国进行推广也存在现实的困难,在东南沿海等经济发达地区以外的其他地区,尤其是西部内陆地区,有能力担任独立监管人这一重要角色的律师事务所、会计师事务所等相关机构的数量较少,同时若聘请东部发达地区的专业机构及相关人员可能会产生高额的费用,会给合规企业和检察机关带来极大的负担,因为在合规计划推行中合规成本也是趋待解决的重点问题。

从《指导意见》的内容来看,最高人民检察院倾向于选择独立监管人担任合规监管人。第三方管委会负责建立专业人员名录库,当需要为涉案企业配备合规监管人时,由第三方管委会从专业人员名录库中随机抽取人员组成监管组织,报送负责办理案件的检察机关备案并向社会公示,检察机关、涉案企业或个人等对选任的监管成员可以提出异议,第三方管委会应该进行调查核实并进行调整。《指导意见》还规定,监管人员在合规考察期内,可以对涉案企业合规计划等开展必要的检查、评估,如果涉案企业不予配合,监管人将中止评估程序,直接向负责办案的检察机关报告,由检察机关进行处理。

(三)企业合规制度应适用于中小微企业

上文中提到当前世界上有许多国家都已确立企业合规制度,但是在是否将合规制度应用于中小微企业这一问题上,并没有形成统一的意见可以供我们引用参考，作为制度发源地的美国，当前也大多对大型企业应用。大型企业自然不需多言，由于其较强的经营能力以及较大的辐射范围，对社会经济发展有着重要的作用。对大型企业适用合规不起诉，一方面可以激励其进行合规建设、合法经营，有力防范国内外合规风险；另一方面可以有效避免大型企业因陷入公诉而影响自身运转，继而影响人员就业及行业发展。但如果企业合规仅对大型企业适用，对中小微企业而言显然是不公平的。将中小微企业纳入企业合规制度的适用范围既有积极影响，又有消极影响。

首先是消极影响，中小微企业由于人员欠缺、资金不足等原因，生存压力较大，所以部分中小微企业在遇到困难时不得不铤而走险，对其而言，自身的生存已是最大问题。对于有些已经经营困难、投资不足的中小微企业而言，合规计划的实施无疑是增加了其经营负担，还可能会导致其资金链断裂，使其加速破产。由于当前我国已经取消了设立有限责任公司的最低资本限额，且当前落实合规计划费用较高，所以一些涉嫌犯罪的中小微企业可能会选择直接破产，从而设立一个新公司以避免合规产生的费用。

其次是积极影响，中小微企业虽然在资金、人员等方面不如大型企业，但是其对合规经营以及健康发展同样有着需求和期待，在面对因违法犯罪所要承担的刑事责任时，会切实地感受到加强自身合规建设的重要性和紧迫性，这也强化了中小微企业适用合规不起诉制度的迫切愿望。在实践中，有部分地区的检察机关对一些涉嫌犯罪的中小微企业进行了合规不起诉试验，这些企业通过自身的整改与外在的指导，增加了营业额和收入，并没有因为合规费用而影响公司运转。

综上所述，将企业合规制度适用于中小微企业，存在正反两方面的影响，但通过对两种影响进行比较可以看出其积极影响远大于负面价值。因此，我国在理论界多次讨论与在实务界多次实践后，达成企业合规制度应当对中小微企业适用基本共识。

三、涉案企业合规试点改革中的问题检视

（一）适用对象尚不明确

1. 是否适用于自然人

要想构建符合我国国情的企业合规不起诉制度，首先要明确企业合规制度的适用对象。企业合规制度最初是为未成年人犯罪设计的，随着经济社会的不断发展以及合规制度的不断完善，才将企业纳入其适用范围，所以是否将自然人纳入

企业合规制度的适用范围是一个值得探讨的问题。不能否认，将企业的负责人纳入企业合规制度的适用范围有一定的积极影响。当前阶段，我国涉嫌犯罪的企业大多数是中小微企业，而对于这些企业而言，其负责人对企业来说是指引方向的旗帜，负责人作为企业的核心人员，其个人状况关系企业的生存和发展。如果企业合规制度支持企业负责人的适用，由于不起诉与企业直接挂钩，所以负责人会将自己的命运与企业的前途绑定在一起，使企业负责人对合规任务更加重视，有利于对企业的合规整改和制度推进。除此之外，也可以有效避免因负责人卷入案件导致企业无法正常运转，从而产生劳动者失业等继发性问题，维护社会公共利益。

2. 是否适用于重罪

在最初的合规试点工作中，大多数检察院将企业合规的适用范围限定在 3 年以下有期徒刑的轻罪。因为我国刑事诉讼法规定，检察机关只有对犯罪情节轻微的案件才能作出相对不起诉的决定，所以检察机关将 3 年以下有期徒刑的轻罪作为合规不起诉制度的案件适用范围在其职权权限内。这一做法既避免了引发社会问题，亦得到了理论界和实务界的广泛认同。所以全国各地检察机关大多将 3 年以下有期徒刑作为界限。此等做法虽然较为稳妥，但是由于其范围较窄，企业合规制度的作用被大幅削弱，不利于该制度的建立，且在实践中，大多需要进行合规整改的企业往往其所犯罪行已经超过 3 年有期徒刑，此时已不能应用企业合规制度，丧失了制度的活力，这样一来推行企业合规不起诉制度也就没有太大的价值，所以当前对是否将企业合规应用到 3 年以上重罪的问题很有探讨的必要。

（二）关于检察院不起诉裁量权的约束问题

认罪认罚从宽制度的改革所获得的成效，充分显示了检察院在审前程序中权能开拓的潜力。实际上，我国最高人民检察院将企业合规吸收进公诉领域和认罪认罚从宽制度，可以说是我国刑事诉讼结构进行现代化转型的重要标志。

根据《指导意见》这个具有顶层设计性质的部门规章，在涉企业合规案件中，不管是涉罪企业的合规承诺，合规协议的制定、实施、评估、审查，还是强制措施的适用以及移送起诉与否，检察机关的自由裁量权都是比较大的。基于此，有专家对检察院自由裁量权过大表现出忧虑。起诉或不起诉裁量权是我国检察院固有的权力，可以说，至少在目前对涉罪企业合规起诉或不起诉带来的扩大检察权的问题没有必要过度担心。与美国联邦执法机关中公权力机关的广泛裁量权不同，我国检察院不起诉种类、范围和程序都受到法律的明文限定。对于检察院不当的追诉活动，国家赋予被害人通过提起自诉或者进行申诉等方式进行相应的救济，相应的司法责任的承担也对不起诉裁量建立了"防火闸"。另外，从司法实践的情况来看，各级检察院不起诉的适用率是较低的，尤其是基层检察院对酌定不起诉适用尤其慎重。为了防止检察机关滥用起诉或不起诉裁量权，最高人民检察院发布了《明确规范办理涉民营企业案件执法司法标准》，明确了对企业作出不起诉决定应遵循的标准，即认定案件构成犯罪，但犯罪情节轻微，依照刑法规定不需要判处刑罚或者免除刑罚的。这一规定主要是为了防止"入罪即诉""一诉了之"，它要求检察院在法律规定的框架内从宽把握对涉嫌犯罪企业不起诉的判断标准。因之，重点关注检察院不起诉权的合理适用比关注检察权的扩大化显得更重要。尤其在企业合规的试点改革中，适用不起诉裁量权不能完全放开，必须在法律规定的框架内。

（三）关于合规有效性的标准问题

当前，合规有效性标准的合理设置，系多数国家共同面临的难题。美国学者玛丽·马肯德尔通过研究发现，合规制度对企业违法犯罪行为并没有产生实质性影响；实践中存在利用合规制度来遮盖企业领导层参与违法犯罪行为的现象，形式上的合规管理体系还有可能成为掩饰公司犯罪的工具或手段。因此，由政府部门推动的企业合规难以达到预期的效果，根据《联邦量刑指南》判处的企业的合规计划很少有达到有效标准的。① 基于此，有些学者认为，企业合规计划的内容和评判标准设置不恰当，导致了实践中没有达到合规的有效性。在涉罪企业合规不起诉机制中，评估企业合规整改后是否具有实际效果，是检察院依法作出不起诉决定的主要根据。而涉罪企业合规不起诉机制的重点也是难点在于有效性标准，即检察院如何判断涉罪企业制订并施行的合规计划是否有效，以及有没有达到预期目的。在企业犯罪案件出现后，企业合规计划在无法获得有效实施的情况下，"形式合规"就在所难免。此外，企业的性质差异、行业差异、规模差别甚至地域气候的不同，都可能影响企业合规计划的制订和实施，所以，科学、适当、合理的合规计划评定标准就变得特别复杂。国外主要是英美国家虽然具有合规计划内容有效

---

① ［美］菲利普·韦勒：《有效的合规计划与企业刑事诉讼》，万方译，载《财经法学》2018 年第 3 期。

的评定标准可资借鉴,但未必适合我国的实际情况。

《指导意见》中虽然提到涉案企业合规整改计划的评估,但都是粗略的偏原则性的规定,并没有实际参考标准。《评估审查办法》则对涉案企业合规评估进行了较为详细的规定。《评估审查办法》第 14 条系针对涉案企业合规整改计划和合规管理体系有效性评估的重点内容,包括对涉案合规风险的有效识别、控制;对违规违法行为的及时处置;合理配置合规管理人员;监测、举报、调查、处理机制与合规绩效评价机制的正常运行;合规文化基本形成。因此,有效性评估的具体标准也应当围绕上述内容展开,这些应该成为企业制订合规整改计划不可或缺的内容。总而言之,判断涉案企业的合规整改计划以及实施情况是否达到有效性标准,不能单单看有没有规范和无可指摘的书面合规文件,而应该看其治理结构是否转变、企业合规文化是否形成等,这是需要长期坚持的系统性工程。

(四)关于第三方机构合规监管的问题

最高人民检察院检察长张军指出:“企业的合规承诺想要落实落地,就必须建设好、使用好第三方监管机制。”建立第三方合规监管体系,对减轻检察机关负担,促进企业合规体系建设具有重要作用。目前,由第三方参与的企业合规监管模式已经成为合规建设中不可或缺的一部分。《指导意见》中规定第三方监管人主要负责在合规考察期间对涉罪企业内部的合规建设、制度完善以及计划执行情况进行评估和监督。同时,为防范第三方合规监管人在整改过程中的形式主义和腐败问题,《指导意见》中专门对第三方的成员、组织以及第三方管委会进行了责任细化,建立了第三方监管人的选任制度和问责制度,对第三方监管人参与企业合规整改的框架进行了整体性构建。但随之而来的是,第三方机制在企业合规考察中的作用问题。

从第三方监管模式的运行来看,该模式中第三方组织由第三方管委会选任,其负责对合规企业进行计划筹备、进驻调查和考察监督等,在该过程中,检察机关并不参与在内,检察机关主要通过第三方组织提交的审查合规计划、定期报告和考察报告等进行审查,仅在必要时展开调查核实。检察机关不参与企业的日常审查,可以有效避免检察机关与涉罪企业出现利益交换等不利于企业合规的风险,在一定程度上对检察权起到了制约作用。但第三方管委会由多个部门组成,所以对于第三方组织建立后,对人员如何进行组织、管理和协调都需要进一步解决。因为第三方组织是由律师、会计师等独立个人组成,在企业合规考察期内与涉罪企业联系较为紧密。如果其人员的薪酬由涉罪企业进行支付,第三方组织的中立性和客观性不能得到保证。第三方管委会如何在检察机关主导下发挥其监管作用,以及检察机关如何与第三方监管机构更好地进行配合联动,是未来完善第三方监管制度的重要问题。

四、涉案企业合规问题的优化路径

最高人民检察院的企业合规改革试点已经在全国扩展开来,虽然已经通过试点改革适用类似附条件不起诉的做法,但缺少法律的明确依据是显而易见的。随着改革的深入以及经验教训的积累,通过刑事诉讼法的修改,在该法中规定企业合规不起诉制度是我国下一步要考虑的问题。在未来的修法中,笔者建议根据现有的问题,至少明确以下几点。

(一)明确适用对象

1. 不能适用于自然人

在上文中已经分析过一个企业的当事人,尤其是中小微企业的当事人对企业发展的重要作用,同时也总结出将企业合规制度适用于自然人带来的积极影响,但是与此同时,对自然人适用也会带来极大的负面影响。首先,这与我国《刑法》中关于单位犯罪的规定相违背,不符合罪刑法定原则,严重侵害我国法律的权威。其次,将企业合规制度适用于自然人可能会放纵犯罪,由于现在公司设立门槛低,自然人可能运用企业来作为工具实施犯罪,这一方面不利于我国市场经济发展,另一方面可能影响我国司法工作。

通过比较可知,将企业合规制度适用于自然人弊大于利,所以企业合规制度不应当对自然人适用。正如北大教授陈瑞华所说:企业合规不等于企业家合规。对企业犯罪和企业负责人犯罪不加区分适用,面临着不当适用企业合规刑事激励机制和不当出罪自然人的双重风险。

2. 对重罪适用

要想切实发挥企业合规制度的作用,释放企业合规制度本身的优越性,就不能将其适用范围限定得过于狭隘,由此就需要我们拓展思路,对企业合规制度的适用范围进行适度扩张。我国已有个别检察院对此进行了尝试,例如辽宁省人民检察院和深圳市南山区人民检察院,其二者制定的相关试用办法已经将企业合规制度的适用范围扩展到 3 年以上 10 年以下有期徒刑的犯罪。其二者对企业合规制度适用范围进行扩大的做法在全国范围的探索实践中并不多见，其中绝大多数地区的检察机关依旧将企业合规制度适用范围严格限定在3年以下有期徒刑的犯罪。所以为了推进企业合规制度的建设进程，应当肯定扩大其适用范围，对重罪适用。多数学者认为，企业合规制度除对轻罪适用外，可以对重罪的适用进行适度的扩张，这样有利于避免对我国社会经济发展起到重要作用的部分企业，由于法定刑过重而无法适用企业合规制度的问题。

（二）合理约束不起诉裁量权，增强检察权运行的监督机制

在企业治理领域，虽然最高人民检察院通过制定各项政策鼓励各地检察机关恰当适用不起诉裁量权，但司法实践中检察院在适用不起诉时存在标准不一且适用较少的情况。从最高人民检察院公布的第二批典型案例来看，第三方组织出具的评估报告是检察院作出不起诉决定的关键根据。单纯依靠审查书面合规报告，或许不能保证检察院不起诉决定的适当与科学。未来，检察院可以创制一套针对合规整改情况评价指标体系，从涉罪企业对当地经济、就业的影响大小，企业合规整改的难易程度等方面设计尽可能科学和详细的指标，对是否提起公诉进行综合判断，明确起诉或不起诉的界限，从而使检察院作出的起诉或不起诉决定更具科学性与适当性。由于检察权也属于公权力之一，为了防止其滥用，同样少不了监督和制约。最高人民检察院发布的第二批企业合规典型案例中，有部分试点检察院采取了公开听证的方式，该方式对于监督和制约检察院对不起诉裁量权的行使具有一定的积极影响和重要作用。比如在上海J公司、朱某某假冒注册商标案中，上海市浦东新区人民检察院邀请人民监督员、侦查机关代表等进行公开听证，经评议，参与听证各方一致同意对涉案企业和个人作出不起诉决定；在随州市Z公司康某某等人重大责任事故案中，检察院也是在公开听证后依法作出不起诉决定的。公开听证的方式可以让社会各界对合规考察的情况有更加清楚的了解。通过媒体等对企业合规的进程和结果进行公开报道，使社会各界可以对企业合规进行监督，从而避免检察院滥用不起诉裁量权，增加企业合规监督和评价工作的透明性和公信力。

（三）制定差异性的企业合规有效性标准

判断企业刑事合规整改计划是否有效，并不是简单地依照标准进行比对，而是围绕企业治理合规管理体系的整体性的规划进行判断。大型企业通常具有比

较完善的企业结构和治理体系，而中小微企业，尤其是微型企业，离现代公司治理结构差距甚远，对区别如此巨大的企业，显然不能设置完全相同的评价标准。首先，对于大型涉罪企业甚至企业集团，合规评估标准可以从合规整改计划的制订、实施到持续性跟进等方面进行评估。合规计划制订的内容包括风险识别、规章制度、审计与会计审核、日常培训与沟通以及举报与报告等。合规计划的实施包括最高层决策、组织机构和问责与奖惩等。持续跟进包括持续改进的能力和企业合规文化等。可以说，这些标准实际包括了刑事合规计划从制订到执行的有效性。其次，对于中小微企业，尤其是微型企业，合规的评估标准应具有针对性，根据企业触犯的罪名、情节，对薄弱环节、重点风险领域制订合规工作计划，设定最低的底线性标准即可，实现精准化的合规整改。同时，尽可能降低第三方机制考察规模，以使合规成本最大化缩减。如果合规成本太高，中小微企业，尤其是微型企业，很可能入不敷出。

（四）强化检察机关的主导地位

在第三方机制监管中，检察机关由于不参与涉罪企业内部的具体活动，所以其往往在过程控制和结果截断两个方面占主导地位。

在过程层面，由第三方管委会选任的第三方组织进行实施工作，而其自己负责监督工作，该过程中检察机关并未参与。但检察机关作为企业合规整改的负责人，不能因为有专业力量介入，便只负责大阶段的审查，而将其他细化问题全部交给第三方组织解决，检察机关作为监督审查部门，应对合规进展情况全面掌握，统筹全局，尽力避免出现形式主义和虚假合规的现象。

在结果层面，第三方组织作为外部力量，对检察机关人员不足和专业性不够的现状起到补充和辅助作用，其出具的评估报告和监管意见是检察机关决定是否对涉案企业进行不起诉决定的重要参考，其重要性不言而喻，但以其评估报告直接作为从轻、减轻的法定证据并不可行。在合规制度监管体系建设中，独立监管人应依靠自身专业知识与实务经验为企业搭建适合其自身的合规体系，第三方管委会应以日常监督与巡回检查保障整改落实情况，检察机关则在第三方组织监督的基础上，对第三方组织出具的企业合规建设和评估报告进行审查，并根据实际情况出具决定性意见。各部门各司其职，以检察机关为主导核心展开合规监督工作方才有利于合规体系建设。

企业合规管理体系构建研究

——以海南 A 贸易有限责任公司为例

李春光*

当下,企业合规管理越来越多受到关注,企业要长远发展,离不开合规管理。海南 A 贸易有限责任公司(以下简称 A 公司)是一家较大规模的贸易公司。在对 A 公司的合规管理进行现状考察后发现,公司存在合规管理制度不完善、合规管理组织不健全、合规风险防控不到位等问题。出现上述问题,既有经济环境、社会环境、法治环境等外部原因,也有合规管理制度缺失、合规意识淡薄、合规文化建设不到位等内部原因。应当从建立专门的合规管理部门、构建合规管理运营体系、加强重点领域的合规管理等方面对合规管理体系进行设计,并采取完善合规制度建设、加强培训、加强合规文化建设等措施。

一、企业合规管理的相关概念

(一)企业合规

正所谓无规矩不成方圆,小到家庭,中到企业和社会组织,大到国家,要想正常地运转,都要合乎规则。本文谈及的企业合规,英文名为"Corporate Compliance",是指企业的行为,包括但不限于管理行为、经营行为等,要符合法律法规的规定,符合企业的规章制度和商业道德的要求。根据学界的一般理解,合规有广义和狭义之分,狭义的合规仅指反贿赂、反腐败合规,广义的合规除了反贿赂合规和反垄断合规,还包括公司法、环境保护法、劳动法、税法和数据安全与保护等方

* 三亚学院教师,国家治理研究院研究员。

面的合规。因此,要做好企业合规管理,必须关注现行生效的规则对企业经营行为的影响,主要解决的问题至少应当包括以下几个方面:法律法规在企业管理和经营过程中如何得以执行,企业规章制度在企业内部如何得以执行,如何识别、减少和把控合规风险等。

(二)企业合规管理

企业合规管理这一概念是一个舶来品,最早源于美国,是企业为了避免反垄断处罚而采取的防范措施,后来在美国的金融类企业全面铺开。如今,企业合规管理已经成为世界各国通用的概念,一般认为,企业的违规行为是由企业内部的管理者或一般员工的职务行为引起的,因此,通过内部制度设计,确保企业管理者和一般员工的行为合规,是合规管理的关键。我国国资委在《中央企业合规管理指引(试行)》中将合规管理定义为:以有效防控合规风险为目的,以企业和员工经营管理行为为对象,开展包括制度制定、风险识别、合规审查、风险应对、责任追究、考核评价、合规培训等有组织、有计划的管理活动。

(三)企业合规义务

企业合规义务,英文名为"Compliance Obligations",国际标准化组织颁布的ISO19600《合规管理体系指南》对合规义务的概念做了界定,是指企业合规规范规定的、企业必须履行的义务。不仅包括法律规定和合同约定的义务,还包括企业自愿承担的合规义务。单纯从法律角度看,合规义务属于勤勉义务的一部分,公司管理者因没有履行合规义务而给公司造成损失的,需要对内(即对公司或股东)承担赔偿责任。在世界上大多数国家,一般认为,企业管理者的合规义务针对的组织类型是公司和金融机构——尤其是上市公司。对于公司以外的企业类型和中小企业,企业管理者是否有合规义务,尚无一致意见。

按照ISO19600《合规管理体系指南》第3.5.1条的规定,合规义务源于适用于企业的合规规范,包括合规要求与合规承诺。合规要求主要来自外部合规规范,一般是法律法规等具有强制执行力的规范性文件。合规承诺主要来自企业内部合规规范,是企业基于自主意识表示,自愿设定的义务和接受的约束。

(四)合规管理体系

根据ISO19600《合规管理体系指南》第2.7条,合规管理体系是组织确立方针和目标以及实现这些目标的过程的相互关联或相互作用的一组要素，包括组织的结构、角色和职责、策划、运行等，这一定义是合规管理体系的国际标准，同时也是我国国家标准。企业合规管理体系是企业合规的组织与制度保障，也是本文研究的核心内容。

二、A 公司合规管理的现状考察

（一）公司概况

公司成立于2006 年，注册资金100 万元，股东是两个自然人，主要的业务范围是经营中外优质名烟名酒的销售，采取连锁店经营模式。公司自成立以来，始终注重在质量、品牌、社会责任、企业文化等方面的建设和发展，得到了广大消费者和社会各界人士的广泛认同，并获得海南战略合作伙伴、海南“诚信品牌之星”、三亚市消费者信得过单位、三亚市放心消费承诺单位、海南省守合同重信用单位、三亚价格守信商家等多项荣誉。至2022 年年初，A 公司从成立之初的一家门店发展壮大到60 多家连锁店，几乎覆盖了海南省的各市县。

（二）A 公司组织架构

图1 为公司组织架构，从图1 中可以看出，公司采取的是三级式的管理结构，由上至下分别为总经理、职能部门、具体办事机构，从职能部门的设置上可以看出，公司并未单独设置合规管理部门，甚至没有基本的风险控制部，这说明公司的合规管理需要从组织结构设计上入手。

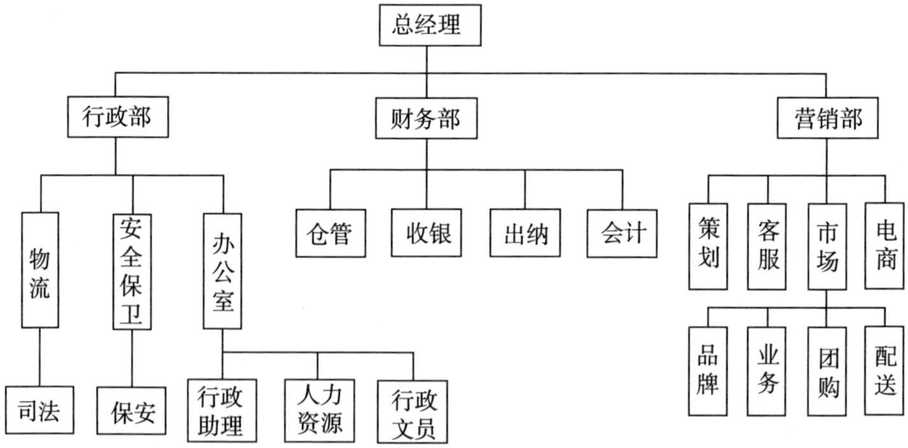

图1　公司组织架构

（三）A 公司的部门职责

A 公司作为一家在海南有较大影响力的贸易公司，其部门职责除具有一般公司的部门职责外，也具有自己的行业特点。该公司的部门职责可汇总如下：

1. 行政部的部门职责

在总经理的领导下，参与公司经营管理，全面负责公司行政管理工作，主要包括：(1)主持公司相关会议，积极参与公司各项活动，制定公司员工手册，并监督、检查、执行。(2)负责完善公司的各项规章制度，规范文书管理标准。(3)负责公司的经营运行及后勤工作、各证件的办理和年审工作。(4)加强仓库的巡查安全工作，认真了解仓管员的思想动态。(5)负责公司各类出入库业务单据的审核工作，协助总经理审核与签订公司各类合同。(6)营建良好的企业文化，强化企业精神、团队精神的宣传。(7)加强与各相关政府部门、机构、行业协会等单位沟通，有效为公司提供良好的服务工作。(8)制订员工招聘计划，考察员工，调研各部门的工作情况。(9)负责审核员工档案资料，人员任免、调薪、迁任、离职、审批等各项事务。(10)负责公司的安全事项，时常做好保安的思想工作，加强治安、保卫、防火防盗工作，一旦发现异常情况，必须向总经理汇报。(11)负责员工住宿安排，生活卫生保健，膳食、生活区防疫工作。(12)关注员工的思想动态和意向，做好卖场员工的思想工作，监督每个员工不能参与赌博和其他与公司没有瓜葛的相关业务活动，禁止员工相互借款与从事违规、违法行为，如有发现不上报，负第一责任。(13)负责监督旗舰店和各连锁店的员工对公司的物品和各供应商提供的活动赠品杜绝私用，一经发现必须严格处理；发现员工私自使用销售小票进行不开票兑换商品活动，必须严格处理。(14)负责管理办公室的各项工作，以及公司全体员工的培训工作。(15)负责对销售活动的促销礼品做到不定期的抽查和审核，定期对公司赠送给大客户的礼品做好回访工作。(16)负责旗舰店和各连锁店员工的纪律工作、考勤工作、奖罚工作，严格执行公司的各项规章制度。(17)教育员工要有爱岗敬业、爱店如家的精神。负责旗舰店和各连锁店人员的工作安排，礼节礼貌、服务技巧、业务知识培训与考核，培养有潜力的员工。(18)教育司机要有天天向上的精神，时常要求司机要有男人创业的精神，杜绝司机上班时间在卖场玩手机和聚众聊天。(19)加强宣传，提高员工上下班安全意识，教导员工严格遵守交通规则，对边驾驶电动车边接听电话的员工严格处理。(20)督促员工合理安排作息时间，如发现员工有晚休的习惯，要引导和教育，纠正其不良习惯。(21)负责公司车辆调配、保养、保险及维修审核工作。(22)总经理不在办公室时,负责接待外来宾客工作,加强引导办公室文员热情接待每位宾客。(23)总经理出差时,负责公司全面工作,做到管理有序,确保公司正常运营。(24)审核办公及生活用品的采购、保管、发放,协助财务报废商品处理。(25)负责与总经理协调各部门工作,及公司员工社保事务。(26)组织、策划各项文体活动,认真负责广告宣传、企业文化宣传,监督微信互联网宣传和电商工作。(27)负责公司办公设备的正常运行及维修工作、公司的供水供电工作。(28)加强管理各供应商提供的货品随附单和检验报告等相关证件,并保管好检验报告等相关证件。(29)负责安排文员在节假日对公司会员客户发送祝福信息,并检查信息内容。(30)定期向总经理报告分管工作,主动接受总经理的监督,完成公司交办的其他任务,做到爱岗敬业、维护本公司的商业秘密。

2. 财务部的部门职责

在公司领导的管理指导下,总管公司会计核算、财务管理工作,参与公司经营,主动配合、支持公司领导和其他部门的监督、检查工作,主要包括:(1)负责制订公司利润计划,拟订资本筹集和使用方案,做好财务规划、开支预算和经营发展的分析、建设、控制和考核工作;(2)建立、健全公司内部核算的组织,数据管理体系,以及核算和财务管理方面的规章制度;(3)组织编制公司财务计划、成本计划,努力降低成本,增收节支,提高效益;(4)负责财务人员的工作安排和调配,组织财务人员的业务考核和工作提高;(5)根据公司资金运作情况,合理调配资金,确保公司资金正常运转;(6)收集公司经营活动情况、资金动态、营业收入和费用开支的资料并进行分析,定期向总经理汇报;(7)组织编制公司年、季、月度财务计划并定期对执行情况进行检查分析;(8)严格财务管理,加强财务监督、督促财务人员严格执行各项财务制度和财经纪律;(9)审核公司各项预算方案,并进行合理调整;(10)审核公司各项成本核算;(11)审核员工工薪的预、决算;(12)审核各项费用开支凭证;(13)指导财务人员科学理财,增收节支;(14)搞好利润核算,及时向总经理汇报情况,按时完成总经理临时安排的工作任务;(15)管理好车辆开支情况,把握运输成本,提高经济效益;(16)搞好公司各台车辆的成本核算;(17)协调公司同银行、工商、税务部门的关系,维护公司利益;(18)参与公司重要事项的分析和决策,为企业的业务发展及投资事项提供财务方面的分析和决策依据;(19)定期召开财务人员会议,组织财务知识学习,解决财务核算中存在的问题,提高财务人员工作水平,同时加强职业道德和廉政方面的培训;(20)协调处理财务部与其他各部门之间的工作合作关系。

3. 营销部的部门职责

(1)在总经理的领导下,全面负责公司各连锁店的经营销售管理工作,执行总经理的办公会议决议。(2)按分工协助主持公司的日常行政活动和管理工作、加强员工管理、现场管理、服务管理、质量管理。(3)协助总经理组织工作,做好市场调查,分析和拟订工作计划、销售目标计划,负责促销活动和广告策划的设计与执行,为公司制定可行的发展规划和改革方案。(4)负责组织制定公司的考核标准,销售人员待遇的研究、制定和改进;对销售人员的培训计划、执行、落实跟踪管理工作,并对公司的各项规章制度负责贯彻执行。(5)定期或不定期做好各连锁店员工的调研工作,召开分店的销售工作会议,听取分店的工作汇报,及时解决工作中出现的问题和矛盾,组建销售网络,加强对分店的管理,提高工作效率。(6)编制年度销售费用预算,支持参与销售例会,加强对旗舰店员工早会的要求,提高员工的积极性。(7)对每月销售工作进行总结,对工作业绩突出者、工作不力造成损失者分别提出奖罚意见,及时上报总经理获得批准。(8)定期回访新老顾客,掌握顾客的需求,掌握其他公司的销售情况和价格市场行情,调整产品营销策略,为顾客提供更加满意的服务。(9)协助总经理审核与签订销售合同,并对厂商资料进行妥善保管,与厂商建立良好的合作伙伴关系。(10)每月与会计核对欠款单位余额,及时对挂账单位货款进行催收。及时向总经理汇报信用异常的挂账单位情况,申请是否允许挂账。(11)负责监督公司品牌部的推广计划和销售情况。(12)加强对商品质量把关的监督工作,确保商品符合正常销售要求,对商品中文标识检查工作严格把关。(13)加强仓库的巡查安全工作,认真了解仓管员的思想动态,随时跟踪断货、缺货的产品,及时做好记录并上报总经理。(14)负责对旗舰店和各连锁店产品的陈列规范管理工作。(15)关注员工的思想动态和意向,做好卖场员工的思想工作,监督每个员工不能参与赌博和其他与公司没有瓜葛的相关业务活动,禁止员工相互借款与从事违规、违法行为,如有发现不上报,负第一责任。(16)督促员工合理安排作息时间,如发现员工有晚休的习惯,要引导和教育,纠正其不良习惯。(17)加强宣传,提高员工上下班安全意识,教导员工严格遵守交通规则,对边驾驶电动车边接听电话的员工严格处理。(18)教育司机要有天天向上的精神,时常要求司机要有男人创业的精神,杜绝司机上班时间在卖场玩手机和聚众聊天。(19)教育员工要有爱岗敬业、爱店如家的精神。(20)负责卖场人员的工作安排,礼节礼貌、服务技巧、业务知识培训与考核,培养有潜力的员工。(21)负责管理各供应商提供的货品随附单和检验报告等相关证件，随时等待相关部门的检验。(22)定期向总经理报告分管工作，主动接受总经理的监督，完成公司交办的其他任务，做到爱岗敬业、维护本公司的商业秘密。

(四)A公司的管理制度

A公司基本管理制度可汇总如下：

1. 人事管理制度。主要职能是促进人力资源管理的标准化；主要内容是规定人员的招聘、录用、考勤、请假、奖惩、辞退、开除；福利、薪酬、培训、奖金；人事档案管理、保密制度等；负责制度实施的是公司的行政部。

2. 行政管理制度。主要职能是促进公司日常运行管理的规则化，主要内容是规定办公用品和财产、公章用印等制度、车辆管理制度等，负责制度实施的是公司的行政部。

3. 财务管理制度。主要职能是负责公司财务资金的管理，主要内容是规定会计机构人员设置、会计制度、出纳制度、收银制度、仓库管理制度；资金管理、成本费用核算等；负责制度实施的是公司的财务部。

4. 营销管理制度。主要职能是负责货物销售的具体运营；主要内容是规定项目的宣传策划、品牌建设、销售业务拓展、开展团购活动、销售人员管理、售后服务等；负责制度实施的是公司的营销部。

5. 合规管理制度。A公司的合规管理制度可以概括为以下几个方面：(1)采购领域的廉洁合规制度。主要是防止在采购过程中发生贿赂行为和变相骗取资金行为。(2)合同协议文件法律风险审查制度。主要是在对内、对外合同协议文件的签署过程中，对相关风险条款进行合法性审查，如合同的效力性瑕疵和违法性风险、合同欺诈风险、合同违约风险等。(3)销售领域的廉洁合规制度。主要是防止在销售过程中，尤其是在促销活动中，发生贿赂行为和变相骗取资金行为。

三、A公司合规管理存在的问题及原因

(一)A公司合规管理存在的问题

经过我们的调查分析和总结，A公司的合规管理存在的问题主要表现在以下几个方面：

1. 合规管理制度不完善

如前文所述，A公司没有设置专门的合规管理部门，以外聘律师作为常年法

律顾问的形式来对接公司的合规审查事务、律师的合规审查,如合同的起草和审查、内部规章制度的审查、项目的法律意见、诉讼案件的起诉应诉等。A公司没有专门的合规管理制度,有关合规管理的制度零散地分布在具体的管理制度中,例如在人事管理制度中,关于劳动合同的签订和实施,员工待遇和奖惩问题,都必须以劳动法和劳动合同法作为依据;在采购制度和销售制度中,设计了杜绝职务犯罪和职务侵占行为的廉洁制度等。A公司的合规管理制度的特点可以总结如下:一是合规制度不系统。依据前文所述,各职能部门都在各自的职责范围内履行各自部门的制度规定,缺乏系统性的协调制度规定。而且,各部门的职责范围存在相互交叉、界限不清的情况,这就在制度设计上为合规管理制造了障碍。要知道,企业要良性运作,各部门之间的相互配合是至关重要的,可以考虑设计专项事务联席会议制度,加强各部门之间的配合与互动。二是没有建立统一的合规审查制度。我们的调查发现,虽然A公司制定了一部分合规方面的制度规定,但相对零散,而且仅在局部范围内设定,缺少统一的合规管理审查制度。当然,因A公司尚未建立系统的合规审查制度,自然在风险识别制度、风险应对制度、责任追究制度、考核评价制度等方面有所缺失。

2. 合规管理组织不健全

根据图1可以看出,A公司并未设立专门负责合规管理统筹工作的独立部门,也没有明确合规管理工作的牵头部门,合规管理的工作职责分散在不同部门,且存在各部门工作职责重合的情况,这造成了A公司合规管理职责界限不清晰,工作机制不灵通,沟通不顺畅,在较大程度上影响合规管理作用的发挥。出现上述问题,一般与公司的决策层对合规管理的意识淡薄、重视不够有关。要知道,企业的合规管理涉及公司经营管理的方方面面,只有健全组织机构、科学合理地落实合规职责,才能有效发挥合规管理的作用,进而化解合规风险。

3. 合规风险防控不到位

企业发展到一定程度,合规管理问题就会显得更为重要,仅2021年一年,A公司就出现3起中层管理人员(连锁店店长)利用职务之便侵占公司财物,给公司造成损失的案件。为此,A公司已初步开展对所有分店店长履职情况这一重点领域的合规风险防控,但对重大、频发的风险的控制力度还有待于进一步加强。同时,A公司存在对风险的事前防控意识加强,风险发生后的补救措施较为迟缓等情况。为解决这一问题,可以考虑制定店长合规管理手册等指导性工具书,对相关业务人员合规风险意识进行指导和培训。

(二)原因分析

1. 外因

(1)经济环境的影响。

从经济学的角度看,经济环境影响企业合规与违规的成本和收益,是影响企业合规管理的重要变量,对A公司这类私营企业来说,尤为如此。这表现在以下两个方面:一是企业为了追逐经济利益,甘冒违规风险。马克思在《资本论》中曾经提及,资本家为了300%的利润,宁愿上断头台。我国正处于社会转型时期,企业为了追逐利益,也可能会出现违规行为。二是企业不能判断行为是否违规。人人都知道做人做事要守住底线,但底线在哪里却不是人人都知道。在当下经济环境的影响下,犯罪和错误、犯罪和失败、犯罪和不健康的界限是很难确定的,出现违规现象不可避免。

(2)社会环境的影响。

社会环境的影响主要表现在以下两个方面:一是商业文化的影响。腐败是社会发展的必然现象,在商业文化中,大多数人认为,贿赂是市场的潜规则,商业贿赂自身也成为一种坏的"市场文化"。二是社会信用的失控。当下,信用已经逐渐成为中国经济社会最稀缺的社会资源。假冒伪劣、不诚信经营、投机诈骗横行,引发了社会信用危机,同时又为商业贿赂的盛行提供了便利手段和环境,商业贿赂又进一步导致了社会信用的失控,如此恶性循环,企业违规行为不可避免。

(3)法治环境的影响。

违规的代价与收益是企业必然会衡量的一个问题,因此,法律监管环境也会影响企业做出合规或是违规的行为。如果违规的代价大于收益,没有任何企业会选择违规,如果违规的代价小于收益,或者违规的代价可能不会发生,或者可以忽略不计,可能就会有企业选择违规行为。当下,法律对企业的监管并未深入渗透到企业内部,当企业的管理者和员工发生违规行为时,很多企业会选择内部消化,大事化小,对违规行为采取放任和容忍的态度,导致法律监管无法较好展开。

2. 内因

(1)A公司缺乏合规管理激励制度。

作为贸易公司,A公司更注重的是岗位绩效考核,缺乏合规激励的制度化安排。A 公司几乎在各个部门的岗位制度中都有激励制度的存在，尤其是在营销部门、财务部门都设置了显著的绩效考核和奖惩制度。但是，从考核的标准上看，仅仅做到了对岗位工作本身的绩效上的考核，并没有从岗位工作的合规性的角度进行考核。所以，就形成管理者和员工一味地追求绩效，而往往忽略合规管理的问题。

(2)合规管理体系构建意识淡薄。

在合规管理、风险防范等方面，A 公司的方法比较单一，独立的外聘律师兼职对企业的法律问题进行审查，较为分散且临时，不能长期性、系统性地防范和化解企业合规风险。同时，兼职律师往往对企业深层次的组织、经营、管理理念了解不深，不能真正了解企业岗位职责上和工作流程上的合规风险。因此，A 公司的领导层应当从意识上处理好以下几个问题：一是梳理好具体业务拓展与合规管理建设之间的轻重位置关系，如果明显重视前者而轻视后者，可能会导致两者之间的重视程度严重失调，不利于企业的长远发展。丰田汽车在美国市场份额的萎缩，就是一个典型的例证。二是要不忘初心，始终如一，企业的合规建设是一个长期的过程，不能忽冷忽热，更不能“三分钟热度”，要确保合规管理工作的常态化、长期化。

(3)合规管理文化建设不全面。

A 公司为加强企业管理的合规建设，经常聘请专家、学者和律师等相关专业人士对公司的管理层进行合规文化教育，方式较为单一。在企业文化中，并未树立明确的合规概念，也没有建立完善的合规管理风控系统，合规文化与企业文化之间的融合程度不高，甚至存在一定程度的分离，对合规的认知理解仍有待深化。

四、A 公司合规管理体系构建方案及相关措施

(一)构建方案

依据 ISO 19600《合规管理体系指南》以及国资委在 2018 年 11 月 2 日下发的《中央企业合规管理指引(试行)》中关于合规管理体系相关要素的规定，A 公司的合规管理体系的构建应该分为 3 个部分：一是构建公司合规管理的组织结构；二是构建合规管理体系的运行机制；三是明确合规管理的重点领域。以下内容将会结合图 2、图 3、图 4 展开论述。

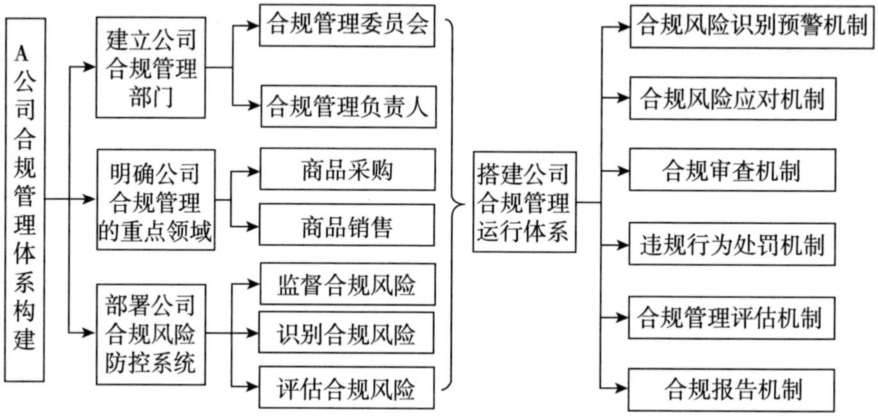

图2　公司合规管理体系整体架构设计

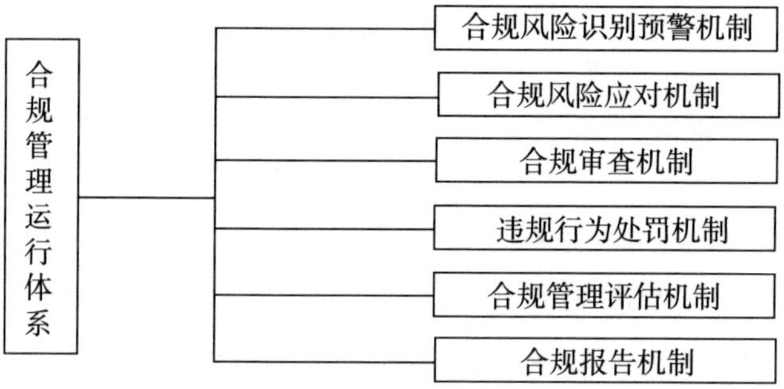

图3　公司合规管理运行体系

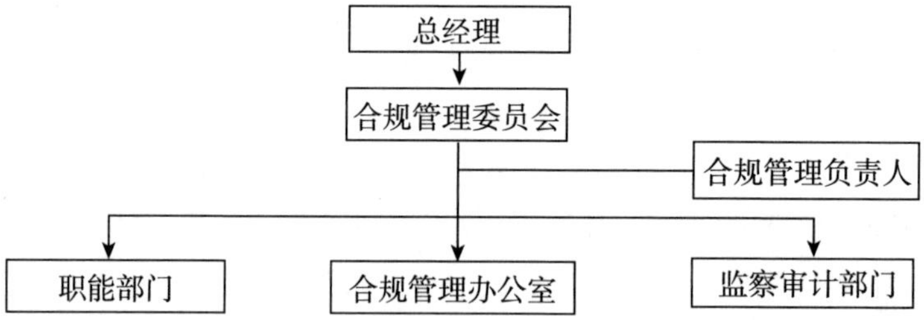

图4　公司合规管理组织结构

1. 建立公司合规管理部门

企业合规管理部门是建立企业合规管理体系的重要载体，如图4所示，A公司应当基于现有的法人治理结构，由总经理牵头，成立合规管理委员会，合规管理委员会下设合规管理办公室、职能部门、监察审计部门，构建一个系统的合规管理组织体系，并明确各部门的工作职责。

根据A公司的法人治理结构的现状，合规管理委员会的负责人应当由公司的法定代表人出任，3个职能部门的分管领导兼任合规管理主任。合规管理负责人是企业合规管理工作的具体负责人，该职务一般由企业的总法律顾问担任，在合规管理委员会的领导下开展工作，负责执行合规管理委员会的决策、计划和安排；向合规管理委员会报告工作；执行合规管理委员会的决定；提出合规管理的建议和意见。

职能部门和合规管理办公室的主要职责是管理工作，工作内容包括3部分：一是组织、协调、支持开展合规审查工作，如合规风险评估、合规管理评价、考核和评估等；二是起草相关工作计划，如起草合规管理计划、起草基本管理制度及具体系统；三是参与合规审查工作，如参与重大企业事项的合规审查，参与企业违规事件的调查等。

监察审计部门的主要工作职责是，参照我国《监察法》的规定，对公司管理人员的职务违法和职务犯罪行为进行监察，包括：受理违法、违规的举报；违法、违规线索分类处置；违规、违法调查；监察处置等。

2. 构建公司合规管理体系

依据上述所示，合规管理体系应当包括6个方面：一是构建公司合规风险识别预警机制，全面、系统、深层次梳理公司组织、经营、管理活动中存在的合规风险，对于可能产生较严重后果的合规风险及时发布预警。二是构建公司合规风险应对机制，针对不同级别的合规风险，制定针对性风险防控预案、突发事件应急方案等，确保对合规风险采取有效措施、及时处理。三是构建公司合规审查机制，将合规审查作为重要组织、经营、管理行为的必经程序，对不合规的内容及时提出修改建议。四是构建公司违规行为处罚机制，针对触犯公司合规经营管理风险的事项，明晰责任范围，细化惩处标准，加大惩处力度。同时，构建微信平台、投诉信箱、总经理见面会等多个举报渠道，严肃追究违规人员的相关责任。五是构建公司合规管理评估机制，为确保合规管理能够良性运转，定期对合规管理的效果进行分析和评价，在深入查找违规的原因后，完善相关制度，有效把控合规风险，根治违规行为。六是构建公司合规报告机制，当发生较大合规风险事件时，应履行公司内部重大事项报告制度。

3. 明确公司合规管理重点领域

对于A公司，采购和销售过程涉及的法律关系多，发生法律风险和合规风险的可能性较大，应将这两个领域作为合规工作的重点。一是应当构建采购领域的廉洁合规制度，主要是防止在采购过程中发生贿赂行为、变相骗取资金行为，避免采购人员利用职务之便侵害公司利益；二是应当构建销售领域的廉洁合规制度，主要是防止在销售过程中，尤其是在促销活动中，发生贿赂行为和变相骗取资金行为，避免工作人员利用职务之便侵吞赠品、代金券以及调换商品。

（二）相关措施

1. 完善合规管理相关制度

结合A公司合规管理特点，在合规管理制度建设上，应当健全一套系统、完备的合规管理制度，该制度应该至少包括以下内容：

①《A公司组织管理手册》：该手册用于明确公司的组织架构、各部门职责，体现公司管控设计方案框架，包括组织设计基本思路、组织设计、部门职责、职位说明书4个部分。

②《A公司权责手册》：该手册用于划分公司在日常运营管理过程中的责任关系，加强合作和提高工效。

③《A公司管理手册》：该手册用于指导公司各部门进行战略规划、组织控制、综合经营以及提供业务支持的流程文件系统，为部门及员工开展具体工作提供明确的指南。

④《A公司员工手册》：该手册用于帮助员工了解公司的经营理念、管理政策与福利待遇等情况，帮助员工对公司的管理制度和企业文化建设有更清楚的认识。

⑤《A公司任职资格管理手册》：该手册用于帮助公司解决人岗匹配问题，帮助企业将合适的人用在合适的岗位；帮助公司进行人才梯队建设，激发员工的工作能力。

⑥《A公司薪酬与绩效管理手册》：该手册用于强化员工责任意识，保证提供公正待遇，促进员工发展、增加和改进绩效。

2. 加强合规管理培训

我们在调查中发现,最近3年,A公司管理层出现违规管理的现象逐渐增多,因此,为确保公司能够稳中求进、可持续发展,公司应采取以下培训措施:第一,定期培训。定期就国家相关法律、法规、企业合规规范及程序等内容,对公司高级管理人员、普通员工以及企业的代理人、商业合作伙伴进行现场会议培训。第二,即时更新。采取其他适当的方式,如通过内部网站和电子邮件,及时向所有员工通知合规的新措施和新发展。第三,定期公告。在公司内部网站或者微信互动平台定期刊登、报道合规管理的相关问题。

3. 加强合规文化建设

公司应当将企业合规管理作为常态化工作,持之以恒,始终坚持,并按照图5的6个步骤开展相关工作,努力使整个合规管理制度体系的运行得以不断改进和优化,形成良好的合规文化氛围。

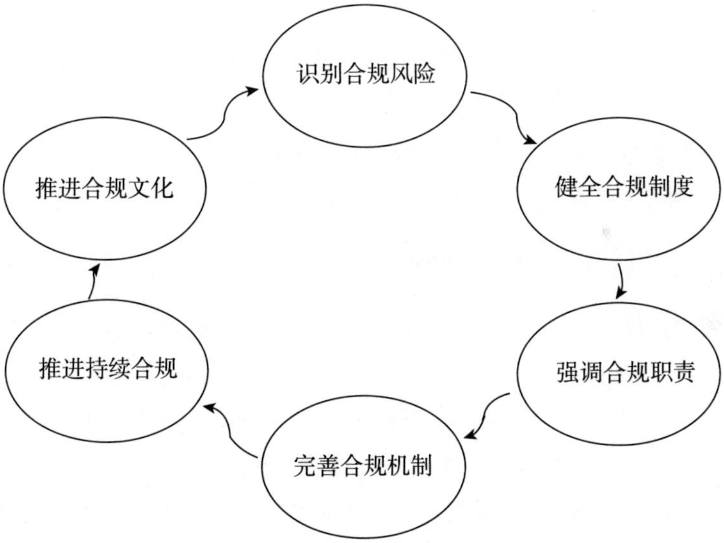

图5 公司合规管理体系六步骤

企业数据合规的治理方向及对策

陈博文* 刘淑慧**

自中共中央、国务院把“数据”列为五大生产要素之一时，数据时代已经到来，数字化进程日益加快，全球数据体量呈现指数型增长态势，数据所蕴含的巨大商业价值越发被市场认可，成为企业的核心资产。然而我国丰富的数据资源给数据安全带来隐患，数据合规逐渐走进人们的视野。本文针对目前我国企业数据合规面临的问题，提出企业数据合规的治理方向及对策。此外，国际上对于数据资源高度重视，国家间数据资源争夺日益激烈，“数据主权”面临严重挑战。企业数据合规可以有效预防数据安全事件发生，促进企业可持续发展。

一、企业数据合规面临的问题

企业数据合规是指企业对数据采取的行为符合所在地与业务关联地法律法规的要求。企业从数据的收集、处理、储存，到转让、删除、销毁，都要依照相关法规来执行。对于大部分企业而言，通过正当方式获取大量数据所需成本相对较高，于是非法买卖数据的黑色产业链应运而生，部分企业可以通过黑色产业链以较低成本购买大量数据用于商业运作。然而数据的不法使用不仅不能提升企业的竞争力，还会影响企业的运营和持续发展，可以说数据合规已经成为企业良性发展的前提。目前企业数据合规主要面临的问题集中在数据收集、数据使用、数据泄露、数据出境等方面。

* 三亚学院法学院。

** 哈尔滨理工大学。

(一)数据违法违规收集、使用问题

综观北大法宝数据相关案例,不难发现企业利用 APP 违法违规收集用户个人信息是当前数据保护领域企业违规的典型现象,主要表现为过度收集个人数据、强制用户完善个人信息、未公开收集使用个人信息规则、为用户账号注销设置障碍等,如滴滴 APP 因违法违规收集使用数据被下架、"ZAO"软件因违规收集信息被约谈。尽管 APP 违法违规收集个人信息专项治理行动已经开展,工作组多次公示违规 APP 名单,但由于 APP 数量繁多,企业数据保护水平参差不齐,数据违法违规收集现象仍然普遍存在。

一些企业经营者为了谋取商业利益,将违法违规收集的数据进行非法使用,典型现象有:第三方抓取数据后供他人访问、下载,并通过广告收入等方式进行牟利;企业未经用户同意将用户搜索习惯、浏览记录等信息共享给第三方以供第三方进行精准推送等。

(二)数据泄露问题

数据泄露也是当前国内外均存在的问题。佛瑞斯特研究所发布的《2021 年企业数据泄露状况》显示,63% 的公司遭遇过至少一次数据泄露,如 Facebook 5.33 亿名用户的信息泄露、淘宝近 12 亿名用户的数据被盗取等。IBM Security 研究报告显示,2021 年统计的企业平均每起数据泄露事件成本为 424 万美元。无论是 Facebook、华为等科技公司,还是淘宝、圆通、万豪等服务企业,都存有大量的用户数据,涵盖了个人基本信息、账号密码、生物信息、收入信息等。一旦泄露可能会对用户个人产生不利影响,企业自身也会陷入企业数据合规和社会舆论双重风险,还会面临巨额的处罚、赔偿金以及巨大的商业利益损失。若涉及能源、公共安全等领域的数据泄露还可能引发国家安全问题,构成危害国家安全类犯罪。数据泄露原因主要包括:(1)企业自身数据不合规,数据安全系统存在漏洞,容易被黑客侵入和破坏。(2)企业员工缺乏数据安全意识,故意或者过失泄露用户数据,甚至部分员工通过数据进行牟利,如圆通 10 亿条快递数据被售卖。(3)第三方通过爬虫等技术窃取数据等。

(三)数据出境问题

数据流通共享是实现企业数据价值最大化的途径之一,在经济全球化的背景

下,数据出境是国际数据合作的核心。然而,国际"数据主权"争夺愈演愈烈,数据出境可能会给国家、企业和个人带来很大的安全风险。数据出境主要有两种形式:一是通过网络传输、业务合作、存储介质等方式实现数据出境;二是境外主体通过技术手段访问、使用、修改境内数据。我国现行法律法规虽然明确了重要数据和个人信息出境应当进行安全评估,但何为"重要数据"并没有明确的定义及识别标准,我国的"重要数据识别指南"仍处于征求意见阶段,现阶段我国重要数据识别标准不一,重要数据一旦被泄露或篡改,可能直接给国家安全、企业安全和社会稳定带来隐患,重要数据的不法出境可能构成危害国家安全类犯罪、拒不履行信息网络安全管理义务罪。

二、企业数据合规的必要性

2022 年 5 月,上海市普陀区检察院公开了全国首例数据领域合规不起诉案件,涉案 Z 公司在未经授权许可的情况下通过爬虫技术非法获取某外卖平台数据,给某外卖平台造成损失。案件发生后,Z 公司积极赔偿并申请合规不起诉,之后根据普陀区检察院的检察建议书,从数据合规管理、数据风险识别、评估与处理、数据合规性与保障等方面进行整改,第三方组织全程进行监督,考察期满后,第三方组织评定 Z 公司合规整改合格。之后普陀区将本案进行公开审查听证,听证各方认为 Z 公司数据合规整改到位,一致同意对 Z 公司及涉案人员作出不起诉决定。该案给企业提供了新思路,当企业面临合规风险时,积极进行合规整改可以避免企业面临起诉风险,有效预防和处理企业的违规行为,减轻政府及司法机关的负担,推动企业可持续发展,保护企业利益相关方的权益。

(一)有效预防和处理企业的违规行为

当企业面临合规风险时,采取合理有效的措施能够减少或者避免企业的运营成本,进而提高企业的利润和运营效率。近年来,企业违法违规获取数据的案件层出不穷,如抖音诉小葫芦直播数据抓取案、微博诉超星饭团 APP 案等。这些案件的发生对企业的经营都产生不利影响,损害了企业形象,导致企业价值减少。根据《数据安全法》第 45 条至第 48 条的规定,企业违法违规不仅会面临巨额罚款,还可能会被暂停相关业务、停业整顿甚至承担相应刑事责任。从合规不起诉案件中可以看出,企业是否合规关乎企业的生存发展。在数据领域,有效的企业数据合规可以降低企业数据安全事件的发生风险,进而提升企业的商业信誉,吸引更多客户和投资者,使企业获得更大的竞争优势和更多的盈利,这些利益又进一步推动企业完善合规制度,形成良性循环,有利于企业价值的维护和提升。

(二)减轻政府和司法机关的负担

企业数据合规不仅可以实现数据违法违规的事前预防,还可以将原来的外部监督机制转变为企业自我监管的激励机制,企业在发现存在数据风险时可以第一时间采取措施,减轻政府的监管及执法负担。一旦发生数据安全事件,涉案企业也可以通过合规建设在起诉、和解和量刑中降低诉讼成本,合规建设合格的甚至可以达成暂缓起诉或者不起诉的结果。企业合规不仅可以帮助企业避免执法机关采取过度监管措施,影响企业自身发展,也可以使政府及司法机关减少执法调查,节约诉讼成本。企业应借鉴合规不起诉相应经验,积极进行数据合规制度建设,探索数据合规风险的解决途径。

(三)推动企业的可持续发展

合规可以创造价值,是企业可持续发展的前提。企业数据合规虽然需要投入大量的人力物力资源,增加企业运营成本,并在短时间内牺牲部分相应利益和机会,但从长期效果来看,企业可以在遵守法律法规的前提下开展经营活动,具有相对公平的经营环境和秩序,避免受到严重的经济损失和信誉损失,还可以树立良好的社会形象,获得长久的商业信誉,拥有大量的交易机会和交易资格,从而实现企业的可持续发展。另外,企业数据合规可以有效将企业责任、员工责任及第三方责任进行切割,若员工及第三方导致企业陷入数据合规风险,企业可以通过自身已建立有效的数据合规制度为依据进行抗辩,避免企业受到员工及第三方不当行为的牵连,保障企业正常运行。

(四)保护企业利益相关方的权益

数据安全事件发生后,企业可能会陷入破产风险,大量员工离职或失业,企业之间的合作被迫终止,企业利益相关方会遭受不同程度的损失。有效的企业数据合规,不仅可以避免自身受到严厉惩罚,还可以最大限度保护企业员工、客户、合作伙伴的利益。况且,无论是员工、客户还是合作伙伴,都希望与一个制度完善、商业信誉良好的企业进行合作,企业数据合规本身就是对员工、客户、合作伙伴的一种承诺。

三、企业数据合规的治理方向

涉及企业数据，首先要明确企业数据不仅包含企业运营、日常管理过程中产生的数据，还包含大量的个人数据，如企业内部员工数据及客户数据等。数据合规的治理方向要围绕其面临的问题展开。

（一）企业数据的收集、使用

企业收集的数据主要包括企业自行收集的数据，合作方共享、转让的数据，自网络平台抓取的数据。对于企业自行收集的数据，根据《网络安全法》和《个人信息安全规范》的要求，企业收集信息应当遵循合法、正当、必要的原则，不以欺诈、诱骗、误导的方式收集信息；在收集前明确告知收集的目的、方式及范围并获得用户的同意；仅收集业务范围之内的信息，不过度收集或通过奖励等方式激励用户填写信息。对于来自合作方的数据，企业应当核实数据源的必要性和可行性并要求合作方提供有效的证明，确保数据的授权范围可以覆盖企业使用数据的需求。对于网络平台抓取的数据，应严格遵守 Robots 协议，对数据进行合规评价，在授权的基础上抓取授权范围内的数据。

在数据使用过程中，企业需要制定隐私保护政策，做好数据安全管理、采取加密存储等防控措施。此外需要严格控制数据的对外输出，通过数据安全防控技术，保证数据在输出后不可篡改。另外，对数据的使用目的、数据展示也应作出相应限制。使用数据前应说明使用范围、使用方式、使用目的等，征得数据主体的同意。在数据展示时，通过脱敏化处理等措施保证通过数据不会识别到个人，降低数据在展示环节的泄露风险。

（二）企业数据的存储

数据泄露事件对企业数据存储能力提出要求，不同类型的数据泄露造成的损害后果也不同，如果统一采取过度保护的策略会造成不必要的资源浪费，还可能影响数据的正常流通和价值实现。

《数据安全法》第 21 条规定了数据分类分级保护制度。将数据分为不同的类别和不同的级别给予相应保护，目的是防止企业的资产和权益因数据安全事件而受损。企业应结合自身业务特点，明确数据分级的级数、粒度、落实及数据升降级的方法，设定数据初始安全级别，经过不断评估及调整确定最终安全级别后，对不同级别的数据建立与之匹配的访问控制、数据加解密、数据脱敏等安全管理和控制措施,保证完全涵盖当前业务所涉及的所有数据。

数据存储要求企业具备与所面临的数据安全风险相匹配的管理措施和技术手段,建立数据存储制度、数据备份及数据恢复操作规范,保护数据的保密性、完整性、可用性。存储期限应为实现数据使用目的所需的最短时间,当该数据超出存储期限或者数据已经失去商业价值后,企业应当对相应数据进行删除或者去标识化处理,实现数据保护和数据分享之间的平衡。

(三)企业数据的出境

面对数据出境的难题,企业需要实现数据安全与数据流通发展之间的平衡。目前最要紧的是明确重要数据的识别标准,构建国家级数据出境体系。还需要在不同行业、不同地区细化识别重要数据的实施细则,形成不同行业、不同地区专属的重要数据目录,确保能准确识别出境数据的性质,保证数据出境合法合规。

企业在向境外提供任何数据前都应开展数据出境风险自评估并进行备案,确认出境数据的数量、范围、种类等;明确数据出境的目的、方式等是否合法、正当、必要;评估数据出境是否会给国家安全、公共利益或个人带来风险等。除此之外,在我国境内运营收集和产生的个人信息和重要数据应当在境内存储,因业务需要向境外提供,企业还应按照有关办法进行安全评估。相应地,监管部门也应加强安全监管,无论数据以何种方式出境流通,均应进行安全监管审计,将法律法规和监管要求落实到数据出境的各个环节,及时发现数据出境的安全风险。也可以借鉴欧盟的“充分性认定”模式,建立出境认定的“白名单”机制,将部分国家和地区纳入可自由接收数据的目的地,企业数据出境目的地在“白名单”范围之内,可以简化数据出境评估程序,但需要将数据出境相关合同、数据安全风险评估等相关材料统一进行备案。

四、企业数据合规的治理对策

(一)厘清企业数据合规监管框架

在《数据安全法》《个人信息保护法》出台之前,与数据保护相关的条文散见于法律、司法解释以及相关的规范性文件中。2013 年,《电信和互联网用户个人信息保护规定》就个人信息的收集和使用规范以及企业需要采取的安全保障措施作出专章规定。2015 年,《国家安全法》颁布并实施。2017 年,《网络安全法》在网络运行安全和网络信息安全方面提出了数据保护和个人信息保护的要求。《刑法》为企业运营划定了合规红线。2019 年年初,国家网信办、工信部、公安部、国家市场监管总局四部委联合启动 APP 违法违规收集使用个人信息专项治理行动,为 APP 运营商自查自纠和网民社会监督提供具体的实务指引。与此同时,部分地方政府开始尝试通过制定地方性法规对数据处理活动进行规范,开启了地方监管机关开展监管探索的尝试,如 2019 年 6 月 26 日发布的《天津市数据安全管理办法(暂行)》。不同行业也开始制定更为专业化和精细化的行业管理办法,如《网络预约出租汽车经营服务管理暂行办法》中涉及大量旨在规制行业中数据收集和使用等问题的条文。2020 年,《信息安全技术个人信息安全规范》从数据处理全流程的活动原则和安全要求上作出全面规定。2021 年,《民法典》弥补了个人信息保护在公法领域上的不足,从基本法的高度上明确了个人信息受法律保护;《数据安全法》则确立数据安全及治理的基本框架,规范数据处理活动,保障数据安全,促进数据的开发利用;《个人信息保护法》划分了个人信息处理活动中的责任承担问题,确立了个人信息主体的九大权利。上述文件多层次、多维度地构筑了我国企业数据合规的监管框架。

(二)借鉴域外有益经验

欧盟"数据"相关法律出台密集,培育了良好的数据安全治理环境,影响国际数据治理格局。2016 年,欧盟发布《通用数据保护条例》(GDPR),制定了个人数据保护的一般规范,开启了成员国新一轮数据立法,是数据治理的里程碑事件。2018 年,《非个人数据自由流动条例》对数据本地化要求、主管当局的数据获取及跨境合作等问题作出规定。2020 年,欧盟发布《数据治理法提案》,加强数据共享机制促进数据的可用性;同年,欧盟推出与美国共享数据的合规条款。2022 年,欧盟通过《数据法》,细化了数据权属,促进数据利益分配,限制非个人数据跨境运输,保护欧盟商业与国家利益。

美国则进行多点式数据立法,2018 年通过《加利福尼亚州消费者隐私保护法》;2019 年提交《国家安全和个人数据保护法提案》《数据保护法提案》;2020 年颁布《外国公司问责法》等。这一系列立法有助于捍卫其多元化的社会利益。其他国家以及国际组织也相继出台数据保护相关法律,促进全球数据治理。

目前我国数据领域立法重点仍然集中在数据安全和保护上,对数据权益、数据流动、数据共享等方面着力较少,我们应借鉴国外有益经验,加强数据领域新业态立法，完善符合我国国情的数据治理体系，在确保数据安全的基础上实现数据流通价值的最大化，强化与国际数据立法的衔接，提升中国企业在数字经济中的竞争力。

(三)对数据安全管理制度进行顶层设计

企业应对数据安全管理制度进行顶层设计，从其实际需求以及建立合规管理体系的目的出发，制定符合企业文化、满足合规要求的企业数据合规制度，通过事前、事中、事后多维度保障数据安全，推动企业数据开发利用。

首先，企业要明确自身内部组织架构，建立单独的数据合规部门负责数据安全工作，确定数据责任主体，持续跟踪数据安全政策、标准等，并从战略层、执行层、监督层出发协同防范数据安全风险，让合规要求落实到每个环节。由战略层将数据合规工作纳入企业整体战略布局中，执行层在法务部门或者外聘律师的帮助下制定符合企业实际的数据合规具体工作方案并实施，监督层实时监督数据合规工作完成情况。

其次，不同行业、不同规模的企业数据合规的重点是不同的，企业要根据自身所处领域和数据类型建立数据制度，明确数据合规领域要求后依据国家法律法规、政策文件、企业内部数据安全等文件，围绕数据生命周期整理数据制度内容，把控各节点的法律风险。除此之外，企业需要定期评审，根据政策要求及新业务的数据类型不断优化数据制度，保证企业可以对数据进行合法合规处理。

再次，企业需要通过一定的技术手段保障数据制度的实施。随着智能化程度不断提高，数据治理工具不断升级，可以实现自动采集分析，跨部门数据传输、转化和整合，对数据进行加密、脱敏处理等功能。企业可以引入相应技术手段保证数据的安全性。数据合规部门还可以建立企业数据合规库，严格按照数据制度进行管理，定期将数据合规成果报告战略层，以便战略层对公司战略布局进行调整。此外，企业需要制定内部数据合规培训机制，定期开展培训，加强企业内部人员数据安全保护意识和保护能力，宣传贯彻法律法规、政策文件、典型案例等，让员工明确自身数据安全职责，认识到数据安全的重要性，提高对数据安全的危险识别能力与应急响应处置能力，从源头上抑制数据安全事件的发生。

复次，企业应制定风险检测制度，对数据的采集、传输、存储、披露、出境等工作进行动态检测和审计，对数据生存周期各环节可能存在的风险进行防范。数据检测内容包括数据是否有泄露风险、数据接口是否正常、数据权限是否正常、分级分类政策是否落实、敏感数据是否脱敏使用等；数据审计内容则包括隐私合规审计、数据导出审计、数据操作审计等,全方位立体化保证企业数据的安全。

最后,企业应建立事故应急机制,明确数据安全事件类型并制定出不同类型事件的应急处理方法,确保企业第一时间恢复运营。企业可以定期组织应急演练活动,对实际业务场景中的各类风险主体的处理方式、协作流程及响应机制等进行模拟演练,确保安全措施落实到位,安全处置流程正确有效。演练结束后进行复盘活动,总结不足之处,不断调整完善数据制度,更好地实现风险控制,全面提升企业数据安全合规治理运营保障能力。

(四)提高企业数据安全能力

企业数据合规,不仅需要企业对合规制度进行顶层设计,还需要企业从数据安全管理、数据安全防护、数据安全监测等方面入手,提高企业自身数据安全能力。

首先,要提高企业的数据安全管理能力。数据合规制度的设计、合规的评测等存在大量复杂的专业问题,企业应有效利用律师事务所、合规事务所、评测机构等专业力量,更高效地解决企业数据合规难题,完善数据合规制度。企业应对自身内部的重要数据、敏感数据进行排查,严格控制重要数据、敏感数据的流通,并根据业务需要对不同数据权限进行设置,实现内部数据操作行为的有效控制与监管。

其次,要提高企业的数据安全防护能力,需要专业的技术和平台的支撑,如数据加密、脱敏、数据防泄露等。对于大型企业来说,数据安全尤其重要,要想尽可能地保证数据安全,要确保使用最先进的技术手段,同时与其他验证方式相结合,降低数据被第三方窃取的风险。

最后,要提升数据安全监测能力。企业需构建一个可控、可查、可见的统一的内部数据安全闭环监管体系,覆盖数据生存周期,从数据收集、存储、场景化使用到数据披露、数据销毁实现有效监管,并按照规定留存相关记录。通过对数据安全风险及业务数据场景的持续运营,梳理资产、数据、用户、权限等要求,指导安全技术、管理、运营能力的体系化建设与协作。

五、小结

企业数据合规意味着企业将面临更大的合规挑战,在大数据时代,面对越来越严厉的数据监管,企业应转变观念,充分认识到数据安全合规的新需求,构建科学合理的企业数据合规制度体系,强化各部门、岗位和人员对数据的保护意识,让数据合规为企业的可持续发展保驾护航。

领导力在企业合规之路中的重要作用

陈建羽* 臧梅林**

The biggest deterrent against unethical behavior is strong leadership.[①]企业合规之路中最大的障碍就是没有坚强的领导力,单纯的管理是不足以创造出良善的企业道德文化的,而强有力的领导力则可以在一定程度上弥补日常管理和政策上的不足,软弱的领导则会直接放大企业存在的缺点。无论如何,制度执行是至关重要的,职业准则也必不可少。对于那些想要让公司成为更好的工作地方的企业来说,那些来自未能很好地实施控制、运行内控制度的企业的建议是至关重要的。

一、企业合规概述

合规是指企业应当遵守法律、法规、内部规章制度和社会规范,以保证业务活动符合诚信和道德行为准则。[②] 企业合规从企业角度微观看指企业自身依法依规管理经营的一种内在要求,从国家角度宏观看指国家规范企业,推进企业制订合规计划,完善企业合规制度的一种管理手段。对许多小企业来说,合规短期内可能会成为阻碍企业发展的屏障,很可能未度过发展期就迎来消亡;对于已经度过第一阶段迎来发展期的企业来说,合规可能会减缓企业的发展,从而影响进一步扩张;对于进入衰退期的企业来说,合规会增加企业的成本。企业对合规工作的抵触,主要源于管理机关对企业违规监管存在死角,法律法规对企业的自治不进行过多干预。对于很多违规问题如果不是被随机抽查或者举报,一般是很难被发

* 三亚学院,瀛之志律师事务所。

** 江苏省东海县人民检察院。

① Martin T. Biegelman, *Freign Corrupt Practice Act Compliance Guide Book.*

② 黄毅、张晓朴、李劲松:《合规管理原理与实务》,法律出版社 2009 年版。

现和查处的，而且大多数企业通过粗浅计算，认为即使被查处，相比不合规带来的效益，是可以接受的。

近年来随着各国之间商贸往来的加强和各项管理制度的健全，许多企业不仅面临来自行政机关的监管，更要面临来自竞争对手的监督，尤其是对于侵犯知识产权的问题，被侵权企业往往会选择侵权方做大或者在上市前期发起维权，侵权企业为了发展往往会选择支付高额赔偿金进行和解。在数据合规问题上，企业不仅要面临国内法规的监管，对于数据跨境，更要面临国外监管机构的监管，数据安全不仅关乎公民个人隐私，更关乎国家安全，因此对数据的监管应更加严格。对于涉及知识产权和数据安全等需要严监管和强监督的领域，企业应选择进行相应的合规建设，以减少监管处罚带来的损失。

二、英美法反腐败法比较

（一）美国《反海外腐败法》

1977 年美国颁布《反海外腐败法》，后经过三次修订成为控制企业海外商业贿赂行为的重要法律。《反海外腐败法》中违法行为包括贿赂外国政府公职人员获取回报或业务，自然人和公司（企业）触犯该法都有可能构成犯罪。对于违反《反海外腐败法》的自然人或公司（企业）可以追究其民事和刑事责任。自其实施以来，被指控的公司不仅被处以高额罚款，参加贿赂的高级职员也被处以监禁等刑罚。

《反海外腐败法》不仅规定了严格的反腐败条款，还规定了严格的会计条款。会计条款要求公司必须制定合法合规的内控体系，制定保存公司每笔交易的账簿记录。这些严格的制度及惩罚措施使得触犯《反海外腐败法》的公司不仅会遭受法律上的严格制裁，还会因信誉受损失去大量交易机会，给公司带来灭顶之灾。

一项结构完善实施缜密且执行一致的合规和道德方案有助于防范、补救和报告不当行为。[①] 完善缜密的合规和道德方案并非单纯的管理即可获得，还赖于精准的政策制定与高标准地执行推进。具言之，就是建立高效可行的合规管理的关键因素在于领导层的领导力，强大的领导力更有利于形成企业自身道德文化，更

---

① See the Criminal Division of the U. S. Department of Justice and the Enforcement Division of the U. S. Securities and Exchange Commission, A Resource Guide to the U. S. Foreign Corrupt Practices Act, p. 56 – 62.

有利于领导层统筹规划,从而提高管理效率,促进企业合规进展。

(二)英国《反贿赂法》

2011 年英国通过的《反贿赂法》,与美国《反海外腐败法》相比在管辖范围、处罚力度、罪名等方面存在差异。在管辖范围上,英国采取属人主义与属地主义相结合原则,其管辖范围更为宽广。在英国不论何种类型公司皆属于《反贿赂法》管辖范围内,行为人只要与英国有所关联即受到《反贿赂法》管辖。简言之,就是只要贿赂行为与英国存在联系,无论是公司还是个人都受到《反贿赂法》规制。在处罚力度上,相较于美国《反海外腐败法》,英国《反贿赂法》的处罚力度更大。《反海外腐败法》对于构成贿赂犯罪的公司最高处以 200 万美元罚金,对于构成贿赂犯罪的个人最高处以 10 万美元罚金以及 5 年以下监禁;《反贿赂法》对于构成贿赂犯罪的公司最高处以无限额罚款,对于构成贿赂犯罪的个人最高处以无限额罚款以及 10 年以下监禁。在罪名创新上,英国《反贿赂法》创立了商业机构防范贿赂失职罪(failure of commercial organization to prevent bribery),该罪名指出只要商业组织关联人员实施了行贿行为,无论公司知情与否,无论行为发生在何地,公司都要为此承担相应责任,除非公司提出证据证明其已经制定"充足程序"来防范行贿行为的发生。

合规建设需重视企业领导阶层的领导力。"充足程序"主要包括建立预防腐败的高级别责任制、经常性的风险评估和管理、明确而具有实操性的预防腐败的政策和程序设计、实实在在的执行系统、对生意伙伴的尽职调查、对系统内部的反腐程序的审计和监察。① 其中预防腐败的高级别责任制集中体现了企业领导阶层的重要性,强有力的领导力能够促使高级别责任制贯彻落实,更有利于规范企业合规建设。

(三)法国《萨宾第二法案》

2016 年法国通过《萨宾第二法案》,该法案在美国《反海外腐败法》和英国《反贿赂法》的基础上增设了强制合规制度,即企业建立合规制度是企业应尽的义务,若企业不履行该义务就会承担相应不良法律责任。为了配合该法案的顺利实施,法国建立了预防腐败行为的专门国家机构 AFA(Agence Francaise Anti – Corrup-

---

① 何玲、陈军:《由英美反贿赂法看我国反商业贿赂》,载《法制与社会》2013 年第 10 期。

tion)。AFA 的主要职能是监督企业按照法案的规定建立合规制度,并对合规的有效性加以评估。[①] 假如企业未依规建立合规制度,则法院有权对相关企业或相关人员给予处罚。除上述内容外,《萨宾第二法案》建立了暂缓起诉制度,该制度规定涉案企业可以与检察机关签订暂缓起诉协议,只要涉案企业在 3 年考核期限内依照法规缴纳罚款并制订完善的合规计划,依照暂缓起诉协议履行完毕相应义务,经检察机关审核合格后,检察机关可以向法院申请撤销起诉。

建立合规制度需要企业领导层的有力领导。《萨宾第二法案》将企业的高级管理人员纳入建立合规制度义务人员。《萨宾第二法案》第 17 条规定,如果企业没有建立合规管理制度,AFA 下设处罚委员会有权对企业处以不超过 100 万欧元的罚款,并对高管个人处以不超过 20 万欧元的罚款。即使高级管理人员没有参与实施贿赂行为也需承担相应责任。由此可见,建立合规制度离不开领导层的科学规划与指导,一个科学而有力的领导层能够为企业合规制度的建设提供强大的动力。

三、我国企业合规建设分析

(一)商业银行合规建设

"商业银行合规风险管理是指,有效识别合规风险,主动避免违规事件的发生并采取各项修正措施,对相关制度持续修订,制作详细描述具体做法的岗位手册,最终实现有效管理合规风险的周而复始的循环过程。"[②]相较于国外商业银行合规风险管理建设,我国合规风险管理建设在近十几年才开始逐步推进。2006 年发布的《商业银行合规风险管理指引》确立了商业银行合规部门管理职责,构建了合规基本原则与框架,确立了通过建立健全合规风险管理框架,实现了对合规风险的有效识别和管理,促进了全面风险管理体系建设,确保了依法合规经营这一商业银行合规管理目标,为我国银行业后续合规发展奠定基础。

商业银行竞争力的高低、是否能够持续经营的关键在于其是否能有效地识别控制风险、管理风险,建立合理的风险管理体系。[③] 其中领导层的领导力建设发展对企业合规建设发展至关重要。据银保监会、央行、外汇管理局不完全统计,2022

---

① 陈瑞华:《企业合规基本理论》,法律出版社 2021 年版。

② 徐从昌:《推进我国商业银行合规风险管理建设的思考》,载《金融纵横》2010 年第 12 期。

③ 韩晓琳:《商业银行合规风险管理研究》,山西财经大学 2014 年硕士学位论文。

年4月商业银行监管部门对商业银行处罚共计104家，合计开出罚单343笔，处罚金额总计5663.71万元。在开出的343笔罚单中，银行高层管理人员被开罚单占比13.12%，共计28个处罚案由，其中借贷案由居多，占比41.18%。信贷业务、内部控制、同业业务、反洗钱管理等是银行不合规被处罚的主要事由，其中内部控制和风险管理不到位导致不合规情形出现的根本原因就在于领导层不合规，缺乏统一协调的领导力。作为企业发展的核心决策层，领导层应当充分发挥其领导带头作用，建立高规范、高标准化的规章制度体系；充分发挥其强大的领导执行力，抓好合规文化建设，将合规理念贯彻落实到每一个经营管理环节，通过规范企业高级管理人员日常行为，推进合规制度标准化落实。

（二）保险行业合规建设

1995年《保险法》确立了保险业经营的基本原则；2018年成立银保监会，初步搭建了保险业监督管理体系；2006年国务院发布《关于保险业改革发展的若干意见》，进一步完善了我国保险行业规定，促进了保险行业快速发展；2021年发布《关于开展银行业保险业"内控合规管理建设年"活动的通知》，明确内控合规管理建设必须坚持不懈，突出落实顶层合规，高级管理人员要带头合规，加强内控合规管理。普华永道会计事务所发布的《2022年一季度保险行业监管处罚分析》显示，2022年一季度银保监会总计开出罚单602张，涉及金额总计7470万元，其中银保监罚决字(2022)8号开出了最高额罚单，高达169万元，该罚单的主要违规事由是团险业务数据、信息记录不真实，未按规定使用经批准或备案的保险条款等。从开出的602张罚单事由来看，虚假账务、信息、数据等事由是保险公司及其相关人员受到处罚的主要原因。治理主体有效性不足，无法正确引导公司价值准则和企业文化的建立，管理层缺乏风险管理意识是保险公司现阶段存在不合规现象的原因之一。[①] 这些处罚的数据显示，外部监管的不到位、内部控制机制的不健全、制度制定执行不到位等因素是现阶段高额罚单不断开出的主导因素。

商业银行和大型国企早期出于在海外建立分支机构或者投资等需要，为了符合国际监管和投资政策，进行了系统的反腐败、反洗钱等合规体系建设。近年来，随着国内各监管机构的政策完善，其他领域的合规体系建设也愈发重要。尤其在知识产权、财务、环保、安全生产等方面的合规体系建设被各大企业提上日程，数

---

① 罗胜：《保险公司治理评价与治理监管研究》，南开大学2012年博士学位论文。

据合规、反洗钱、出口管制等更是成为企业跨境交易的监管重点，甚至直接决定企业的生死存亡。

四、专项合规建设的重要性

（一）财务舞弊

1. 财务舞弊含义

舞弊具有舞弊实施者的主观故意性和行为本身的违法违规性两个本质特点。[①] 舞弊行为为了实现其隐蔽性而经常变换形态，随着科技进步和经济发展，实施者主观故意性成为财务舞弊的主要特点。例如，企业领导为获得更多投资或取得上市机会，授意财会人员虚增收入，少计费用，从而达到夸大利润的目的等。财务舞弊通常会导致企业真实的会计信息被歪曲与遮蔽，严重损害企业自身信誉、企业职工利益、债权人利益、股东权利以及投资人利益。

2. 财务舞弊弊端及动因

据《2022 年 ACFE 全球舞弊调查报告》，在 133 个国家的舞弊调查师（CFEs）提供的 2110 起案件调查中，舞弊案例涉及的直接经济损失超过 36 亿美元。ACFE 预计，包括政府和企业在内的各类组织的舞弊行为带来的经济损失约为全年总收入的 5%，每起案件的损失中值为 117,000 美元，每起案件的平均损失为 1,783,000美元。

以瑞幸咖啡财务舞弊为例。瑞幸咖啡于 2017 年 6 月注册成立，2019 年 5 月 17 日在纳斯达克上市，创造了创业公司最快上市纪录，但最终因财务造假行为于 2020 年 6 月 29 日正式退市。2020 年 7 月 31 日相关部门发布的调查报告显示，瑞幸咖啡自 2019 年 4 月起至 2019 年年末，通过虚构商品券业务增加交易额 22.46 亿元，虚增收入 21.19 亿元，虚增成本费用 12.11 亿元，虚增利润 9.08 亿元。瑞幸公司从上市之初即通过夸大销售额、虚构关联方交易、虚增成本费用等方式进行财务造假，此行为不仅损害了中国企业的声誉，更是对中概股市场产生了不良影响。

公司内部治理紊乱、管理层领导混乱是瑞幸咖啡财务造假的动因。瑞幸咖啡财务造假的动机是通过虚构交易营造收入高速增长的假象，从而推高公司 IPO 估值，便于实际控制人获取更多利润。当公司股权高度集中时，领导层实际控制公

---

① 任朝阳：《中国上市公司会计舞弊识别与治理研究》，吉林大学 2016 年博士学位论文。

司，主导公司的决策，便会极大降低公司内部治理体系的独立性。在我国，公司舞弊的路径通常是公司实际控制者串通高管谋取私利，授意财务人员造假，通过关联交易、虚增利润等方式转移财产。由此可见，强化公司的规范化治理，首先需要从领导层进行规制，介入强有力的领导力以加强对企业的监管与领导，引导公司依法、依规披露财务信息，维护市场良好的运行秩序。

（二）反商业贿赂合规建设

反商业贿赂合规建设，不仅是需要防止己方员工被竞争对手贿赂，同时也要防止向交易相对方进行商业贿赂。例如，美国《反海外腐败法》（FCPA）重点关注企业的商业贿赂问题，近年来有许多企业因为违反了该法案而被处以高额的罚金。2014 年 9 月 19 日，长沙市中级人民法院对葛兰素史克（中国）投资有限公司中国行贿事件处以罚金 30 亿元，这是截至 2014 年 4 月中国开出的最大罚单。葛兰素史克公司（GSK）是一家英国企业，因为其在美国上市，在被中国政府处罚后，美国证监会也对其商业贿赂行为进行了调查。根据美国证券交易委员会（SEC）2016 年 9 月 30 日消息，葛兰素史克公司同意支付 2000 万美元，以解决其在中国的子公司为增加销售额而实施的支付处方计划违反 FCPA 的指控。商业贿赂行为短期虽然可能带来高额的收益，但其面临的罚款数额之高，大多数都是高于违法者因违法获得的利润。FCPA 实施以来，许多企业因在海外行贿而被处罚，例如，洛克希德公司 1989 年以 100 万美元行贿埃及官员，希冀得到埃及政府 3 架飞机的订单，公司最终自食恶果，被处以 2480 万美元的巨额罚金。公司中东和北非副总裁被捕并处以 18 个月监禁、12.5 万美元的罚金。另一主管人员被判处缓刑并处以 2 万美元罚金。1992 年，美国通用电气公司（GE）承认与以色列空军某将军合谋以假币欺骗以色列空军基地，处理结果是 GE 缴纳 6900 万美元罚金，责任人被判监禁 7 年。1995 年，赛波特公司行贿巴拿马政府，目的是得到巴拿马运河的租赁权，犯罪后果是其前总裁被捕并处以 2 万美元的罚金，而公司被处以 150 万美元的罚金。

《反不正当竞争法》[①]规定，经营者违反本法第 7 条规定贿赂他人的，由监督检查部门没收违法所得，处 10 万元以上 300 万元以下的罚款。情节严重的，吊销营业执照。行贿企业不仅要面临行政机关的高额罚款，相关负责人和企业更可能

① 《反不正当竞争法》第 19 条。

面临刑事责任，而且相关合同也可能会因为存在商业贿赂而被主张撤销或者无效。对于员工违规受贿的企业，可能会因员工的舞弊行为而给公司造成巨大损失，虽然后期通过追偿可以一定程度止损，但带来的影响是难以消除的。上海邦信阳中建中汇律师事务所整理的《中国反商业贿赂执法报告 2021》显示，2021 年全国查处的商业贿赂案件 116 件，比 2020 年 61 件增加了近 1 倍。商业贿赂案件如果不是企业方主动追究，一般是不会被查处和发现的，但各地市场监督管理局反不正当竞争和反垄断部门对于商业贿赂基本上都是零容忍，对于举报的商业贿赂行为都会积极查处。但是监管机构对商业贿赂的处罚受行政法中两年追溯时效的限制，两年内没被发现的则不再处罚，由于商业贿赂的隐蔽性，大多数商业贿赂行为即使在后期被发现也很难被处罚。

（三）环保合规建设

1. 环保合规

公司环境管理体系建设的国际认证标准以国际标准化组织（International Organization for Standardization）制定的“14000 系列”最具代表性。我国在 1996 年参照国际标准“14000 系列”制定、更新相关环境合规制度。环保合规建设是企业合规建设中不可或缺的一环，能否建立有效环保合规机制不仅代表一个企业的对外形象，更关乎企业的发展前途。波特假说认为，环境规制能够促进企业提高生产效率，其主要指企业面对环境规制的压力通过不断地创新技术以及相关投资来补偿企业在应对环境规制时的费用，进而提高企业的生产效率和经济效益。[①] 环境合规化制度能为企业健康发展创造更好环境。除了环境合规制度的制定，环境合规体系的建设重点还在于监管与执行。2004 年欧盟环境执法机构出台《合规管理体系监管指南》，着力于监督公司环境合规建设。《合规管理体系监管指南》主要从以下 3 个方面考察企业是否满足合规管理。一是是否具体构建合规管理；二是是否有相关资料证实存在合规管理体系；三是构建的合规管理是否符合《合规管理体系监管指南》出台的目的。该指南配合国际认证标准搭建了合规管理监督体系，提高企业合规管理的有效性，也为我国合规体系建设提供有益借鉴。

【环保合规案例节选】

基本案情：江苏省张家港 A 化机有限公司（以下简称 A 公司）是一家主营不

---

① 魏云皓：《环境犯罪治理视角下的企业环境合规研究》，载《当代经济》2021 年第 9 期。

锈钢产品研发和生产的省级高科技民营企业，张某、张某某、陆某某分别为该公司总经理、副总经理、行政主管。

2018年，A公司在未取得生态环境部门环境评价的情况下擅自建设了酸洗池；2019年，私自搭建暗管，将含有镍、铬等重金属的酸废水随意排放，造成了一定程度的生态环境污染。苏州市张家港市生态环境局现场检测出A公司排放采取的水样中镍浓度为29.4mg/L、铬浓度为29.2mg/L，依照我国《污水综合排放标准》来看，其分别超过标准的29.4倍和19.5倍。2020年6月，张某、张某某、陆某某主动向张家港市公安局投案，对其犯罪事实如实供述，认罪认罚。

2020年8月，张家港市公安局以污染环境罪向张家港市人民检察院移送审查起诉。张家港市人民检察院进行综合评估后，指导A公司开展合规建设。

处理结果：检察机关综合审查考量后认为，首先，A公司及其管理人员虽然涉嫌环境污染罪，但是鉴于排放污水量较少，并未给生态环境造成实质性危害结果，可以对其采取合规考察监督并视情况决定是否适用不起诉；其次，A公司为省级高科技民营企业，经营规模广泛、掌握多项高端技术，严厉的打击将会对国内相关技术领域造成影响。因此，检察机关在听取行政机关意见以及审查调查报告的基础上对企业作出合规考察决定。经过A公司的积极合规改造配合，2020年12月，A公司通过合规考察，经检察机关召开听证会最终决定对A公司作不起诉处理。

典型意义：通过企业领导层高效配合，积极依规开展合规建设；通过检察机关发挥合规主导作用，引领企业建立完善科学的合规管理体系，转变了企业传统落后的管理模式，增强企业抵御和防范风险的能力，进一步提升了企业经营竞争力，促进了企业经济稳步持续发展。

2. 环境犯罪刑事合规建议

环境犯罪刑事合规建议可以从以下3个方面考虑。首先，落实环境合规的风险防控。企业应当严格依照国家环境管理体系的要求进行环境合规化管理，建立科学有效的环境合规制度，企业在其日常经营过程中，跟进完善风险防控体系与风险管理程序，通过合规的制度降低其环境风险，做到事前有预防、事后有措施。其次，坚持环境合规创新与完善。贯彻落实环境合规制度，持续推进环境合规管理制度的落实，配合环境管理制度建立相应监督制度，定期汇报合规进度，针对不合规现象进行分析与改进。最后，提升企业环境合规意识。对于员工而言，环境合规意识的提升重点在于管理层的重视与推进，企业应当定期对员工进行环境合规管理的培训与教育；对于企业而言，企业自身应积极配合法律法规要求跟进环境合规建设。

(四)知识产权合规

1. 知识产权合规问题现状

知识产权合规管理是保障企业无形资产,提高企业自主创新能力的关键。[①]随着法律法规和各项监管制度的健全,不合规经营面临的问题日益凸显。早期一些企业通过仿制、窃取商业秘密等方式收获了“第一桶金”从而发展壮大,但近年来随着我国和国际上对知识产权保护力度的加强,想通过侵犯知识产权的方式发展壮大近乎不可能。未发生风险的事情,不代表没有法律风险,只是由于企业规模较小不值得竞争对手去通过合规手段来进行竞争和打压。例如,现在很多知识产权侵权问题,在侵权企业被并购或者销售达到一定规模后就会被提起侵权之诉,多数侵权企业都承担了败诉的责任和风险。

2. 知识产权合规建设的重要性

生产销售企业都离不开知识产权。对于生产制造型企业,我们不仅需要防止别人侵犯我们专利权、商标权、商业秘密等,更应该做好专利 FTO 检索,查询现有技术是否侵犯了别人的在先专利。在进行现有技术研发的时候,我们既要合理利用专利检索,查看是否有在先公开或者在先专利,更要做好研发人员的培训,防止在研发成果出来之前进行公开或者发表,从而丧失新颖性。在展会上展览后要合理利用优先权时间进行申请,防止错过申请时间。专利的研发、管理每个环节都特别重要。

根据自身产品特点和未来发展方向,积极做好海外专利和商标布局。随着《区域全面经济伙伴关系协定》(RCEP)的推进,各国的贸易往来会增多,尤其是跨境电商,需要企业在进出口的时候做好 FTO 检索,防止侵权造成更大的损失,同时利用网络进行检索,发现他人侵犯自己产品专利或者商标等侵权行为的时候及时进行维权。当然,专利也并不是越多越好,对于一些不重要的专利我们可以选择公开或者放弃让其丧失新颖性,既可以减少专利维护成本,也不影响自己的使用。对于重要的技术,可以选择一部分通过专利、一部分通过商业秘密的方式进行保护。

近期,从各地法院公布的十大知识产权案例以及最高人民法院公布的公告案

---

① 赵宇:《企业知识产权合规管理的现状分析与应对措施》,载《中国集体经济》2022 年第 9 期。

例来看,如果侵权成立,法院会支持惩罚性赔偿,其中对部分知识产权案件的管辖调整,说明各地涉及知识产权的案件在大量增多。企业对于知识产权维权意识增强,随着下一步进出口贸易的放开,必然会出现更多涉及专利、商标等侵权的纠纷,企业在日常经营中一定要诚实守信,不能为了追求利益而侵犯他人知识产权。

五、刑事合规不起诉制度

(一)企业合规改革背景

国家政策积极推进法治现代化建设,在国家治理现代化的大背景下,企业合规是企业犯罪治理的重中之重。

经济社会的发展、理论科学的研究推进了制度的完善。国内外合规理论的不断实践与完善为我国企业合规指明了前进方向,为我国企业合规改革奠定了理论与实践基础。

现实中企业不合规给社会带来诸多不良影响。例如,中兴通信等企业不合规案件不仅让企业自身陷入经营困难旋涡,也给社会经济带来巨大影响。

(二)我国刑事合规不起诉

2020 年 3 月,最高人民检察院在上海市、江苏省、山东省、广东省等地 6 个基层人民检察院开展企业合规改革第一期试点工作;2021 年 3 月,最高人民检察院印发《关于开展企业合规改革试点工作方案》,进一步扩大了试点工作的范围。2021 年 6 月,最高人民检察院联合司法部、财政部等 8 个部委共同印发了《关于建立涉案企业合规第三方监督评估机制的指导意见(试行)》,其中第 4 条规定:“对于同时符合下列条件的涉企犯罪案件,试点地区人民检察院可以根据案件情况适用本指导意见:(一)涉案企业、个人认罪认罚;(二)涉案企业能够正常生产经营,承诺建立或者完善企业合规制度,具备启动第三方机制的基本条件;(三)涉案企业自愿适用第三方机制。”该指导意见进一步推动了企业合规制度的完善与发展。参照企业合规改革试点工作方案,依据涉案企业的具体情况,检察机关将采取不同的措施。企业合规改革试点具体情况如下:针对轻微的刑事案件,企业积极配合制定或完善合规管理,检察机关可以依据具体案件情况综合考量后作出不起诉处理;对于除轻微刑事案件的其他案件,企业认罪认罚态度良好的,检察机关可以提出从轻处罚的量刑建议。

企业合规不起诉制度,是检察机关对于那些涉嫌犯罪的企业,发现其具有合规整改意愿的,可以责令其针对违法犯罪事实,提出专项合规计划,督促其推进企业合规管理体系的建设,然后作出相对不起诉决定的机制规则的总称。① 企业合规改革是检察机关充分发挥其司法职能,设身处地参与社会监管治理的重要举措。检察机关依据其职能处理涉及企业的刑事案件,在依法作出不批准逮捕、不起诉决定或者根据认罪认罚从宽制度提出轻缓量刑建议等的同时,积极肩负起社会责任。针对涉案企业定罪处罚并非"一刀切",而是结合办理案件的实际情况,发挥其引导与督促作用,促使涉案企业有效整改其不合规之处,让企业在承诺合规的同时主动落实合规建设,在一段考核期内依据案件的具体情况给予企业一定的合规激励,以作出案件的最终处理结果。通过这种方式能够促进企业合规建设,降低企业犯罪率,并在一定程度上预防企业再犯罪,推动法治营商环境的建设,促进我国社会经济健康高质量发展。

(三)企业合规管理的运行与构建

美国合规计划推广的特点是:企业事先制定妥当有效的合规制度,而后才能享受由此带来的制度福利,而非在企业犯罪之后才承诺制订合规计划,并因此享受这种承诺所带来的福利。② 对于降低企业犯罪率、建立合规制度而言,笔者认为事前预防效果远大于事后惩治。其一,以美国合规不起诉制度为例,美国对于合规不起诉制度的构建更偏向于事前防范。检察机关决定对犯罪企业采取暂缓起诉的首要条件就是该犯罪企业存在合规制度,然后犯罪企业作出相关合规承诺,最后检察机关依据承诺的合规内容在一定考验期内对犯罪企业进行监督。反之,如果犯罪企业未制订相关计划,那么犯罪企业就不符合暂缓起诉条件。其二,从我国国情出发,大量的实务案例表明单纯的事后惩治手段不仅会给企业自身带来不可逆转的负面效应,也不利于社会经济长期健康发展。综上所述,对于企业犯罪惩罚从单一的司法对抗模式走向多元的共治模式是社会发展的未来走向。

近年来,全球企业合规管理发展迅速,呈现法律严格化、调查手段多样化、执法力度加强化等特点。企业合规管理主要可以从以下 4 个方面设计:(1)制定合规风险评估与预警方案,方案中具体可包括合规具体义务内容、合规风险识别与评估、风险提示报告;(2)设立合规审查部门,寻找专人制订合规计划,具体包括审

---

① 陈瑞华:《企业合规不起诉制度研究》,载《中国刑事法杂志》2021 年第 1 期。

② 黎宏:《企业合规不起诉:误解及纠正》,载《中国法律评论》2021 年第 3 期。

查依据、审查对象和范围、审查程序等;(3)制定相关机制与制度对违规行为进行规制,主要包含违规行为的举报机制、调查机制与处置机制三大类;(4)制作定期合规报告,及时发现问题并解决问题。企业合规管理有利于提高企业合规治理水平,实现企业可持续化长久发展,有利于全面贯彻落实依法治国的总体目标,有利于企业"走出去"迈向更广阔的国际市场。

六、企业领导力在企业发展过程中的重要作用

企业合规最早源于20世纪六七十年代的美国,《反海外腐败法》的出台正式拉开了企业合规建设的序幕。其后,英国、法国等国家以及国际组织也相继通过和发布企业合规法案,以期通过指导企业建立有效合规管理制度和体系,避免企业遭受行政处罚、刑事制裁以及免于被国家组织制裁。我国企业合规建设最早开始于1992年国家审计署、央行发布的《对金融机构贷款合规性审计的实施方案》,后相继出台了针对中央企业和商业银行等机构的合规管理规定。2022年4月1日,国资委发布《中央企业合规管理办法(公开征求意见稿)》,进一步完善合规体系构建与运行。在我国合规发展期间,大多数合规管理规定都是针对国有企业或者上市公司,因为上述企业有强大的监管力和领导力,然而民营企业因合规建设在企业开办前期投入较高、监管机关对企业不合规处罚力度不强、企业管理层对合规工作的不重视等因素而发展缓慢。纵观国外企业合规实务经验,强大的领导力在企业合规建设中起关键作用,一个企业合规建设运营的良善与否离不开领导阶层的合规决心和科学管理。

约翰·麦克斯韦尔讲过:"一切事物兴衰成败皆系于领导力,领导力是决定组织成败的关键因素。"合规的关键不仅在于制度,更在于管理,需要第三方或者是企业开展全流程服务,让各项规章制度贯穿于企业的日常管理和经营,让制度自动化运行。每个企业都相当于一个私有的自治主体。企业的股东会作为最高权力机关,董事会负责具体事务的执行。如果企业的领导层不能对合规建设达成一致意见,那么合规工作将很难推进。

企业从无到有的合规建设或者对现有合规体系的完善,就类似于一次变法革新,需要对很多事情进行变动,需要触动很多人的利益,有些家族企业各方势力关系盘根错节,合规建设会触动很多企业的根本利益。例如,开展劳动合规建设,在健全社保缴费基数等问题后,大概率会导致员工的实发工资减少,此举会在一定程度上导致企业招工难度增加、人员流失率增大。又如,开展税务合规建设,如果

企业完全按照会计准则进行操作,会造成财务人员压力过大,同时会增大企业的财务成本。但是前述问题如果不解决,就始终是一个风险点,随时有可能爆发。企业的领导者如何在短期利益和长期利益中抉择,显得至关重要。

虽然很多企业不合规行为未受到处罚,但是不合规行为已经发生,不会因为经营主体的变更而消灭,甚至有的在很多年以后仍然会带来负面影响。虽然行政处罚上可能会因为过了追溯时效而不被行政机关处罚,但有时还是需要付出相应的经济代价。例如:某企业在股权转让后,被税务机关稽查发现存在虚报房产税,后被追缴房产税及滞纳金 120 余万元,而原股东最终为这 120 万元埋单,如果当初不贪图小利,就不会因此承担巨大赔偿责任。尤其是企业如果后期选择上市,就需要对过往的不合规事件进行整改或者说明,很多企业因为最初贪图很小的便宜而埋下了很大的隐患,从而影响公司的融资或者上市,许多企业经营者也因此悔不当初。很多企业为了上市,不惜花费巨资,将优质资产剥离出来,重新成立新的公司,从头开始合规经营,有的甚至因此错过了最佳的上市机会和发展机遇。

企业的管理归根结底是人在治理,领导层的决策和远见决定了企业的走向和发展深度,如果领导层对存在的问题选择视而不见,虽然可以在短期获得丰厚的利润,但长远看来终归是要造成巨大损失的,只是这个损失不一定会在当代显现。如今随着经济、科学技术的发展,单纯靠运气、勇气去做大、做强一家企业已经近乎不可能了,必须依靠强有力的管理和健全的合规体系,才能确保一家企业的可持续发展。企业发展不仅要面临行政机关的监管,还需要面临来自竞争对手的打击,唯有合法合规经营,方能抵御风浪。

企业商标违法风险及合规探索

宋杉杉*

习近平总书记指出:“创新是引领发展的第一动力,保护知识产权就是保护创新。”我国在政策上对知识产权高度重视,实践中对知识产权的保护也不断加强,企业在经营中也更加认识到了知识产权的重要意义。随着知识产权价值的提升,其被侵犯的风险也在加强。最高人民法院在其工作报告中曾提出,1999 年至 2019 年,侵犯知识产权的犯罪增长了 56.6 倍,知识产权犯罪案件激增使企业认识到了知识产权合规管理的重要性。最高人民检察院在其 2021 年工作报告中指出,“全面推开涉案企业合规改革,落实第三方监督评估机制。持续深化知识产权综合司法保护,更好服务数字经济和创新发展”。可见,为了促进经济发展、降低企业的刑事风险,最高人民检察院大力推进企业进行合规建设,同时为了保障经济发展的动力及竞争力,必须严格保护创新成果。因此,企业在进行合规建设时,也需要对知识产权充分认识,将其作为合规体系建设的重要内容。知识产权的范围广泛,包括著作权、专利权、商标权、商业秘密等,在侵犯知识产权的犯罪中,比重最大的是侵犯商标权的犯罪,因此本文主要分析关于商标的合规管理。

一、侵犯商标权的刑事风险

我国《刑法》涉及侵犯注册商标的罪名有 3 个,分别是假冒注册商标罪、销售假冒注册商标的商品罪及非法制造、销售非法制造的注册商标标识罪。与商标侵权的民事行为相比,侵犯商标权刑事处罚的范围较小。一些典型的商标侵权行为,并不构成商标犯罪,如假冒未注册商标、在类似商品上使用近似商标等。下面

* 三亚学院法学院。

分别对以上 3 个罪名进行分析。

(一)假冒注册商标罪

假冒注册商标罪,是指未经注册商标所有人许可,在同一种商品、服务上使用与其注册商标相同的商标,情节严重的行为。

1. 未经许可

商标权人可以自己使用注册商标,也可以许可他人使用其商标,被许可方在被许可的范围内在同类产品上使用该注册商标并不违法。但被许可方要注意,不得超过被许可的期限及范围使用注册商标,否则依然会有构成该罪名的风险。如甲公司授权乙公司在线下销售中可以在其产品上使用其注册的 A 商标,乙公司为了扩大销售,开展了线上销售并依然在其线上销售的产品上使用了 A 商标,其行为则可能构成犯罪。

此外,依照法律的规定,被许可方在使用注册商标时应在商品上标明被许可人的名称和商品产地。若被许可方违反了该项义务,是否有刑事犯罪的风险呢?针对这一行为,虽然违反了《商标法》的有关规定,也侵害了消费者的知情权,但其使用注册商标是经过了商标权人的许可,因此其行为可能构成违约,也可能受到行政处罚,但并不构成犯罪。

2. 相同商标

"相同"不应简单地理解为与注册商标的构成要素完全相同、没有任何差别,否则就不能很好地保护商标权人及消费者的利益。从《关于办理侵犯知识产权刑事案件具体应用法律若干问题的解释(三)》第 1 条的规定也可以看出,所谓"相同商标"并不要求所有要素完全一致,而是基本无差别。

(二)销售假冒注册商标的商品罪

销售假冒注册商标的商品罪,是指明知是假冒注册商标的商品,而予以销售,销售金额数额较大的行为。

1. 明知

明知是一种故意,其也应当包含间接故意,即知道其销售的商品很可能是假冒注册商标的商品。明知是一种主观心理状态,在具体认定中可以结合客观表现进行推定,如进货渠道、进货价款、销售方式、商品管理等。

2. 销售

销售的形式有很多,既可以是批发,也可以是零售;既可以是对外部销售,也可以对企业内部人员的销售。但销售至少应当包括商品的有偿流转,如果企业仅仅购买假冒注册商标的商品却没有出售,则不构成本罪。另外,需要注意如果将假冒注册商标的商品作为销售其他商品时的赠品,也极有可能构成该罪。因为此时的“赠品”表面上是无偿的,但却是以购买指定产品为对价的。

(三)非法制造、销售非法制造的注册商标标识罪

本罪是指伪造、擅自制造他人注册商标标识或者销售伪造、擅自制造的注册商标标识,情节严重的情形。所谓“伪造”,是指未经商标权人许可,通过多种手段复制、仿造他人注册商标标识的行为。所谓“擅自制造”通常是指经过商标权人的许可生产注册商标标识,但其超越了被许可的范围。

二、商标一般违法行为的行政风险

国家知识产权局发布了《商标一般违法判断标准》(以下简称《标准》),并于2022年1月1日生效。《标准》进一步明确了商标行政管理的标准,也使市场主体能依此对自己的商标使用行为进行预判。所谓商标“一般违法行为”,是相对商标“侵权行为”而言的,其不具有直接侵害他人在先权利的现象,却违反了商标的管理秩序,会承担相应的行政管理、行政处罚的后果。《标准》一共35条,具体规定了9类商标违法行为的判定标准:(1)必须使用注册商标而未使用;(2)使用不得作为商标使用的标志;(3)在商业活动中使用“驰名商标”字样;(4)违反商标被许可人标明义务;(5)擅自改变商标注册事项;(6)未注册商标冒充注册商标使用;(7)未履行集体商标、证明商标管理义务;(8)未履行商标印制管理义务;(9)恶意申请商标注册。本文主要对“擅自改变商标注册事项”“未注册商标冒充注册商标使用”两种行为的法律风险进行分析。

(一)擅自改变商标注册事项

这里的变更包括两类,一是变更了商标的构成要素,二是变更了商标注册的其他事项,如注册人、地址等。

商标权人仅有权在核定使用的商品上使用核准注册的商标。若商标权人未经法定程序,对注册商标的构成要素作了改变,属于商标一般违法行为,不但会面

临行政主管部门的查处,也会对自己的商标权产生以下不利后果。

(1)因擅自变更被撤销。《商标法》规定,对擅自变更行为,限期不改正的,撤销其注册商标。

(2)因连续3年不使用被撤销。注册商标权利人没有正当理由连续3年不使用注册商标的,任何人都可以申请撤销其注册商标。商标权人擅自改变了商标的要素,从而使用的并非核准注册的商标,若连续3年不使用核准的商标,则可能注册商标被他人申请撤销。

(3)涉嫌以未注册商标冒充注册商标。商标权人在商品上使用其擅自变更的商标,若同时在商品上标注了"®"等标明商标已经注册的标识,则涉嫌构成以未注册商标冒充注册商标的违法行为。

(4)影响其程序上的利益。商标注册时所登记的注册人、地址等信息,也是行政部门向商标权人告知相关文件的联系方式。若擅自变更了相关信息,可能造成相关文件(如被他人申请撤销商标、被他人申请商标无效等)无法送达,从而影响其及时应对与答辩。

(二)未注册商标冒充注册商标使用

未注册商标的范围包括:从未提出过注册申请的商标;提出申请但被驳回的商标;提出申请仍在审查的商标;曾被核准注册但后期注销、被撤销、宣告无效的商标;虽经核准注册但擅自变更了商标要素的商标等。冒充注册商标,是指使用未注册商标时,在其商品、包装、服务场所、广告宣传等商业活动中,使用了"注册商标""®"等方式,使公众误认为其为注册商标的行为。

三、企业进行商标合规管理的目标

商标合规管理的目标是对商标风险进行有效识别,通过管理制度保证公司经营中的商标行为合法合规,防止因企业及其员工的违规行为引发刑事责任、行政处罚等法律责任,维护企业的持续经营和良好声誉。

(一)防范侵犯商标权的刑事风险

在侵犯商标权的犯罪中,除了一些企业纯粹为了短期、快速地获得非法利益的行为,还有一些企业从事的是正常的生产经营,但因对商标权的认识不够、法律意识不强,而侵犯了他人的商标权,这种企业具有合规的可能性。

最高人民检察院一直在推进企业合规工作,在其公布的企业合规典型案例中,有2起涉及侵犯商标权的犯罪。案例一是上海J公司、朱某某假冒注册商标案,经过企业合规最终检察机关作出了不起诉决定;案例二是张家港S公司、睢某某销售假冒注册商标的商品案,经过企业合规最终对多年的"挂案"进行了"撤案"。在案例一中,涉案企业多年经营良好,在与商标权人的委托生产合同解除后,为了减少前期投入的损失加之法律认识不足,未经商标权人同意在产品上使用了注册商标,其行为虽有故意,但认罪认罚、赔偿被害人损失、积极进行企业合规,从而使企业能够合法经营。在案例二中,企业涉嫌犯罪并非主观上有侵害他人商标权的故意,更多的是管理上的过失。该企业欠缺对采购流程的规范管理,从而造成对部分采购的产品不能明确追源。从两个典型案例可以看出,对涉案企业进行合规整改,既能使其自发地认识到行为的危害性,加强内部管理,防止犯罪的发生,也使企业得以存续,避免了因承担刑事责任而对生产经营造成巨大损失。

(二)防范商标一般违法行为的行政责任

企业在生产经营过程中,使用商标的不当行为会引发相应的行政后果。常见的行政管理手段有:限期改正、罚款、没收违法经营额等。此外,一些商标使用不当行为,还会造成注册商标被撤销、商标被宣告无效的后果,如注册商标因无正当理由连续3年不使用、商标中含有不得使用的元素等。因此,企业了解商标管理的相关规定,既可以对企业的注册商标权取得、商标的使用等行为进行有效指引,又可以防止企业因不当行为受到相应的行政处罚,还能够维护商标的有效性、稳定性。

(三)防范商标侵权行为的民事责任

侵犯注册商标专用权的行为包括:在相同或近似的商品上使用相同或近似的商标;销售侵犯注册商标专用权的商品;反向假冒;伪造、擅自制造商标标识等。侵犯他人商标权可能承担被行政主管部门责令停止侵权,没收、销毁侵权商品和主要用于制造侵权商品、伪造注册商标标识的工具,没收违法经营额,罚款等后果。此外,还要承担停止侵权、赔偿损失等民事责任,对于恶意侵权、情节严重的还可以适用5倍以下的惩罚性赔偿。民事责任会影响企业的商誉,使企业承担较重的经济负担,此外在关键敏感时期(如企业筹备上市期间)的涉诉行为,也会对企业的发展产生重大影响。

四、商标风险的识别及防范建议

（一）商标风险的有效识别

企业要对商标进行合规管理，首先应当有效地对相应风险进行识别，唯有如此，才能相应地对风险进行防范及应对。风险识别的方法主要包括事件库法、法律义务分析法、流程分析法等。所谓事件库法，是指通过大数据的方法，分析本行业其他企业常发生的商标违法行为及相应的法律责任，结合本企业自身的实际情况寻找企业管理上存在的漏洞。所谓法律义务分析法，是指系统地分析与商标相关的法律法规，如《商标法》《商标法实施条例》《刑法》《民法典》等，掌握法律规定的相关义务及违反义务的法律后果。所谓流程分析法，是指围绕企业使用商标的流程，掌握每一步骤的注意事项，从而有效地预防风险，如从商标的取得到商标的使用、从标识生产、产品采购到产品销售，围绕每个环节分析企业的风险。

（二）常见风险及防范应对

1. 商标选择不当风险

商标是企业对外区别其商品和服务的标识，良好的经营会增加企业的信誉及商标的价值。但在选择商标之时，应当了解《商标法》的相关规定，如法律规定禁止作为商标的情形、不得侵害他人在先权利、不得恶意注册商标，应当具备显著性等。如果商标选择不当，可能商标注册申请会被驳回，即使商标取得注册，也可能后期被宣告无效。建议企业进行商标使用前的风险审查，包括委托律师进行相应的法律审查，如经审查目标商标有较大风险时，不要将该商标进行商业使用，否则不但会使前期的宣传等投入没有回报，也会使企业面临相应的行政处罚风险。

2. 商标的使用风险

商标的使用风险包括企业对自己的商标的使用不当行为、对经商标权人许可的商标使用不当的行为、未注册商标冒充注册商标等。

(1)对自己的商标使用不当风险。企业在经营中使用自己的商标（包括注册商标与未注册商标）时，经常出现以下不当行为：擅自改变注册商标、未注册商标冒充注册商标等，这些行为会面临行政管理部门的处理，甚至会造成注册商标被撤销。建议企业在实际使用商标时保持与注册商标一致，未经法定程序不变更商标的构成要素及商标的使用类别，确实需要变更的应及时向知识产权局提交申请。企业在经营过程中有时会发生企业名称、地址等注册事项变更的情形，此时企业也应提出注册商标变更申请。

(2)对经商标权人许可的商标使用不当风险。企业在经营过程中可能被许可使用他人的商标,也可能接受委托在其加工的商品上附上他人的商标。此时一定要注意应取得商标权人的授权,在贴牌加工时尤其要注意委托方有无授权文件。此外,还要注意授权的期限及范围,避免因超过授权期限、授权范围而承担不利的法律后果。

(3)未注册商标冒充注册商标风险。冒充注册商标,是指使用未注册商标时,如果在其商品、包装、服务场所、广告宣传等商业活动中,将其标注为“注册商标”“®”等能使公众误认为其为注册商标的行为。建议企业采取以下防范手段:在商标核准注册前,使用商标时不要含有“注册商标”“®”等符号;注册商标若被撤销、被宣告无效的,尽量避免对该商标的继续使用,即使使用也注意去掉“注册商标”等符号;将核准注册的商标使用在核定的商品类别上,若改变了商标的要素或者超出了核准的类别,不得使用“注册商标”等符号;经销进口商品时注意其商标是否在中国已经注册,若未注册应在产品包装上作出声明,若已经注册要注意商标权人是否一致。

3. 销售注册商标商品风险

销售商在销售带有注册商标的商品前,应当确定商标使用的合法性,即其销售的应是非假冒注册商标的产品。建议销售企业应当建立严格的采购管理制度,强化流程管理,涉及注册商标的商品,要求其供货商提供品牌授权证明并备案,并应对每次进货注明产品明细,包括商品来源、商品授权文件、数量、价款以及销售方式等,使所售商品来路明晰,从而能证明商品的合法来源。

4. 商标标识的制作及销售风险

相关企业在制作、销售注册商标标识前,应核对是否有商标权人的授权文件,还应注意授权时间及数量,严格按照授权文件制作商标标识,对于存在瑕疵的标识应当依照合同进行销毁而不得自行销售。

5. 经营含注册商标的电子翻新产品风险

《旧电器电子产品流通管理办法》《循环经济促进法》等均明确鼓励电子产品回收再利用,其符合循环经济的战略,有利于资源再利用,有利于环境保护。但因翻新的电子产品上经常含有原产品的商标,因此经常出现以旧充新等问题,也经常存在商标权人与翻新产品从业者之间的权利冲突。一方依照“商标权利用尽”原则,主张翻新合法;另一方虽然依照“商标权利用尽”原则,主张商品合法投入市场后,商标权人不得对商品的进一步使用、流转进行干涉,但其是在不改变商品状态、不会混淆商品来源的基础上。翻新机的翻新行为是由翻新从业者完成的,相当于商品中加入了新的制造者,此时仍使用原商标会对消费者形成误导,进而侵犯商标权。建议翻新产业采取有效措施,如充分披露翻新信息,不使用"正品""官翻""全新"等引人混淆的字眼,不得对商标标识翻新等,既注重商标权人权益,也防止消费者混淆,使翻新产业合法合规。

五、构建完善的合规体系

企业经营管理过程中,需要形成完整的合规体系,才能保证商标合规管理的顺利开展。合规体系主要包括以下内容:

(一)明确合规职责

结合企业的具体经营情况,确定商标合规的责任清单,明确各环节的商标违法风险,设立合规专门岗位,也可由部门负责人兼任。

(二)建立商标文件管理制度

对企业经营中涉及商标的相关文件进行完整记录及保管,包括商标注册文件、商标使用情况、商标获得的荣誉、商标权许可使用文件等。

(三)建立采购及销售管理制度

采购含有注册商标的商品时,应核查供货方是否具备相应的销售资质、产品有无合法来源、货款支付渠道是否合法等。销售商品时应注意对商标的合法使用、不超越被许可的使用范围及时间、记录销售数量及单件等信息。

(四)建立合规培训制度

对全体员工定期开展合规培训,从而形成尊重商标权、保护商标权的合规文化。

(五)建立监督反馈机制

合规管理不单单要上层重视、推进,还要及时收到企业内部人员相应的监督反馈,针对监督反馈及时调整合规方案,并对违反合规制度的人员进行惩戒。

新形势下企业合规管理面临的新挑战及实施路径探讨

刘长波*

一、引言

合规管理工作的开展，对企业的持续发展有积极的意义。企业各项工作行为经营活动组织要符合法律法规的要求，而企业内部管理制度、日常管理活动等都要在严格遵守规章制度、行业规则的限制下有效地组织。虽然各大企业都在积极开展内部控制、管理优化的工作，但仍然存在恶性竞争的情况，内部治理结构的不完善、监督管理效率低下等都不利于企业合规管理工作的落实。针对企业的可持续发展要求和良好市场环境的构建要求，企业要重视合规管理体系的建设，通过管理机制的完善、监督系统的优化，在保障企业各项工作尤其是合法合规管控工作有效组织的基础上，维护企业社会效益、经济效益的统一，保障企业的可持续健康发展。

二、合规管理

企业的合规管理主要是指企业各项工作组织要在国家法律法规制度的规范下、行业标准规则的限制下、企业规章制度的要求下进行组织与实施。不同企业管理情况存在较大的差异，而企业营业的类型工作行为也存在较大的区别，企业的合规管理要对各项工作行为进行严格限制，在日常管理制度制定和管理活动落实时严守法律法规要求，遵守相关规章制度规范，通过行业标准规则的限制、对企业经营管理行为进行优化来保障企业管控的效果。

企业要平稳运行、稳定发展，离不开合规管理的有效落实。企业要通过完善

---

* 三亚学院社会学院。

的规章制度开展内部管控,保障各项工作的顺利推进,降低企业经营管控成本的同时也要保障企业稳定有序发展。企业通过合规管理,可以搭建出与企业当前经济背景相统一的管控模式,也能通过对企业实际执行过程中存在的风险进行准确识别,在风险因素的有效控制下,促进企业健康有序经营。

在激烈的市场竞争环境下,企业要对经营管控中存在的风险进行预防评估与控制,而开展合规管理工作可以通过管理手段的约束来保障企业经营活动合法合规与稳定进行,在实际经营过程中结合内外部环境有效地控制经营风险,避免由于管理不恰当而导致的管理失误,进而影响企业稳定的建设与发展。

在企业规章制度建设、管理工作落实中,应用合规管理手段可以对可能存在的风险进行准确识别与预防,搭建出良好的经营环境,以高效的内部管控、合规管理来保障企业各项工作的顺利推进和发展。在企业经营活动的组织中,合规管理可以文化体系构建形成良好的内部管理效果,对员工的合规管理内涵进行明确,在对合规管理的规章制度进行理解和遵守的基础上,对员工个人行为进行约束,在保障其工作开展符合企业发展要求的基础上,提高企业内部管控效果,促进企业经济效益最大化。

在合规管理的约束下,除企业员工根据规章制度限制个人行为发挥工作价值之外,企业管理层在进行管理决策和工作组织时,也可以通过合规管理的细节化要求规范化地开展各项工作,避免决策失误,通过决策的客观来提高决策质量,避免由于管理不当而带来的经济损失。

在企业的日常经营管控中,合规管理对管理人员和企业人员树立法律法规观念有积极的意义;在企业工作落实中对法律法规的严格遵守,也对法律权威保障有积极的意义。企业各项经营活动、各种管控行为都要符合法律法规的要求、符合规章制度的限制。在当前企业的工作组织中,通过合规管理可以优化管控的策略,完善管理的细节,也能通过搭建与内外部环境相统一的管理模式,保障管控的质量,保障企业的管理效果,营造良好的社会环境,促进企业的可持续发展。

三、合规管理的影响因素

企业合规管理的影响性因素分为内外部两种,而内部因素包括成本、收益、社会反应能力、合规资源与规模等;外部因素则包括法律监管环境、经济与社会环境等。对合规管理影响因素进行探究,对其中干扰合规影响管理水平的元素进行归纳,有助于合规管理质量的提高。

当前合规管理影响因素大致可以分为成本与收益、领导者风格、监管环境三类。

首先，从成本收益来看，企业作为以利润最大化为目标的经营主体，其经营目的在于盈利。不同企业的成本收益模式有所区别，从财会角度出发，其基于各自的业务类型所选择的差异化财务管控模式，对于合规成本收益进行测量存在一定的片面性。而非营利性组织以及社会团体追求的目标并非利润，当企业追求企业文化、社会责任等目标时，合规管理成本与收益分析工作的开展则有一定的困难。针对可以量化的部分，可以借助财务会计的方式对数据进行统计，但对于企业文化、社会责任等隐性成本的追求，则存在成本与收益难以量化的问题。由于成本收益系所选择测量标准的差异，企业在合规管理中所选择的行为也有所区别。成本与收益虽然是影响大部分企业的基本因素，但针对有盈利之外追求的企业，开展合规管理的方法会存在极大的区别。

其次，从领导者风格进行分析，在企业中领导者的风险偏好影响企业的决策，不同类型的领导在作出决策时所选择的方式有所差异。风险偏好型的领导在进行管理决策时会更加激进，更加倾向于高风险、高收益的决策活动。当利益诱惑足够大时，可能会对干扰企业利润的其他因素进行选择性的忽视；而当投机取巧的决策存在于企业管理中，则有极大的风险。但与此同时，企业中也存在风险规避型的领导，其在内部规章制度、外部压力下所开展的管控更多以谨慎经营为主，在管理时恪守法律法规，而为了减少企业面临的风险，企业决策者会对管理工作进行优化组织，通过对违规成本的降低，达到保障企业稳定经营的目的。但由于市场内外部环境随时在变化，一味地追求规避风险而求稳定经营则可能会出现把控不严格、企业市场份额减小的问题。

除了风险偏好型以及风险规避型领导，还存在基于二者之间的中立型管理者，他们在进行决策时会对影响因素开展全面的统计与分析，在对风险进行理性分析、对管理方案进行优化的基础上，通过符合企业经营的合规管理保障良好的管控效果。

最后，从监管环境来看，企业在合规管理中，由于其面临的内外部市场环境在持续地发生变化，作为动态演变的系统，监管环境以及市场条件的影响会干扰企业的决策，影响企业的管理方案。企业合规管理具有环境适用性的特点，而企业在考虑传统成本与收入的同时，也考虑社会公众对于该种行为的关注，考虑影响合规管理行为的多元因素。如果监管环境极为严格，企业经营决策成本增加时，企业会对管控行为进行调整,在确保其管理行为合法合规的基础上,保障企业经营的顺利。

不同的合规行为所带来的管理情况也存在差异。面对全面监管的要求,合规管理在差异化的企业中应用到的方式也有所区别,不同的企业会因为不同领导者对于风险的偏好、对于决策的选择有差异产生不同的合规管理行为,而根据评估指标、测量标准的区别,企业的合规管理行为亦存在较大的趋同。

四、合规管理成本与收益的关系

我国合规管理理念源于 20 世纪末期,虽然最开始的关注点是非银行类金融机构以及商业银行,但随着监管环境的日益严格,对于企业合规管理工作的关注也逐渐转入非金融性企业。企业的经营模式也随着信息化时代的到来发生变化,企业的业务形态也更加多元化。在当今大数据时代,互联网企业的合规管理也成为当前关注的重点。

针对不同的企业类型,开展合规管理的方式存在较大的差异。应结合企业特征对合规管理工作进行落实,也要从多个角度出发对管控工作进行优化。保障管理模式的搭建既要符合企业规模,也要根据企业经营范围的不同,通过有效把控合规管理中的成本、保持良好的收益,发挥合规管理的正向价值,以合规管理推动企业的可持续发展。

合规管理成本与收益之间存在动态变化的关系,当合规管理面临成本投入过少、过多、适当等不同的情形时,其所带来的收益也有所区别。大部分中小型企业在开展管控时,对于合规管理并未有足够的思想重视,在经济上对于合规管理的投入较少,而由此导致了企业的经营面临更多的风险。合规资源较少会带来合规收益的降低,这种由于管控模式上的差异而带来的内外部风险扩大会导致企业经营的不确定。

在合规管理中,部分企业由于管理方式、方法的不正确而导致成本投入过多时,过度的合规虽然会带来风险的降低,但同时企业也会面临资源浪费问题。随着合规收益开始上升,成本持续投入并不会带来收益的持续增加,反而会在“瓶颈”期出现收益逐渐减少的情况。当合规成本投入到最高点,合规收益未能有效提高时,其导致的资源浪费会影响企业正常经营,也会干扰企业管理决策。

在合规管理中成本投入过多、过少都是不可取的,而合规成本投入适当时,企业可以有效地规避风险。合规成本与收益可能存在最佳均衡点,企业既要意识到合规的必要性,也要有较强的风险管理意识,通过立足于企业的管控,从背景对管理工作进行优化,在保障企业绩效维持平稳的同时,也要对企业资源进行合理的利用,再结合经营管控的背景,确定均衡点,选择良好的合规战略。

五、合规管理的要点

合规管理的建设效果、落实质量反映着企业的综合实力,影响企业的稳定发展。企业结合经营管控背景,落实合规管理要求时,为了保障工作开展的顺利,要通过对国家法律法规的深入研究,保障其合规管理内容与国家法律法规之间的统一,避免由于管理细节上的冲突而影响管理的权威与有效。

由于不同企业存在差异化的管控背景,因此合规管理机制的健全要与企业的实际情况相统一,面对差异化的工作组织要求,相关人员要坚守办事原则,要通过合规管理的规章制度对工作开展的方式进行要求与限制,通过行为的规范保障良好的管控质量。企业实行持续的动态管控,在不断地进行管理优化时,进行工作的完善,因此合规管理工作也要结合实际情况,通过实时的管理监督了解管控工作的组织质量,在加强管理人员的专业素质、职业素养保障合规管理有效性的同时,于管控落实中结合评估结果不断地管理优化,发挥合规管理的积极作用,保障企业建设的质量。

合规管理在落实时期,既要整合分析内外部环境,了解合规管理工作组织原则,还要结合企业的实际经营管控背景,对于合规管理的组织方法进行优化,以可行的政策制度促进企业的稳定健康发展。在新的历史时期,合规管理在落实时面对治理能力、法治队伍建设、体系融合三方面的考验。

(一)治理能力挑战

在全面从严治党的要求下,我国的企业建设工作也在不断地完善,通过良好营商环境的建设,市场的环境更加公开、公正、透明,为企业的发展提供了政治保障和可靠条件。随着监管的日益严格,企业的合规管理要与全面从严治党的要求深度融合,与国家法治建设工作相互促进。

企业要运用法治思维,提高合规管理能力,结合差异化的企业管控背景,对制度进行优化。社会内外部环境在持续地发生变化,国家严格市场监督管控,各项工作须规范化、标准化,给企业的合规管理带来治理能力的挑战。面对新时代对企业提出的高标准,企业既要意识到落实合规管理的必要性,也要积极地结合现状,不断地优化管理对策,在完善责任追究工作中保持良好的管理效果,促进企业的健康发展。

(二)法治队伍建设挑战

企业合规管理工作的有效落实离不开专业法治人才队伍的支持。企业合规管理既要结合企业的经营管控背景进行管理优化,也要分析法律法规的要求,对内部管控工作进行完善,虽然企业内部的管理经营工作在持续地进行,但合规管理对于工作人员专业素质提出了更高标准的要求。

部分企业都有专业的法治化人才,但法治与合规管理之间仍然存在一定的差距,针对懂业务、懂法律、懂管理的高端复合型人才队伍构建要求,企业要认知到合规管理对于人才素质提出的多元化要求,以法治队伍建设质量的提升、建设速度的加快为企业合规管理工作奠定人才基础,促进企业合规管理水平的不断提高。

(三)体系融合挑战

合规管理作为新时代对企业管控提出的标准要求,要与国家的建设工作相结合。目前我国合规管理体系建设工作尚处在起步阶段,虽然合规管理对风险防范、预期管控有积极的意义,但当前该项工作落实时,面临新体系与传统风险管控体系之间有效融合的考验。针对市场经营的动态变化背景,如何实施合规管理,保障关系处理得当、深度融合可靠,也是合规管理进行工作组织的现实困境。

六、加强合规管理的策略与方法

企业的合规管理要结合企业的经营管控背景,在顶层设计的基础上,通过健全机制、强化审查、完善监督、搭建高素质专业团队、变革工作组织方式,保障良好的管理质量。立足新的社会发展形势,企业合规管理面临治理能力队伍建设体系融合的挑战,而针对企业的经营管控背景和合规管理的落实要求,其组织工作可以从以下几个方面入手。

(一)注重顶层设计

为了践行全面依法治国战略,企业的合规管理既要提上日程,也要在理解内涵、掌握方法的基础上不断优化管控的策略。在当前合规管理的落实中,思想意识的提高、顶层设计的完善是提高管理水平、落实管理要求的基础。企业内部要自上而下形成重视合规管理的思想。通过企业负责人履行第一责任人职责，在明确法治建设领导人的基础上，通过结合企业经营管控背景，以主要领导对企业进行总体谋划部署，加强重点任务督促，既提高企业内部对合规管理思想的重视，也通过该种顶层设计的完善，在高层承担管理职责的基础上，以工作部署、任务分解搭建出系统化的合规管理运行模式，保障合规管理的落实质量。

（二）健全管理机制

合规管理有效性的提升离不开管理机制的健全。企业的合规管理既要遵守国家的法律法规，也要结合企业的经营管理管控背景，对管理机制进行完善。即使企业存在经营的差异、内部管理的区别，合规管理机制的建立与完善也要把握该种工作上的差异，结合市场的经营变动背景、企业的实际经营管控情况，对合规管理机制进行动态管理，以企业经营为背景进行管控优化。在合规管理机制制定下，通过结合现状，吸取教训、总结经验，在持续地完善机制中，保障合规管理开展的细节化、科学化，以合规管理机制作用的发展发挥提高企业管控质量，保障企业经济效益。

当前在企业合规管理的落实中，既要将发展法治建设纳入企业发展规划，也要结合合规管理的落实要求，搭建组织架构，对各责任人的管理职责进行明确。而在此基础上，针对企业的经营管控背景，要设置合规管理的任务与计划，通过持续部署有效推进监督检查，形成体系化的合规管理运作模式，通过将依法合规经营纳入考核，保障合规管理在企业内部日常管理中的有效应用。

（三）强化合规性审查

企业面临激烈的外部市场竞争环境，同时也具有内部管理手段不断优化的发展特点。为了全面提高企业的综合竞争力，企业应该探索内部管理方法，提高工作效率、工作质量和发展速度。合规管理工作的开展，要加强监督与检查，其内部独立运行的工作存在思想上不够重视、落实上不够科学的问题，而针对合规管理这一企业管控的新方向，在完善的制度搭建基础上，为了保障工作的有效落实，要通过审查的强化、监督力度的加强、规范性的审核、资料的整合，结合动态化企业经营管控背景进行持续地监督，提高合规管理的质量。

在合规管理机制运行中要以监督工作来保障落实管理工作，既要确保各级管理层认知到合规管理的重要意义,也要切实发挥内部纪检监察工作的组织作用,通过对合规管理组织效果的检查,通过实际工作中对合规政策内容的贯彻落实,利用合规管理工作模式,及时发现企业经营管控中存在的问题,也通过风险因素的及时发现、及时解决,以事前预防、事中控制、事后管理保障合规管理的应用质量,在重点监督、有效落实的基础上,既及时发现企业的违规行为,又通过及时查处、及时解决,搭建出合规管理的落实环境,保障工作人员对规章制度的严格遵守。

(四)构建高素质队伍

高素质的管理队伍,对于合规管理工作质量的提升有积极的意义,而合规管理作为新型的管理理念,对于工作人员有法律、管理、业务等多方面的考察。因此,当前为了搭建与企业相统一的合规管理模式,要构建出高素质的队伍,通过工作人员专业技能、职业素养的保障,为合规管理奠定人才基础,也通过合规管理制度搭建的完善、执行中各部门关系的协调,在日常监督管理持续落实的基础上,以高质量的规章制度搭建保障合规管理的有效性。

企业合规管理工作的开展期更为核心的目的在于保障企业的经济效益,促进企业的可持续发展,当前高素质的合规管理队伍建设,既可以通过外部聘请的方式形成具有综合高素质的专业团队,也可以针对当前企业的管控背景,选择具有管理潜力的管理人才进行针对性的培养,通过结合合规管理的要求对人员进行理论培训和实践能力训练,在保障工作人员综合素质符合合规管理要求的基础上,通过管理流程的完善、管理方式的变革,以高素质队伍支撑下管理方式的优化,提高合规管理效果,更好地提升企业的经济效益。

(五)构建合规文化

企业文化作为一种隐性的管理方式,在发挥其作用时会产生潜移默化的氛围影响,因此,企业在选择和构建管理文化时,应明确自身独特的发展方向,探索提升核心竞争力的发展视角,构建适合企业发展方向的文化特色,以务实文化建设原则为指导,构建符合企业需求的文化内涵。

企业文化建设虽然是企业保持竞争力、获得可持续发展的重要内部管理措施,但在企业文化建设中,不同企业之间的发展背景、管理情况也存在较大的差异,虽然能从整体的框架搭建角度出发,对企业文化建设的策略进行归纳与总结,但落实到不同管理背景、管理条件的企业时，其所开展文化建设的措施也并不完全相同。在合规管理中，企业文化建设是极为关键的部分，而依托企业的管控背景，可以采用教育培训、柔性管理等不同的模式，通过加强人文关怀的方式，通过对企业职工合法权益的保障、对职工现实困难的解决，在搭建企业内部透明公正的发展机制、发展体系下，增强职工对企业的满意度，增强职工参与工作的幸福感与归属感。

为确保合规管理工作能够为企业发展提供源源动力，还应在常态化教育培训的基础上，保障工作人员对合规管理规章制度的知晓与理解，而为了促成企业对合规管理的认可与参与，要通过合规文化的建设，将合规管理要求作为员工个人行为规范的标准，通过员工职业谨慎感的加强、个人工作方式的持续变革，在保障员工切实承担工作职责的基础上，将合规理念落实于企业内部，以人员对理念的理解、实践的落实，促进合规管理的效果，保障企业管控的质量。

七、结语

随着国家依法治国、依法治企步伐的不断推进，企业内部合规管理重视程度也在不断地提升，但现阶段合规管理方面依然存在诸多问题亟待解决。在现代化的企业管理工作组织背景下，结合差异化的管理背景，要落实先进的合规管理理念，立足企业实际，不断地学习先进的管理方法，针对合规管理在新形势下面临的挑战和新的行业变化背景，合规管理工作的开展要在理念更新的基础上，采取注重顶层设计、健全管理机制、强化合规性审查、构建高素质队伍、构建合规文化等措施，使企业的管理工作更加高效，通过结合现状、优化管理举措，促进企业整体经济效益的提升。

参考文献

一、著作

1. 陈瑞华:《企业合规基本理论》,法律出版社 2020 年版。
2. 黄晖:《商标法》(第 2 版),法律出版社 2016 年版。
3. 刘新宇:《数据保护:合规指引与规则解析》(第 2 版),中国法制出版社 2021 年版。
4. 张明楷:《刑法学(下)》(第 5 版),法律出版社 2016 年版。

二、期刊论文

1. 本刊评论员:《中国企业面临合规经营的挑战》,载《中国经贸》2012 年第 3 期。
2. 陈兵、徐文:《数据跨境流动的治理体系建构》,载《中国特色社会主义研究》2021 年第 4 期。
3. 陈杰、王倩、王婷云、刘鲲鹏、刘志颖:《企业数据保护与应用合规建设思路探讨》,载《数字通信世界》2022 年第 3 期。
4. 陈莉:《企业合规管理的检察监督机制探析》,载《天津法学》2021 年第 3 期。
5. 陈瑞华:《论企业合规的基本价值》,载《法学论坛》2021 年第 6 期。
6. 陈瑞华:《论企业合规的中国化问题》,载《法律科学(西北政法大学学报)》2020 年第 3 期。
7. 陈瑞华:《企业合规不起诉改革的八大争议问题》,载《中国法律评论》2021 年第 4 期。
8. 陈瑞华:《企业合规视野下的暂缓起诉协议制度》,载《比较法研究》2020 年第 1 期。
9. 陈瑞华:《企业有效合规整改的基本思路》,载《政法论坛》2022 年第 1 期。
10. 陈珊珊:《刑事合规试点模式之检视与更新》,载《法学评论》2022 年第 1 期。
11. 陈心哲、薛瀚:《企业刑事合规的内化路径探析——以律师业务展望为视角》,载《西安石油大学学报(社会科学版)》2020 年第 3 期。
12. 崔文玉:《公司治理的新型机制:商刑交叉视野下的合规制度》,载《法商研究》2020 年第 6 期。
13. 董坤:《论企业合规检察主导的中国路径》,载《政法论坛》2022 年第 1 期。
14. 段文龙:《新时代加强国有企业合规管理建设浅析》,载《企业文化》2019 年第 3 期。
15. 高艳伟、董晓笛:《新形势下企业合规管理面临的挑战与对策探究》,载《企业改革与管理》2021 年第 17 期。
16. 韩玉超:《试析我国企业合规管理面临的困境》,载《商场现代化》2019 年第 5 期。
17. 胡建伟:《法治化营商环境视阈下律师参与企业合规管理的价值及功能分析》,载《中国司法》2022 年第 3 期。
18. 黄信瑜、周飞宇:《企业数据合规的法律治理研究》,载《齐齐哈尔大学学报(哲学社会科学版)》2022 年第 5 期。
19. 江庆:《国有企业合规管理面临的困境与发展策略探讨》,载《中外企业家》2020 年第 6 期。
20. 李本灿:《刑事合规制度改革试点的阶段性考察》,载《国家检察官学院学报》2022 年第 1 期。
21. 李奋飞:《涉案企业合规刑行衔接的初步研究》,载《政法论坛》2022 年第 1 期。
22. 李会超:《新形势下企业合规管理面临的新挑战及实施路径探讨》,载《企业改革与管理》2019 年第 7 期。
23. 李勇:《企业附条件不起诉的立法建议》,载《中国刑事法杂志》2021 年第 2 期。
24. 李勇:《涉罪企业合规有效性标准研究——以 A 公司串通投标案为例》,载《政法论坛》2022 年第 1 期。
25. 李玉华:《有效刑事合规的基本标准》,载《中国刑事法杂志》2021 年第 1 期。
26. 李玉华:《企业合规不起诉制度的适用对象》,载《法学论坛》2021 年第 6 期。
27. 李玉华、冯泳琦:《数据合规的基本问题》,载《青少年犯罪问题》2021 年第 3 期。
28. 梁爽:《美、日公司法上的董事合规、内控义务及其对我国的启示》,载《中外法学》2022 年第 2 期。
29. 梁涛:《美国企业合规制度的构建:国家监管、强制性自我监管与刑事激励》,载《政治与法律》2022 年第 7 期。
30. 刘新军:《保险公司合规管理体系建设研究》,中国地质大学(北京)2013 年硕士学位论文。
31. 刘艳红:《企业合规不起诉改革的刑法教义学根基》,载《中国刑事法杂志》2022 年第 1 期。
32. 马长昊:《企业内部控制与合规管理的整合策略研究》,载《新商务周刊》2020 年第 6 期。
33. 毛逸潇:《合规在中国的引入与理论调适——企业合规研究述评》,载《浙江工商大学学报》2021 年第 2 期。
34. 梅傲、侯之帅:《互联网企业跨境数据合规的困境及中国应对》,载《中国行政管理》2021 年第 6 期。
35. 戎静:《法国刑事合规暂缓起诉制度之缘起、效果及借鉴》,载《比较法研究》2022 年第

3 期。
36. 山东省人民检察院课题组、孙宏健:《涉案企业合规第三方机制的实践思考》,载《中国检察官》2022 年第 1 期。
37. 上海市金山区人民检察院、上海市浦东新区人民检察院联合课题组、谈倩:《涉案企业合规第三方监督评估机制的程序优化》,载《中国检察官》2022 年第 7 期。
38. 孙智阳:《企业合规建设,律师不可或缺》,载《法人》2022 年第 6 期。
39. [德]托马斯·罗什、李本灿:《合规与刑法:问题、内涵与展望——对所谓的“刑事合规”理论的介绍》,载《刑法论丛》2016 年第 4 期。
40. 万方:《反腐败合规法律实践的规范演进与实践展开——以美国〈反海外腐败法〉为切入》,载《法治研究》2021 年第 4 期。
41. 肖冬梅、成思雯:《欧盟数据保护官制度研究》,载《图书情报工作》2019 年第 2 期。
42. 肖沛权:《企业合规不起诉制度的实践流变、价值及其构建》,载《山西大学学报(哲学社会科学版)》2021 年第 5 期。
43. 杨宇冠、李涵笑:《企业合规不起诉监管问题比较研究》,载《浙江工商大学学报》2021 年第 4 期。
44. 杨振煜团队、杨振煜、白宇思:《个人信息保护合规义务简要分析》,载《中关村》2020 年第 10 期。
45. 张怀玲:《德国供应链人权尽职调查义务立法:理念与工具》,载《德国研究》2022 年第 2 期。
46. 赵精武:《数据跨境传输中标准化合同的构建基础与监管转型》,载《法律科学(西北政法大学学报)》2022 年第 2 期。
47. 郑鸣:《法律事务部门如何做好合规管理工作》,载《现代企业》2021 年第 8 期。
48. 周新:《涉罪企业合规不起诉制度重点问题研究》,载《云南社会科学》2022 年第 2 期。
49. 周振杰:《刑事合规的实践难题、成因与立法思路——以企业合规改革试点典型案例为视点》,载《政法论丛》2022 年第 1 期。
50. 朱孝清:《企业合规中的若干疑难问题》,载《法治研究》2021 年第 5 期。